RÜDIGER NOLTE

Rechtliche Anforderungen an die technische Sicherheit von Kernanlagen

Schriften zum Öffentlichen Recht

Band 461

Rechtliche Anforderungen an die technische Sicherheit von Kernanlagen

Zur Konkretisierung des § 7 Abs. 2 Nr. 3 AtomG

Von

Dr. Rüdiger Nolte

DUNCKER & HUMBLOT / BERLIN

CIP-Kurztitelaufnahme der Deutschen Bibliothek

Nolte, Rüdiger:
Rechtliche Anforderungen an die technische Sicherheit von Kernanlagen: zur Konkretisierung d. § 7 Abs. 2 Nr. 3 AtomG / von Rüdiger Nolte. — Berlin: Duncker und Humblot, 1984.
(Schriften zum Öffentlichen Recht; Bd. 461)
ISBN 3-428-05572-1

NE: GT

Gedruckt 1984 bei Berliner Buchdruckerei Union GmbH., Berlin 61
Printed in Germany

ISBN 3-428-05572-1

Vorwort

Der Arbeit liegt meine im September 1982 abgeschlossene Dissertation zugrunde, die im April 1983 von der Fakultät für Rechtswissenschaft der Universität Bielefeld unter dem Titel „Die nach dem Stand von Wissenschaft und Technik erforderliche Vorsorge gegen Schäden — Überlegungen zur Konkretisierung des § 7 II Nr. 3 AtG“ angenommen wurde.

Zwischenzeitlich sind weitere Äußerungen zu dem erörterten Themenkreis bekanntgeworden. Hinzuweisen ist namentlich auf die Schriften von *Rittstieg* („Die Konkretisierung technischer Standards im Anlagenrecht“) und *Vieweg* („Atomrecht und technische Normung“). Diese und andere seit 1982 erfolgte Veröffentlichungen konnten zumeist nur noch in den Fußnoten berücksichtigt werden.

Die Anregung zu dem behandelten Thema habe ich von Herrn Prof. Dr. *Hans-Jürgen Papier* erhalten, dem ich für die sorgfältige Betreuung der Dissertation und zahlreiche Hinweise zu Einzelfragen besonderen Dank schulde. Mein herzlicher Dank gilt auch meiner Mutter und meiner Frau für die Hilfe bei den Schreib- und Korrekturarbeiten. Herrn Prof. Dr. *J. Broermann* danke ich für die Aufnahme der Schrift in sein Verlagsprogramm.

Münster, im Dezember 1983

Rüdiger Nolte

Inhaltsverzeichnis

Drittes Kapitel

Das untergesetzliche Regelungsgefüge zur Konkretisierung der Schadensvorsorge

Viertes Kapitel

Die rechtliche Bedeutung der untergesetzlichen Regelungen

Fünftes Kapitel

Rechtspolitische Erwägungen

Verzeichnis der weniger gebräuchlichen Abkürzungen

ABl. EG	=	Amtsblatt der Europäischen Gemeinschaften
AD	=	Arbeitsgemeinschaft Druckbehälter
AöR	=	Archiv des öffentlichen Rechts (Band, Jahr, Seite)
ArbSch	=	Bundesarbeitsblatt, Fachteil Arbeitsschutz (Jahr, Seite)
AtG (AtomG)	=	Gesetz über die friedliche Verwendung der Kernenergie und den Schutz gegen ihre Gefahren (Atomgesetz)
atw	=	Atomwirtschaft — Atomtechnik (Jahr, Seite)
B.	=	Beschluß
BAnz.	=	Bundesanzeiger
BauR	=	Baurecht (Jahr, Seite)
BayVBl.	=	Bayerische Verwaltungsblätter
Bek.	=	Bekanntmachung
BG	=	Die Berufsgenossenschaft (Jahr, Seite)
BGSG	=	Gesetz über den Bundesgrenzschutz (Bundesgrenzschutzgesetz)
BMFT	=	Bundesminister für Forschung und Technologie
BMI	=	Bundesminister des Innern
BR-Dr.	=	Bundesrats-Drucksachen
BT-Dr.	=	Bundestags-Drucksachen
BT-Prot.	=	Bundestags-Protokolle
DAR	=	Deutsches Autorecht (Jahr, Seite)
DIN	=	Deutsches Institut für Normung
DIN-Mitt.	=	DIN-Mitteilungen (Jahr, Seite)
DJT	=	Deutscher Juristentag
DKE	=	Deutsche Elektrotechnische Kommission
DNA	=	Deutscher Normenausschuß (frühere Bezeichnung des DIN)
Dok.	=	Dokument
DVO	=	Durchführungsverordnung
EnWG	=	Gesetz zur Förderung der Energiewirtschaft (Energiewirtschaftsgesetz)
ET	=	Energiewirtschaftliche Tagesfragen (Jahr, Seite)
EuGRZ	=	Europäische Grundrechte-Zeitschrift (Jahr, Seite)
GaU	=	Größter anzunehmender Unfall
GewA	=	Gewerbearchiv (Jahr, Seite)
GGO I	=	Gemeinsame Geschäftsordnung der Bundesministerien, Allgemeiner Teil

GGO II	=	Gemeinsame Geschäftsordnung der Bundesministerien, Besonderer Teil
GjS	=	Gesetz über die Verbreitung jugendgefährdender Schriften
GMBl.	=	Gemeinsames Ministerialblatt
GRS	=	Gesellschaft für Reaktorsicherheit
GRUR	=	Gewerblicher Rechtsschutz und Urheberrecht (Jahr, Seite)
GtA	=	Gesetz über technische Arbeitsmittel (Gerätesicherheitsgesetz)
GV NW	=	Gesetz- und Verordnungsblatt Nordrhein-Westfalen
IRS	=	Institut für Reaktorsicherheit
IAEO	=	International Atomic Energy Organization
ICRP	=	International Commission on Radiological Protection
IEC	=	International Electrotechnical Commission
IKN	=	Informationen Kerntechnische Normung (Quartal, Jahr, Seite)
ISO	=	International Organization for Standardization
JöR	=	Jahrbuch des öffentlichen Rechts der Gegenwart (Band, Jahr, Seite)
KTA	=	Kerntechnischer Ausschuß
MBO	=	Musterbauordnung
mrem	=	Millirem
mrem/a	=	Millirem pro Jahr
MWe	=	Megawatt (elektrisch)
n. F.	=	neue Fassung; auch: neue Folge
NKe	=	Normenausschuß Kerntechnik
NRC	=	Nuclear Regulatory Commission
NUSS	=	Nuclear Safety Standards (Regeln der IAEO)
Preuß.ALR	=	Preußisches Allgemeines Landrecht
RegE	=	Regierungsentwurf
rem	=	roentgen equivalent man
RSK	=	Reaktor-Sicherheitskommission
RVO	=	Reichsversicherungsordnung
Sächs.OVG Jahrb.	=	Jahrbuch des Sächsischen Oberverwaltungsgerichts
SC	=	Subcommittee
scil.	=	scilicet
SSB	=	Sachverständigenkommission Sicherung des Brennstoffkreislaufs
SSK	=	Strahlenschutzkommission
1. SSVO	=	Erste Verordnung über den Schutz vor Schäden durch Strahlen radioaktiver Stoffe (Erste Strahlenschutzverordnung)
StabG	=	Gesetz zur Förderung der Stabilität und des Wachstums der Wirtschaft

StrlSchV	=	Verordnung über den Schutz vor Schäden durch ionisierende Strahlen (Strahlenschutzverordnung)
StuW	=	Steuer und Wirtschaft (Jahr, Seite)
TA	=	Technische Anleitung
TC	=	Technical Committee
TÜ	=	Technische Überwachung (Jahr, Seite)
U.	=	Urteil
UPR	=	Umwelt- und Planungsrecht
USAEC	=	United States Atomic Energy Commission
UVV	=	Unfallverhütungsvorschriften
UZWG	=	Gesetz über den unmittelbaren Zwang bei Ausübung öffentlicher Gewalt durch Vollzugsbeamte des Bundes
VDE	=	Verband Deutscher Elektrotechniker
VDI	=	Verein Deutscher Ingenieure
VdTÜV	=	Vereinigung der Technischen Überwachungsvereine
VersR	=	Versicherungsrecht (Jahr, Seite)
VerwA	=	Verwaltungsarchiv (Band, Jahr, Seite)
VVDStRL	=	Veröffentlichungen der Vereinigung Deutscher Staatsrechtslehrer (Band, Seite)
VO (-V)	=	Verordnung
WuV	=	Wirtschaft und Verwaltung (Jahr, Seite)
ZfU	=	Zeitschrift für Umweltpolitik (Jahr, Seite)

Einleitung

Der Streit um die wirtschaftliche Nutzung der Kernenergie dauert an. Seit Jahren wird er nicht nur als politischer Konflikt — innerhalb und außerhalb staatlicher Instanzen — ausgetragen, sondern gleichfalls als juristische Auseinandersetzung im Rahmen von Genehmigungsverfahren und Verwaltungsprozessen geführt. Soweit ersichtlich ist in den letzten Jahren kein Kernkraftwerk in Betrieb genommen worden, ohne daß es vorher Gegenstand gerichtlicher Überprüfung war[1]. Diese Entwicklung, der die Gerichte durch eine großzügige Handhabung der Klagebefugnis entgegengekommen sind[2], mag bedenklich sein, da sie die Gefahr einer Politisierung der verwaltungsgerichtlichen Kontrollverfahren mit sich bringt[3]. Dennoch bestände kein außergewöhnlicher Anlaß zur Sorge, wenn die Rechtsordnung den Genehmigungsbehörden und Gerichten die notwendigen materiellen Maßstäbe an die Hand gäbe, die Genehmigungsfähigkeit von Kernkraftwerken zu beurteilen.

Wie aber ist es um diese Maßstäbe bestellt? Sieht man das Atomgesetz (AtG)[4] auf Regelungen hin durch, die materielle Voraussetzungen für den Bau und Betrieb von Kernanlagen enthalten, so findet man neben der Zweckbestimmung des § 1 AtG nur den die atomrechtliche

---

[1] Vgl. etwa die Mitteilung in: Kernenergie und Umwelt, Informationsdienst der Zeitschrift atw, Heft 3/1980, S. IV, wonach von den zehn 1979 in Bau befindlichen Anlagen mit Ausnahme des Hochtemperaturreaktor-Projekts Schmehausen alle beklagt waren. Zwischenzeitlich wird auch gegen diese Anlage prozessiert, vgl. VG Arnsberg, U. v. 27. 1. 1981, DVBl. 1981, S. 648 f. — *Winters*, Atom- und Strahlenschutzrecht, S. 3, kennzeichnet die Lage mit dem treffenden Schlagwort, erforderlich zum Bau von Kernkraftwerken sei ein „Verwaltungsgerichtsverfahren mit vorgeschaltetem Verwaltungsverfahren". Vgl. auch *Hanning / Schmieder*, Beilage Nr. 14 zu DB 1977, S. 1 ff., 3; *Ossenbühl*, DVBl. 1978, S. 1; *ders.*, DÖV 1980, S. 545 ff., 551; *Papier*, Die Stellung der Verwaltungsgerichtsbarkeit, S. 10.

[2] s. etwa BVerwG, U. v. 16. 3. 1972, DVBl. 1972, S. 678 f.; OVG Lüneburg, B. v. 19./20. 6. 1974, DVBl. 1975, S. 190/192. Besonders weitgehend BVerwG, U. v. 3. 6. 1967, in: Erler / Kruse / Belzer, K 21 251 = Albers, Gerichtsentscheidungen, S. 18, das (laut *Albers*, S. 17) die Klagebefugnis eines 375 km vom Kraftwerk entfernt wohnenden Klägers bejaht hat. Eher restriktiv jetzt aber BVerwG, U. v. 22. 12. 1980, NJW 1981, S. 1393 ff.

[3] Vgl. *Papier*, in: Bitburger Gespräche, S. 81 ff., 84.

[4] Gesetz über die friedliche Verwendung der Kernenergie und den Schutz gegen ihre Gefahren (Atomgesetz) i. d. F. der Bekanntmachung v. 31. 10. 1976 (BGBl. I S. 3053), zuletzt geändert durch Ges. v. 20. 8. 1980 (BGBl. I S. 1556).

Anlagengenehmigung regelnden § 7 II AtG[5]. An dieser Vorschrift fällt sogleich auf, daß sie im wesentlichen aus unbestimmten Rechtsbegriffen besteht. Das gilt insbesondere für die in § 7 II Nr. 3 AtG normierte wichtigste Genehmigungsvoraussetzung, die die anlagenspezifische Sicherheit[6] von Kernanlagen gewährleisten soll. § 7 II Nr. 3 AtG macht die Genehmigung davon abhängig, daß „die nach dem Stand von Wissenschaft und Technik erforderliche Vorsorge gegen Schäden durch die Errichtung und den Betrieb der Anlage getroffen ist". Angesichts des außerordentlichen Gefahrenpotentials der Kernkraft und der technischen Kompliziertheit von Kernkraftwerken überrascht der hohe Abstraktionsgrad dieser Bestimmung. So verwundert es nicht, daß bei Anwendung der Vorschrift durch Behörden und Gerichte eine erhebliche, in vielen Stellungnahmen[7] beklagte Rechtsunsicherheit eingetreten ist.

Diese Rechtsunsicherheit läßt sich nur teilweise mit dem hohen Abstraktionsniveau des § 7 II Nr. 3 AtG erklären. Vor allem zwei Umstände kommen hinzu:

Zum einen ist das Atomrecht eine verhältnismäßig junge Rechtsmaterie[8]; die in § 7 II Nr. 3 AtG verwendeten unbestimmten Rechtsbegriffe konnten deshalb noch nicht in gleichem Maße durch richterliche Konkretisierung Gestalt gewinnen wie etwa die polizeiliche Generalklausel im allgemeinen Polizeirecht[9] oder auch die unbestimmten

[5] Zusätzliche Anforderungen finden sich in der aufgrund der §§ 10—12 und 54 I 1 u. III AtG erlassenen Verordnung über den Schutz vor Schäden durch ionisierende Strahlen (Strahlenschutzverordnung — StrlSchV) v. 13. 10. 1976 (BGBl. I S. 2905; BGBl. I 1977 S. 184, 269), zuletzt geändert durch VO v. 22. 5. 1981 (BGBl. I S. 445). Daneben müssen Kernkraftwerke grundsätzlich auch den in anderen Gesetzen normierten, nicht nuklear-spezifischen Anforderungen genügen; dazu *Winters,* Atom- und Strahlenschutzrecht, S. 37 f.; *Schmitt Glaeser,* Der Landkreis 1976, S. 442 ff., 443.

[6] einschließlich der Sicherheit vor standortbedingten Gefahren; vgl. *Breuer,* DVBl. 1978, S. 829 ff., 836.

[7] *Bender,* NJW 1978, S. 1945 ff., 1949; *Lecheler,* ZRP 1977, S. 241 ff.; *Lukes,* NJW 1978, S. 241 ff., 243; *ders.,* in: 6. Deutsches Atomrechts-Symposium, S. 49 ff., passim; *ders.,* in: Rechtliche Ordnung der Technik, S. 81 ff., 86 ff.; *Marburger,* in: Bitburger Gespräche, S. 39 ff., 54; *Winters,* DÖV 1978, S. 265 ff., 274. Ein normatives — verfassungsrechtlich allerdings zulässiges — Regelungsdefizit konstatiert auch BVerfG — 2. Sen. —, B. v. 8. 8. 1978, E 49, S. 89/135; ebenso das Sondervotum zum Mülheim-Kärlich-Beschluß des BVerfG — 1. Sen. — v. 20. 12. 1979, E 53, S. 30/76.

[8] Das Atomgesetz wurde am 31. 12. 1959 verkündet (BGBl. I S. 813) und trat gem. § 59 AtG am 1. 1. 1960 in Kraft. Als erstes deutsches Kernkraftwerk wurde das Versuchskraftwerk Kahl 1961 in Betrieb genommen (*Barnert / Wolters,* in: Tatsachen über Kernenergie, S. 25 ff., 43).

[9] Deren hinreichende Bestimmtheit wird gerade mit dem Argument bejaht, die Judikatur habe ihr nach und nach die nötigen Konturen verschafft — so z. B. *Martens,* in: Drews / Wacke / Vogel / Martens, Gefahrenabwehr, 2. Bd., S. 35 m. w. N.

Rechtsbegriffe in den traditionellen Teilgebieten des technischen Sicherheitsrechts[10]. Das gilt für den Begriff der Schadensvorsorge, von dem bis heute nicht geklärt ist, ob er dem polizeirechtlichen Begriff der Gefahrenabwehr entspricht oder eine darüber hinausgehende Risikovorsorge einschließt[11]. Das gilt aber auch für den „Stand von Wissenschaft und Technik", der vor Inkrafttreten des Atomgesetzes lediglich in § 24 IV GewO in Bezug genommen, im dortigen Kontext jedoch nie problematisiert worden ist[12].

Zum anderen stellt sich bei der Konkretisierung des § 7 II Nr. 3 AtG ein für Bestimmungen des technischen Sicherheitsrechts typisches Problem: eine Präzisierung des *rechtlichen* Aussagegehalts sicherheitstechnischer Rechtsnormen reicht nämlich nicht aus, um ihre Handhabung vorhersehbar zu gestalten. Wie die Bezugnahme auf den „Stand von Wissenschaft und Technik" als Maßstab für die erforderliche Schadensvorsorge zeigt, muß die Genehmigungsvoraussetzung obendrein gleichsam *wissenschaftlich-technisch* angereichert werden. Diese „Anreicherung" gestaltet sich äußerst schwierig. Der Grund dafür liegt in der Dynamik wissenschaftlich-technischer Entwicklung. Die Naturwissenschaften streben fortwährend eine Erweiterung ihrer Einsichten in Kausalabläufe und Gesetzmäßigkeiten an. Ihr Erkenntnisstand unterliegt einem permanenten Wandel; er läßt sich jeweils nur in einer Momentaufnahme ermitteln. Entsprechendes gilt für den technischen Entwicklungsstand, denn auch die technischen Disziplinen suchen ständig nach neuen, besseren Lösungen für die ihnen gestellten Probleme. Rechtsnormen, die technische Anforderungen mit unbestimmten Rechtsbegriffen umschreiben, haben also keinen feststehenden Inhalt, sondern ändern ihre Aussage automatisch mit dem wissenschaftlich-technischen Fortschritt. Dadurch wird zwar vermieden, daß die rechtliche Regelung hinter der Entwicklung herhinkt oder diese gar behindert[13]. Jedoch muß der Rechtsanwender die aktuellen gesetzlichen Anforderungen unter Rückgriff auf wissenschaftlich-technische Erkenntnisse jeweils neu ermitteln. Dies wird ihm um so schwerer fallen, als er in den betreffenden Fachfragen regelmäßig überfordert und auf sachverständige Bera-

---

[10] z. B. in § 24 der Gewerbeordnung (GewO) i. d. F. der Bekanntmachung vom 1. 1. 1978 (BGBl. I S. 97) und den aufgrund dieser Norm erlassenen Sicherheitsverordnungen; vgl. *Plischka*, S. 30.

[11] wie sie ausdrücklich in § 5 Nr. 2 BImSchG vorgesehen ist. Vgl. OVG Lüneburg, B. v. 22. 11. 1976, DVBl. 1977, S. 340/341, *Breuer*, DVBl. 1978, S. 829 ff., 836 und *Bender*, NJW 1979, S. 1425 ff., 1429 einerseits, *Hanning / Schmieder*, Beilage Nr. 14 zu DB 1977, S. 1 ff., 6 f. und *Wagner*, NJW 1980, S. 665 ff., 668 andererseits.

[12] Vgl. *Lukes*, in: 6. Deutsches Atomrechts-Symposium, S. 49 ff., 58; *Obenhaus / Kuckuck*, DVBl. 1980, S. 154 ff., 156.

[13] Zu diesem Nachteil rechtlicher Detailregelungen vgl. statt vieler BVerfG — 2. Sen. —, B. v. 8. 8. 1978, E 49, S. 89/137; *Marburger*, S. 118.

tung angewiesen ist[14]. Daß infolge dieser Gesetzgebungstechnik die Voraussehbarkeit von Verwaltungs- und Gerichtsentscheidungen leidet, daß insbesondere die sonst funktionierende allmähliche Konkretisierung unbestimmter Rechtsbegriffe durch die Rechtsprechung versagt[15], kann nicht verwundern.

Die bestehende Rechtsunsicherheit und ihre sowohl im rechtlichen als auch im wissenschaftlich-technischen Bereich wurzelnden Ursachen zeigen sich schlaglichtartig am Beispiel der Kontroverse um die Erforderlichkeit eines Berstschutzes für Druckwasser-Reaktoren der 1300-MWe-Klasse[16]. Innerhalb von zwölf Tagen haben die Verwaltungsgerichte Freiburg[17] und Würzburg[18] zu diesem Problem divergierende Entscheidungen getroffen[19], ohne daß ihre Beurteilung erkennbar auf unvergleichbaren Rahmenbedingungen (Besonderheiten des Standortes, Bevölkerungsdichte des Umlandes) beruhte.

Der Hauptgrund für die unterschiedlichen Entscheidungen liegt wohl in den voneinander abweichenden Antworten beider Gerichte auf die juristische Kernfrage des technischen Sicherheitsrechts: Wie sicher ist sicher genug[20]? Neben rechtlichen Unklarheiten haben aber auch wissen-

---

[14] Nicht nur die Gerichte, sondern auch die Verwaltungsbehörden sind dabei oft überfordert. Dies belegt eine vom Institut für angewandte Sozialforschung der Universität Köln durchgeführte empirische Untersuchung, wonach den Immissionsschutzbehörden häufig eigene Informationen über den Stand der Technik fehlen, so daß sie weitgehend von den Angaben der Antragsteller abhängig sind. Vgl. *Mayntz / Hucke*, ZfU 1978, S. 217 ff., 226. Für die atomrechtlichen Genehmigungsbehörden dürfte Entsprechendes gelten.

[15] *Lukes*, NJW 1978, S. 241 ff., 244.

[16] Dabei ging es um die Frage, ob Vorsorge gegen ein plötzliches Bersten des Reaktordruckbehälters wegen der damit verbundenen katastrophalen Folgen durch eine integrale Berstsicherung aus Spannbeton getroffen werden müsse oder ob schon die hohe Materialbeständigkeit des Druckbehälters in Verbindung mit Qualitätskontrollen und Wiederholungsprüfungen den gesetzlichen Anforderungen genügten.

[17] U. v. 14. 3. 1977, NJW 1977, S. 1645 ff. (KKW Wyhl). — Das Urteil ist durch das Berufungsurteil des VGH B.W. v. 30. 3. 1982 (LS in DÖV 1983, S. 863 ff.) geändert worden. Der VGH hält eine Berstsicherung nicht für erforderlich.

[18] U. v. 25. 3. 1977, NJW 1977, S. 1649 ff. (KKW Grafenrheinfeld).

[19] Zur Berstschutzproblematik s. weiterhin OVG Lüneburg, B. v. 17. 10. 1977, DVBl. 1978, S. 67/71; B. v. 22. 12. 1978, ET 1979, S. 284/286 f.; B. v. 2. 2. 1979, ET 1979, S. 178/179 f.; VG Hannover, B. v. 2. 6. 1977, DVBl. 1978, S. 74/77 f.; VG Karlsruhe, B. v. 18. 8. 1978, DVBl. 1978, S. 856/858; *Albers*, DVBl. 1978, S. 22 ff.; *Breuer*, DVBl. 1978, S. 829 ff.; *Kramer*, NJW 1981, S. 260 ff., 263; *Roßnagel*, S. 91 ff.

[20] Während nach Meinung des VG Freiburg ein Berstunfall wegen seiner katastrophalen Auswirkungen für die Umgebungsbevölkerung nicht nur extrem unwahrscheinlich, sondern „*auf Null reduziert*" sein muß (a.a.O., S. 1648 — Hervorhebung vom Verf.), läßt das VG Würzburg es ausreichen, daß „ein Schadenseintritt nach menschlicher Erfahrung *unwahrscheinlich — nicht aber absolut ausgeschlossen*" ist (a.a.O., S. 1650 — Hervorhebung vom Verf.).

schaftliche Zweifel die Berstschutzdiskussion belastet. Während das VG Freiburg zu dem Ergebnis gelangte, eine Berstsicherung bringe einen prinzipiellen Sicherheitsgewinn[21], basiert das Urteil des VG Würzburg auf der Annahme, nach den vorliegenden Erkenntnissen sei eine abschließende Bewertung des durch eine Berstsicherung erzielbaren Zugewinns an Sicherheit nicht möglich[22].

Mehr Rechtssicherheit kann nur erreicht werden, falls es gelingt, den Aussagegehalt des § 7 II Nr. 3 AtG zu konkretisieren. Wie dringlich diese Konkretisierung ist, wird deutlich, wenn man sich die gravierenden Folgen der beschriebenen Rechtsunsicherheit vor Augen hält.

Zur Ermittlung der wissenschaftlich-technischen Entscheidungsgrundlagen müssen die Gerichte wegen der fehlenden gesetzlichen Fixierung umfangreiche, langwierige Beweisaufnahmen durchführen[23]. Infolgedessen ziehen sich die Prozesse regelmäßig über viele Jahre hin[24]. Der Bau von Kernkraftwerken wird dadurch verzögert mit der Konsequenz, daß Investitionen in enormer Höhe brachliegen bzw. mit Ungewißheiten belastet werden[25] und Energieversorgungskonzepte unter Umständen nicht eingehalten werden können.

Zweitens droht den Verwaltungsgerichten eine ernst zu nehmende Arbeitsüberlastung. Da der Prozeßausgang in der Regel nicht vorauszusehen ist, wird ein Großteil der Anlagengenehmigungen klageweise angegriffen. Angesichts von Beweisaufnahmen mit teilweise über 50 Sachverständigen[26] überrascht es nicht, wenn den betroffenen Kammern der Verwaltungsgerichte nur ungenügend Zeit verbleibt, den normalen Geschäftsanfall zu erledigen[27].

---

[21] VG Freiburg, in: Albers, Gerichtsentscheidungen, S. 130 (insoweit in NJW 1977, 1945 ff. nicht abgedruckt).

[22] Vgl. *Breuer*, DVBl. 1978, S. 829 ff., 832.

[23] Laut *Bender*, NJW 1978, S. 1945 ff., 1949 hörte das VG Freiburg im Wyhl-Prozeß zu insgesamt 100 Beweisfragen 53 Sachverständige. Dem Gericht lagen zusätzlich etwa 50 schriftliche Gutachten vor.

[24] *Bender*, NJW 1978, S. 1945 ff., 1946 und *Ossenbühl*, DÖV 1980, S. 545 ff., 552 nennen eine mögliche Prozeßdauer von acht bis zehn Jahren.

[25] Nach Angabe von *Scheuten*, in: 6. Deutsches Atomrechts-Symposium, S. 29 ff., 30 f. war im Bereich der Stromversorgung 1979 ein Bauvolumen von ca. 15 Mrd. DM blockiert. Vgl. auch *Lukes*, Diskussionsbeitrag, in: 6. Deutsches Atomrechts-Symposium, S. 88, der ein besonderes Bedürfnis für eine Konkretisierung unbestimmter Rechtsbegriffe im Atomrecht mit den hohen Investitionssummen (etwa 3,5 Mrd. DM pro Anlage) begründet.

[26] Vgl. den Nachweis in Fn. 23.

[27] *Ossenbühl*, DVBl. 1978, S. 1 ff., 4, äußert in diesem Zusammenhang die Befürchtung, die Gewährung von Rechtsschutz werde zu einem Verteilungsproblem. Vgl. auch *Papier*, Die Stellung der Verwaltungsgerichtsbarkeit, S. 10.

Zu der arbeitsmäßigen Überlastung tritt schließlich die noch schwerer wiegende Gefahr fachlicher Überforderung hinzu. Den naturwissenschaftlich und technisch zumeist nicht vorgebildeten Verwaltungsrichtern muß es schwerfallen, die Ausführungen sachverständiger Experten auch nur nachzuvollziehen, geschweige denn sich in wissenschaftlich-technischen Streitfragen ein Urteil zu bilden. Sie sind deshalb häufig vor die Alternative gestellt, sich der Meinung vernommenener Gutachter ohne eingehende Prüfung anzuschließen oder aber das Risiko dilletantischer Fehlschlüsse auf sich zu nehmen. Daß mit dieser Entwicklung ein Vertrauensschwund der Verwaltungsgerichtsbarkeit in der Öffentlichkeit vorprogrammiert ist, braucht nicht weiter ausgeführt zu werden.

Ziel der Arbeit ist es deshalb, zur Konkretisierung des § 7 II Nr. 3 AtG beizutragen. Ein höheres Maß an Rechtssicherheit hängt davon ab, daß sowohl die rechtliche Aussagekraft der Norm schärfere Konturen gewinnt als auch ein Instrumentarium zur Erfassung des Standes von Wissenschaft und Technik bereitgestellt wird. Damit sind die beiden Problemkreise der Arbeit benannt.

Nach einem kurzen Überblick über die nuklearen Risiken und das kerntechnische Sicherheitskonzept (1. Kapitel), der den wissenschaftlich-technischen Hintergrund für die nachfolgende rechtliche Untersuchung bilden soll, wird versucht werden, in einem ersten Schritt den Bedeutungsgehalt des § 7 II Nr. 3 AtG zu präzisieren (2. Kapitel). Im Mittelpunkt steht dabei neben der Restrisikofrage das Problem, inwieweit das Atomgesetz den Rechtsanwender für die Beurteilung der erforderlichen Schadensvorsorge auf Erkenntnisse und Einschätzungen der Wissenschaftler und Techniker verweist und inwieweit es von ihm eine eigenständige rechtliche Wertung fordert. Aufbauend auf der Auslegung des § 7 II Nr. 3 AtG sollen dann in einem zweiten Schritt vorhandene Ansätze zu einer Konkretisierung des Standes von Wissenschaft und Technik behandelt werden (3. und 4. Kapitel). Solche Ansätze existieren in Form von untergesetzlichen Bestimmungen unterschiedlicher Art. Neben einigen Vorschriften der Strahlenschutzverordnung mit wissenschaftlich-technischem Gehalt[28] sind hier insbesondere ministerielle Richtlinien sowie von verschiedenen Fachgremien und Normungsverbänden aufgestellte Regeln zu nennen, welche die geringe gesetzliche Regelungsdichte kompensieren sollen. Die rechtliche Bedeutung dieser Richtlinien und Regeln entzieht sich einer klaren dogmatischen Einordnung[29]. Inwieweit Verwaltung und Rechtsprechung sie zur Konkre-

[28] Gemeint sind die §§ 28 und 45 ff. StrlSchV.

[29] *Ossenbühl*, DÖV 1981, S. 1 ff., 2, spricht von einer „verfassungsrechtlichen Grauzone".

tisierung der gesetzlichen Anforderungen heranziehen dürfen und ob sie für den Rechtsanwender womöglich gar Bindungswirkung entfalten, wird bisher nicht einheitlich beurteilt und soll im Rahmen der Arbeit eingehend geprüft werden. Den Schluß der Untersuchung (5. Kapitel) bildet dann die Erörterung der de lege ferenda denkbaren Wege, „die nach dem Stand von Wissenschaft und Technik erforderliche Vorsorge gegen Schäden" besser als bisher zu konkretisieren.

Erstes Kapitel

Strahlenrisiko und kerntechnisches Sicherheitskonzept

Rechtliche Erörterungen können nicht losgelöst von dem zugrunde liegenden Lebenssachverhalt angestellt werden. Soweit sie sich wie die vorliegende Arbeit auf einen wissenschaftlich-technischen Bereich beziehen, bereitet das Verständnis des Lebenssachverhalts dem technischen Laien regelmäßig erhebliche Schwierigkeiten. Deshalb wird nachfolgend der Versuch unternommen, die mit der Kerntechnik verbundenen Risiken und das zum Schutz gegen diese Risiken entwickelte Sicherheitskonzept darzustellen. Dabei handelt es sich lediglich um einen kursorischen, wegen der Komplexität der Materie notwendigerweise auch lückenhaften Überblick.

Naturgemäß sind die wiedergegebenen, eng an die verarbeitete Literatur angelehnten Aussagen für den Verfasser als Juristen nicht überprüfbar. Deshalb wurde die Darstellung weitgehend auf die Wiedergabe von Erkenntnissen beschränkt, die mittlerweile zum wissenschaftlichen Allgemeingut gehören.

A. Das Strahlenrisiko

Die Hauptrisiken von Kernanlagen gehen von ihren erheblichen Mengen radioaktiven Inventars aus[1]. Die infolge der Kernspaltungen entstehenden radioaktiven Stoffe senden eine Strahlung aus, deren schädigende Wirkung auf den menschlichen Organismus heute bekannt ist. Zwar schirmt eine Reihe von Barrieren die Umgebung gegen das radioaktive Anlageninventar ab[2]. Dennoch werden im Normalbetrieb mit Abluft und Abwasser ständig geringe Mengen radioaktiver Stoffe an die Umwelt abgegeben. So kommt es zu einer gewissen Strahlenbelastung der Bevölkerung, die in der Bundesrepublik nach Angaben

---

[1] Dokumentation der Bundesregierung, S. 277. Auf das Problem der Abwärmeerzeugung von Kernkraftwerken und ihrer Auswirkungen für die Umwelt, das sich — in geringerem Maße — auch für konventionelle Kraftwerke stellt, soll hier nicht eingegangen werden; s. dazu Dokumentation der Bundesregierung, S. 261 ff.

[2] Vgl. unten 1. Kap. B I.

der Bundesregierung weniger als 1 mrem/a[3] beträgt[4]. Darüber hinaus könnten bei Reaktorunfällen großen Ausmaßes riesige Mengen radioaktiver Substanz freigesetzt werden[5].

I. Strahlenschäden

Neben Sachschäden können ionisierende Strahlen vor allem somatische und genetische Schäden des menschlichen Organismus hervorrufen[6].

Bei den somatischen Schäden unterscheidet man Früh- und Spätschäden. Nach einmaliger Bestrahlung mit einer Dosis von ca. 100 rem kommt es zur sog. Strahlenkrankheit, die nach rund zwei Wochen mit Symptomen wie Haarausfall, Erbrechen, Durchfall und Fieber auftritt. Dosen von 700 rem führen regelmäßig nach wenigen Tagen zum Tod. Die Strahlenbelastung Schwangerer kann Mißbildungen des Embryos auslösen. Als Spätschäden können sich infolge von Zellschädigungen — häufig nach Latenzzeiten von mehr als zehn Jahren — Krebserkrankungen einstellen. Einen typischen „Strahlenkrebs" gibt es nicht, vielmehr werden die auch spontan auftretenden Krebsarten (insbesondere Leukämie, Brust- und Lungenkrebs) hervorgerufen.

Anders als die genannten somatischen Schädigungen sind genetische Wirkungen bei den Nachkommen überdurchschnittlich strahlenexponierter Personen bisher nicht in besonderem Maße beobachtet worden. In Tierversuchen wurden dagegen durch Bestrahlung verursachte Erbschäden nachgewiesen. Deshalb wird davon ausgegangen, daß ionisierende Strahlen auch beim Menschen genetische Wirkungen zur Folge haben können.

II. Dosis-Wirkungs-Beziehungen

Für somatische Frühschäden lassen sich Dosis-Wirkungs-Beziehungen relativ genau bestimmen[7]. Solche Schäden treten erst nach Überschrei-

---

[3] Millirem. — Rem (Röntgen equivalent man) ist die Maßeinheit, in der die Belastung des Menschen durch ionisierende Strahlen angegeben wird.

[4] Dokumentation der Bundesregierung, S. 258; Bericht der Bundesregierung über Umweltradioaktivität und Strahlenbelastung im Jahre 1978, BT-Dr. VIII/4101 v. 22. 5. 1980, S. 22; *Pfaffelhuber / Wendling*, ET 1981, S. 139 ff., 141. — Dieser Wert ist allerdings umstritten, da unter den Wissenschaftlern keine Einigkeit über die Grundannahmen und Verfahren zur Ermittlung der Strahlenexposition besteht; vgl. *Roßnagel*, S. 23; *Teufel*, in: 6. Deutsches Atomrechts-Symposium, S. 149 ff.

[5] Vgl. Dokumentation der Bundesregierung, S. 277.

[6] Eingehend dazu Dokumentation der Bundesregierung, S. 245 f. mit umfangreichen Literaturhinweisen S. 247 ff.

[7] Dazu *Feldmann*, in: Tatsachen über Kernenergie, S. 174 ff., 186.

ten eines Schwellenwertes auf und steigen dann mit zunehmender Dosis an. Wie bereits erwähnt, kommt es zu den Symptomen der Strahlenkrankheit erst nach einmaliger Ganzkörperbestrahlung mit einer Dosis von etwa 100 rem.

Demgegenüber bereitet die Bestimmung von Dosis-Wirkungs-Beziehungen für somatische Spätschäden große Schwierigkeiten[8]: Die möglichen Folgekrankheiten (verschiedene Krebsarten) sind keine spezifische Folge ionisierender Bestrahlung, sondern treten auch spontan auf. Deshalb läßt sich eine Kausalbeziehung im Einzelfall nicht feststellen. Stattdessen ist man auf epidemiologische Untersuchungen[9] angewiesen, die mit den Mitteln der Statistik ausgewertet werden. Solche Untersuchungen sind jedoch mit Unsicherheiten behaftet, weil die spontane Krebshäufigkeit örtlich und zeitlich schwankt, die Latenzzeiten bis zum Ausbruch der Krankheit variieren und die Untersuchungen sich zumeist auf kleine Gruppen strahlenbelasteter Personen beschränken. Für geringe Strahlendosen kommt erschwerend hinzu, daß die sonstige (natürliche und künstliche) Strahlenbelastung[10] schwankt, eine kleine Dosis also in der Gesamtdosis „untergeht".

Daher verwundert es nicht, daß eine Erhöhung der Krankheitsraten nur für vergleichsweise hohe Strahlendosen durch epidemiologische Befunde nachgewiesen werden konnte (bei Ganzkörperbestrahlung für Dosen über 50 rem, bei Teilkörperbestrahlung für wesentlich höhere Dosen). Im Bereich hoher Dosen nimmt das Risiko mit steigender Dosis zu[11].

Statistische Angaben über die Wirkungen kleiner Dosen fehlen hingegen und sind wegen der oben geschilderten Schwierigkeiten auch nicht zu erwarten. Deshalb bleibt nur die Möglichkeit, von den Werten hoher Strahlendosen durch Extrapolation auf die Wirkungen niedriger

---

[8] Zu den Gründen vgl. Dokumentation der Bundesregierung, S. 229 u. 243; *Rausch,* in: 4. Deutsches Atomrechts-Symposium, S. 277 ff., 281; *Jacobi,* atw 1974, S. 278 ff.

[9] Insbesondere Untersuchungen über die Auswirkungen der Atombombenabwürfe über Hiroshima und Nagasaki sowie über Spätfolgen von Röntgenbestrahlungen; s. ausführlich Dokumentation der Bundesregierung, S. 225 ff. mit zahlreichen weiteren Nachweisen (Fn. 31—39).

[10] Die natürliche Strahlenbelastung geht auf kosmische und terrestrische Strahlung sowie natürliche Radioisotope zurück, die der Mensch bei der Atmung und mit der Nahrung in den Körper aufnimmt. Sie schwankt in der Bundesrepublik zwischen 95 mrem/a in Bremen und über 200 mrem/a in Teilen Oberfrankens. Der Mittelwert liegt bei 110—125 mrem/a (*Feldmann,* in: Tatsachen über Kernenergie, S. 174 ff., 176; Dokumentation der Bundesregierung, S. 258). Von der durchschnittlich etwa 60 mrem/a betragenden künstlichen Strahlenbelastung der Menschen in der Bundesrepublik entfallen allein 50 mrem/a auf die Röntgendiagnostik (vgl. Dokumentation der Bundesregierung, S. 258 ff.).

[11] Dokumentation der Bundesregierung, S. 229 u. 243.

Dosen zu schließen[12]. Während bis vor kurzer Zeit der Extrapolation ganz überwiegend eine lineare Dosis-Wirkungs-Beziehung als Hypothese zugrundegelegt wurde, gehen neuere Untersuchungen aufgrund von Ergebnissen strahlenbiologischer Experimente davon aus, daß nur für einen Teil der vorhandenen Strahlenarten die mathematische Funktion der Dosis-Wirkungs-Beziehung linear verläuft, für andere Strahlenarten dagegen das Risiko pro Strahleneinheit im Bereich niedriger Dosen geringer ist als im Bereich hoher Dosen[13]. Ob ein Schwellenwert existiert, unterhalb dessen das Strahlenrisiko gleich null ist, läßt sich nach derzeitiger Erkenntnislage nicht beantworten.

Wegen der vielen Unsicherheiten, mit denen die Abschätzung von Strahlenrisiken belastet ist, legt die Internationale Strahlenschutzkommission[14], die weltweit als besonders sachverständiges Gremium auf dem Gebiet des Strahlenschutzes anerkannt ist und die Schutzregelungen vieler Länder beeinflußt hat[15], jedoch nach wie vor hinsichtlich aller Strahlenarten und Dosiswerte eine lineare Dosis-Wirkungs-Beziehung zugrunde[16]. Davon ausgehend ergibt die Extrapolation der Ergebnisse vorliegender epidemiologischer Untersuchungen ein Gesamtkrebsrisiko pro 1 rem/a Einzelposition von 1 : 10 000 bis 1 : 5000[17]. Bei einer angenommenen Strahlenbelastung von 1 mrem/a durch Kernkraftwerke würde dies jährlich 0,1 bis 0,2 Krebsfälle pro eine Million Menschen bedeuten[18].

Genetische Wirkungen ionisierender Strahlung lassen sich noch schwieriger quantifizieren[19]; die Existenz eines Schwellenwertes ist auch insoweit nicht beweisbar[20].

---

[12] *Feldmann*, in: Tatsachen über Kernenergie, S. 174 ff., 191.

[13] Dokumentation der Bundesregierung, S. 243 f.; *Jacobi*, atw 1974, S. 278 ff., 279 ff., jeweils m. w. N. — Diese Annahme liegt z. B. einer 1980 veröffentlichten Studie der amerikanischen Akademie der Wissenschaften, dem *BEIR-Report* (Biological Effects of Ionizing Radiations) zugrunde, vgl. dazu FAZ Nr. 192 v. 20. 8. 1980, S. 25. Vgl. auch den Atombericht der Ford-Foundation „Das Veto", S. 155 f.

[14] International Commission of Risks from Radiation. Die *ICRP* ist ein internationales nichtstaatliches Gremium, das vom Internationalen Kongreß für Radiologie getragen wird. Vgl. dazu im einzelnen *Jacchia*, S. 83 ff.

[15] Vgl. Dokumentation der Bundesregierung, S. 251.

[16] *ICRP*, Publication 9.

[17] Dokumentation der Bundesregierung, S. 245; vgl. auch die Angaben bei *Feldmann*, in: Tatsachen über Kernenergie, S. 174 ff., S. 191 ff. und im Bericht der Bundesregierung über Umweltradioaktivität und Strahlenbelastung im Jahre 1978, BT-Dr. VIII/4101 v. 22. 5. 1980, S. 11.

[18] Dabei ist zu betonen, daß das tatsächliche Risiko wegen des „vorsichtigen" Charakters der Theorie der linearen Dosis-Wirkungs-Beziehung eher unter diesen Werten liegen dürfte; vgl. *Jacobi*, atw 1978, S. 278 ff., 280 f.

[19] Vgl. *ICRP*, Heft 8, S. 84.

[20] *Feldmann*, in: Tatsachen über Kernenergie, S. 174 ff., 195.

III. Ermittlung der Strahlenbelastung durch Kernanlagen

Die Strahlenbelastung der in Kernanlagen beschäftigten Personen wird durch Messungen — insbesondere mit ständig am Körper zu tragenden Dosimetern — ermittelt. Um die Strahlenbelastung der Bevölkerung zu bestimmen, kann man hingegen nicht auf Messungen zurückgreifen, weil die Strahlenexposition außerhalb des Anlagengeländes zu gering ist, als daß sie sich von der schwankenden natürlichen Strahlenbelastung abhöbe[21].

Vielmehr wird versucht, die Strahlenexposition durch Kernkraftwerke mit Hilfe von Ausbreitungsmodellen zu berechnen[22]. In diese Modelle geht eine Vielzahl von Faktoren ein, die die verschiedenen Wege radioaktiver Stoffe von der Anlage bis zur Einwirkung auf den menschlichen Organismus bestimmen (vgl. § 45 S. 2 StrlSchV). Solche Faktoren sind insbesondere die Abgabemengen der einzelnen radioaktiven Stoffe, die für den Standort zutreffenden Ausbreitungsbedingungen in der Luft und in Wasserläufen, experimentell ermittelte Anreicherungsvorgänge in Tieren und Pflanzen, weiterhin die Ernährungsgewohnheiten der strahlenexponierten Personengruppe und schließlich die Verteilung radioaktiver Stoffe im menschlichen Organismus sowie die unterschiedliche Anreicherung in den Organen.

Ausbreitungsmodelle zur Ermittlung der Strahlenbelastung müssen notwendig typisieren, z. B. typische meteorologische Ausbreitungsbedingungen und typische Ernährungsgewohnheiten zugrundelegen[23]. Ob die dadurch hervorgerufenen Unsicherheiten durch vorsichtige (konservative) Annahmen bei der Bestimmung der Einzelfaktoren ausgeglichen werden, wird unterschiedlich beurteilt[24].

B. Kerntechnisches Sicherheitskonzept

Wie bereits erwähnt wurde, besteht das Gefährdungspotential von Kernanlagen vor allem in ihrem radioaktiven Inventar. Ziel der Sicherheitstechnik muß es daher sein, dieses Inventar in allen Betriebszuständen unter Kontrolle zu halten. Das kerntechnische Sicherheitskonzept

---

[21] Dokumentation der Bundesregierung, S. 256.

[22] s. dazu *Geiß / Paschke*, in: Tatsachen über Kernenergie, S. 203 ff.; *Feldt*, in: 6. Deutsches Atomrechts-Symposium, S. 125 ff.; *Brosche*, ebd., S. 131 ff.; *Teufel*, ebd., S. 149 ff.

[23] Vgl. *Feldt*, in: 6. Deutsches Atomrechts-Symposium, S. 125 f.

[24] s. einerseits *Feldt*, in: 6. Deutsches Atomrechts-Symposium, S. 125 ff., 127 und *Geiß / Paschke*, in: Tatsachen über Kernenergie, S. 203 ff., 223 (bejahend), anderseits *Teufel*, in: 6. Deutsches Atomrechts-Symposium, S. 149 ff. (verneinend).

wird nachfolgend am Beispiel von Kernkraftwerken — der wichtigsten Gruppe der unter § 7 AtG fallenden Anlagen — dargestellt.

I. Sicherheitskonzept für den bestimmungsgemäßen Betrieb

Einen sicheren Einschluß des radioaktiven Inventars während des bestimmungsgemäßen Betriebs[25] soll ein vierstufiges System von Barrieren gewährleisten[26]. Es besteht aus den Hüllrohren, die den Brennstoff enthalten, der druckführenden Umschließung des Primärkreislaufs mit dem Reaktordruckbehälter, einem sog. biologischen Betonschild zur Abschirmung der Umgebung gegen direkte Strahlung und dem Sicherheitsbehälter aus Stahl (Containment)[27].

Trotz der genannten Barrieren gelangen winzige Mengen radioaktiver Stoffe — z. B. über kleine Leckagen im Primärkreislauf — in die Abluft und das Abwasser des Kraftwerks. Abluft und Abwasser werden deshalb zur Verminderung der Aktivitätskonzentration über wirkungsvolle Filteranlagen geleitet, bevor sie an die Umgebung abgegeben werden[28].

II. Sicherheitskonzept für den nicht bestimmungsgemäßen Betrieb

Funktionsstörungen im Reaktorbetrieb, die nicht sicher beherrscht werden, bergen das Risiko, daß große Mengen an Radioaktivität freigesetzt werden. So könnte beispielsweise eine Kernschmelze nach vorausgehendem Kühlmittelverlust viele Todesopfer fordern und weite Gebiete radioaktiv verseuchen[29]. Gegen Funktionsstörungen der einzelnen technischen Systeme, die die sichere Fortführung des Betriebes in Frage stellen und deshalb als nicht bestimmungsgemäßer Betrieb gelten[30], werden deshalb Sicherheitsvorkehrungen getroffen. Solche Vorkehrungen detailliert zu beschreiben, kann nicht Aufgabe dieser

---

[25] Unter dem bestimmungsgemäßen Betrieb werden außer dem Normalbetrieb auch Instandhaltungsvorgänge und Betriebsvorgänge unter gestörten Funktionsbedingungen verstanden, soweit der Fortführung des Betriebes sicherheitstechnische Bedenken nicht entgegenstehen. Zur Definition des bestimmungsgemäßen Betriebes s. BMI: Sicherheitskriterien für Kernkraftwerke, Neufassung v. 21. 10. 1977, BAnz. Nr. 206 v. 3. 11. 1977, Definitionen Ziff. 1. Ausführlicher zu den Sicherheitskriterien unten 3. Kap. B. und 4. Kap. A. II.

[26] s. dazu Dokumentation der Bundesregierung, S. 300 f.; *Borsch / Münch*, in: Tatsachen über Kernenergie, S. 45.

[27] Die genannten Barrieren nehmen ihre Funktion darüber hinaus auch bei nicht bestimmungsgemäßem Betrieb wahr, wobei allerdings größere Aktivitätsfreisetzungen nicht in jedem denkbaren Fall ausgeschlossen sind.

[28] *Borsch / Münch*, in: Tatsachen über Kernenergie, S. 45.

[29] Vgl. *Rasmussen-Report*, Table 5.4 u. 5.5 (S. 83).

[30] Vgl. Sicherheitskriterien für Kernkraftwerke, BAnz. Nr. 206 v. 3. 11. 1977, Def. Ziff. 1 u. 2.

Arbeit sein. Vielmehr sollen nur die Prinzipien des technischen Sicherheitskonzepts vorgestellt werden, nach denen bestimmt wird, welche Vorkehrungen zu treffen sind.

1. Die deterministische Betrachtungsweise

Die heute in Kernkraftwerken installierten Sicherheitseinrichtungen beruhen überwiegend auf Erkenntnissen der *deterministischen* Betrachtungsweise. Mit dieser Methode wird systematisch untersucht, welche Vorkehrungen getroffen werden müssen, um bei Störfällen die Sicherheit aufrechterhalten zu können[31].

Der deterministischen Betrachtungsweise liegt das sog. *GaU-Konzept* zugrunde[32]. Danach muß ein Kernkraftwerk so ausgelegt werden, daß es bei dem „größten anzunehmenden Unfall“ — dem GaU — unter Kontrolle gehalten und ein Entweichen größerer Aktivitätsmengen verhindert werden kann. Welche Ereignisse als „anzunehmend“ in die Betrachtung einzubeziehen und welche als nicht mehr glaubhaft außer acht zu lassen sind, wird nicht mit Hilfe von Wahrscheinlichkeitsuntersuchungen ermittelt, sondern nach der Einschätzung der Techniker (engineering judgement) entschieden[33]. Als GaU gilt bei Leichtwasserreaktoren der plötzliche Bruch der Hauptkühlmittelleitung des Reaktors[34].

Ausgehend vom GaU analysiert die deterministische Methode den weiteren Ereignisablauf bis in alle Verästelungen ohne Rücksicht auf die Wahrscheinlichkeit der denkbaren Entwicklungsmöglichkeiten[35]. Aufbauend auf dieser Analyse werden dann Sicherheitseinrichtungen geschaffen, die es gestatten, den Störfallablauf zu beherrschen und den Reaktor in einen sicheren Zustand zurückzuführen. Solche Einrichtungen sind beispielsweise die Notkühlsysteme und der bereits erwähnte Sicherheitsbehälter.

Ursprünglich nahm man an, mit der Auslegung des Kernkraftwerks gegen den GaU ließen sich auch alle unbedeutenderen Störfälle abdecken. Da diese Annahme aber nicht vollständig zutrifft, sind mittlerweile weitere Störfälle definiert worden, die ebenfalls die Auslegung mit-

---

[31] Dokumentation der Bundesregierung, S. 280.

[32] *Smidt*, in: 6. Deutsches Atomrechts-Symposium, S. 39 ff., 40.

[33] *Smidt*, in: 6. Deutsches Atomrechts-Symposium, S. 39 ff., 40, der zutreffend feststellt, daß es sich um eine „im Prinzip ... willkürlich festgelegte Risikogrenze“ handelt. Ob die Festlegung dieser Grenze tatsächlich dem Techniker überlassen bleiben darf, wird unten, 2. Kap. C. II. 1., IV. 3., 4. Kap. B. II. 2. und 5. Kap. A. erörtert.

[34] *Borsch / Münch*, in: Tatsachen über Kernenergie, S. 45 ff., 47.

[35] *Smidt*, in: 6. Deutsches Atomrechts-Symposium, S. 39 ff., 41; Dokumentation der Bundesregierung, S. 280.

bestimmen[36]. Das ändert jedoch nichts daran, daß die deterministische Betrachtungsweise weiterhin unterscheidet zwischen Störfällen, gegen die ein Kraftwerk auszulegen ist, und sonstigen sicherheitsrelevanten Ereignissen, die zu unwahrscheinlich sind, als daß gegen sie Vorsorge getroffen werden müßte (hypothetische Störfälle bzw. Unfälle). Diese Unterscheidung liegt auch der Strahlenschutzverordnung zugrunde, die ausdrücklich zwischen Störfällen und Unfällen differenziert[37].

2. *Die probabilistische Betrachtungsweise*

In den letzten Jahren sind deterministische Störfallanalysen zunehmend durch *probabilistische* Risikoanalysen ergänzt worden.

Während die deterministische Methode denkbare Entwicklungen von Störfällen ohne Rücksicht auf ihre Wahrscheinlichkeit analysiert, bezieht die probabilistische Betrachtungsweise[38] die Wahrscheinlichkeit in die Untersuchung ein. Sie basiert damit auf der Erkenntnis, daß ein Risiko das Produkt aus Schadensausmaß und Eintrittswahrscheinlichkeit ist[39], eine präzise Risikobetrachtung also beide Komponenten berücksichtigen muß. Ziel der probabilistischen Methode ist es, durch Quantifizierung von Sicherheitsrisiken Schwachstellen im technischen System aufzuspüren und zugleich eine rationale Grundlage für die Entscheidung zu liefern, gegen welche Risiken Vorsorge getroffen werden soll. Entsprechend dieser Zielsetzung beschränkt sich die Probabilistik nicht auf die Analyse zuvor definierter Störfälle, sondern bezieht auch die von der deterministischen Betrachtungsweise von vornherein als unglaubhaft außer acht gelassenen Unfälle in die Betrachtung ein.

Probabilistische Risikoanalysen wenden im wesentlichen zwei Analyseverfahren an: die Ereignisablauf- und die Fehlerbaumanalyse[40].

---

[36] *Smidt*, in: 6. Deutsches Atomrechts-Symposium, S. 39 ff., 41; Dokumentation der Bundesregierung, S. 289.

[37] Vgl. etwa § 36 StrlSchV. — Anlage I zur StrlSchV definiert den „Störfall" als „Ereignisablauf, bei dessen Eintreten der Betrieb der Anlage ... nicht fortgeführt werden kann und *für den die Anlage ausgelegt ist* ...". Demgegenüber ist ein Unfall nach der genannten Anlage I ein „Ereignisablauf, der für eine oder mehrere Personen eine die Grenzwerte übersteigende Strahlenexposition oder Inkorporation radioaktiver Stoffe zur Folge haben kann, *soweit er nicht zu den Störfällen zählt*". (Hervorhebungen vom Verf.).

[38] Dazu ausführlich BMFT, Deutsche Risikostudie, S. 65 ff.; s. auch *Borsch / Münch*, in: Tatsachen über Kernenergie, S. 45 ff., 50 ff.; Dokumentation der Bundesregierung, S. 280 f., 284 ff. u. 292 ff.

[39] *Birkhofer / Lindackers*, in: Rechtliche Ordnung der Technik, S. 97 ff., 106; *Marburger*, in: Bitburger Gespräche, S. 39; *Smidt*, in: 6. Deutsches Atomrechts-Symposium, S. 39 ff., 47; sehr gründlich zum Risikobegriff BMFT, Deutsche Risikostudie, S. 9 ff.

[40] Zur Ereignisablaufanalyse s. BMFT, Deutsche Risikostudie, S. 73 ff.; *Borsch / Münch*, in: Tatsachen über Kernenergie, S. 45 ff., 50 ff.; zur Fehlerbaumanalyse BMFT, Deutsche Risikostudie, S. 76 ff.; *Borsch / Münch*, S. 50.

Ereignisablaufanalysen gehen von Ereignissen aus, die prinzipiell Aktivitätsfreisetzungen nach sich ziehen können. Solche „auslösenden Ereignisse" können verschiedene Folgen haben, je nachdem ob die vorgesehenen Sicherheitseinrichtungen ansprechen oder versagen. Ähnlich wie in deterministischen Störfalluntersuchungen werden deshalb die möglichen Auswirkungen dieser Ereignisse systematisch analysiert; zusätzlich aber wird die Wahrscheinlichkeit der Geschehnisabläufe bestimmt. Dies geschieht unter Berücksichtigung der Sicherheitseinrichtungen und ihrer Ausfallwahrscheinlichkeiten.

Die Ausfallwahrscheinlichkeiten der Sicherheitseinrichtungen liefert die Fehlerbaumanalyse. Sie verfolgt Kausalketten in umgekehrter Richtung wie die Ereignisablaufanalyse, also von der Folge bis hin zur Ursache. Die Spitze des Fehlerbaums bildet der Ausfall der betreffenden Sicherheitseinrichtung. Von hier aus werden die Fehler ermittelt, die allein oder in Verbindung mit anderen zu dem Systemausfall führen können. Die Fehlerhäufigkeit bestimmt man aufgrund praktischer Erfahrung und — soweit diese fehlt — experimentell. Aus den Einzelwahrscheinlichkeiten des Fehlerbaumes wird sodann die Ausfallwahrscheinlichkeit der betreffenden Sicherheitseinrichtung errechnet.

Die erste umfassende Sicherheitsstudie, die mit der probabilistischen Methode das von Kernkraftwerken ausgehende Risiko quantifiziert hat, wurde 1975 von einer amerikanischen Studiengruppe vorgelegt und ist unter dem Namen des Gruppenleiters als „Rasmussen-Report" bekannt geworden[41]. Die im Auftrag der US-amerikanischen Genehmigungsbehörde erstellte Studie untersucht Eintrittswahrscheinlichkeiten und Auswirkungen möglicher Reaktorunfälle in den Vereinigten Staaten. Sie kommt zu dem Ergebnis, das von den amerikanischen Kernkraftwerken ausgehende Risiko sei wesentlich geringer als das bestimmter anderer — natürlicher und zivilisatorischer — Risiken (z. B. Erdbeben, Flugzeugabstürze, Brände und Dammbrüche)[42]. Die Studie hat ein geteiltes Echo gefunden; die ihr zugrundeliegende Methodik der Risikoanalyse ist aber überwiegend gebilligt worden[43].

---

[41] Reactor Safety Study. An Assessment of Accident Risks in U.S. Commercial Nuclear Power Plants, Main Report, Regulatory Commission (Hrsg.) 1975.

[42] *Rasmussen*-Report, S. 103 ff.

[43] Vgl. die Nachweise der Kritik in der Einleitung der deutschen Kurzfassung des Reports, S. 4 f. Besonders harsche Kritik an der Studie übt *Jungk*, Der Atomstaat, S. 49 ff., der sie für das „Kernstück einer großangelegten Beschwichtigungskampagne" hält (S. 50). Ein von der amerikanischen Atombehörde (Nuclear Regulatory Commission — NRC) eingesetzter Ausschuß zur Überprüfung der Studie billigt in seinem Bericht, dem sog. *Lewis-Report*, die Methodik der Studie, meldet aber Bedenken gegen die ermittelten absoluten Risikowerte und die angegebenen Fehlerbandbreiten an — vgl. die

Eine dem Rasmussen-Report in der Methodik entsprechende, aber auf deutsche Kernkraftwerke bezogene Studie hat die Gesellschaft für Reaktorsicherheit im Auftrag des Bundesministers für Forschung und Technologie angefertigt und im Jahre 1979 vorgelegt[44]. Diese Untersuchung ermittelt für die Bevölkerung der Bundesrepublik Deutschland ein ähnlich hohes Risiko wie der Rasmussen-Report für die Bevölkerung der USA, gibt aber eine größere Fehlerbandbreite an[45].

Theoretisch läßt sich mit Risikoanalysen ein geschlossenes Bild von den Risiken eines Kernkraftwerks gewinnen. In der Praxis stehen einer vollständigen Risikoerfassung aber erhebliche Schwierigkeiten im Wege. Abgesehen davon, daß sämtliche objektiv möglichen Ereignisabläufe wohl niemals umfassend vorherbedacht werden können, sind die Wahrscheinlichkeitsdaten in vielen Fällen noch nicht genügend empirisch abgesichert[46]. Insbesondere die Wahrscheinlichkeit menschlichen Versagens läßt sich nicht präzise quantifizieren. Pessimistische Annahmen bei den Wahrscheinlichkeitsdaten mögen demgegenüber ein gewisses Korrektiv bieten. Dennoch sollte man sich der geschilderten Unsicherheiten bei der Bewertung von Risikoanalysen bewußt sein; deren Zahlenangaben könnten sonst leicht den Eindruck einer — bisher nicht erreichten und auch wohl nie ganz erreichbaren — wissenschaftlichen Exaktheit hervorrufen.

3. *Gestuftes Sicherheitssystem und Auslegungsprinzipien*

Aufbauend auf den Ergebnissen der dargestellten Analyseverfahren versucht die Kerntechnik auf drei Ebenen, Vorsorge gegen die Risiken des nicht bestimmungsgemäßen Betriebs zu treffen[47].

Die erste Ebene betrifft die Basissicherheit. Alle Anlagenteile müssen qualitativ so hochwertig konstruiert und verarbeitet sein, daß sie ihre Funktionen möglichst zuverlässig erfüllen können. Durch ständige Überwachung soll zusätzliche Gewähr dafür geboten werden, daß störfallauslösende Ereignisse nicht eintreten. Auf der zweiten Ebene werden Einrichtungen vorgesehen, die auftretende betriebliche Störungen umgehend erfassen und durch Gegenmaßnahmen verhindern, daß

Mitteilung in atw 1979, S. 113 und *Borsch / Münch*, in: Tatsachen über Kernenergie, S. 45 ff., 54.

[44] Deutsche Risikostudie Kernkraftwerke, Eine Untersuchung zu dem durch Störfälle in Kernkraftwerken verursachten Risiko. Eine Studie der Gesellschaft für Reaktorsicherheit im Auftrage des Bundesministeriums für Forschung und Technologie, Bonn 1979.

[45] *Borsch / Münch*, in: Tatsachen über Kernenergie, S. 45 ff., 56.

[46] Vgl. BMFT, Deutsche Risikostudie, S. 4 f. u. 237 ff.

[47] Vgl. Dokumentation der Bundesregierung, S. 281; BMFT, Deutsche Risikostudie, S. 40 f.

die Störungen sich zu Störfällen ausweiten. Schließlich werden auf dritter Ebene Sicherheitseinrichtungen vorgesehen, die gewährleisten sollen, daß dennoch entstandene Störfälle beherrscht werden.

Trotz hoher Qualitätsanforderungen ist es nicht ausgeschlossen, daß Sicherheitssysteme im Bedarfsfall nicht verfügbar sind. Um die Folgen solcher Ausfälle zu begrenzen, werden verschiedene Auslegungsprinzipien angewandt, von denen die Redundanz und die Diversität die wohl wichtigsten sind.

Redundanz bedeutet, daß für eine Funktion mehr Mittel bereitstehen, als an sich erforderlich wären[48]. Fällt eines der Mittel aus, kann das zweite oder — bei mehrfacher Redundanz — das dritte, vierte usw. seine Funktion wahrnehmen. Dieses Prinzip versagt allerdings bei voneinander abhängigen und bei gleichartigen Fehlern (z. B. Konstruktionsfehlern)[49]. Deshalb wird zur Beherrschung derartiger Fehler das Prinzip der Diversität angewendet, d. h. die für die gleiche Funktion vorgesehenen Systeme werden unterschiedlich konstruiert[50].

III. Das Restrisiko

Das dargestellte Sicherheitskonzept ändert nichts daran, daß im Bereich der Kerntechnik absolute Sicherheit nicht zu erreichen ist. Will man die Vorteile dieser Technik nutzen, ist man also — wie bei anderen Techniken auch — gezwungen, einen Rest an Risiko in Kauf zu nehmen. Aus den vorstehenden Ausführungen sollte deutlich geworden sein, daß dieses Restrisiko keine feststehende, vorgegebene Größe ist, sondern von dem Maß der technischen Vorsorge abhängt. So beeinflußt die Entscheidung darüber, welches Ereignis als GaU zu definieren ist, die Restrisikogrenze ebenso wie die Entscheidung über eine zwei- oder dreifache Redundanz von Sicherheitseinrichtungen. Welche Aussagen sich unserer Rechtsordnung zu den korrelierenden Größen „erforderliche Vorsorge" und „Restrisiko" entnehmen lassen, soll unter anderem im folgenden Kapitel untersucht werden.

---

[48] Dokumentation der Bundesregierung, S. 300.

[49] BMFT, Deutsche Risikostudie, S. 41 f.

[50] Dokumentation der Bundesregierung, S. 300; BMFT, Deutsche Risikostudie, S. 42.

Zweites Kapitel

Die Auslegung des § 7 II Nr. 3 AtG

A. Der Aufbau des § 7 I und II AtG

§ 7 I AtG stellt ortsfeste Anlagen zur Erzeugung, Bearbeitung, Verarbeitung oder Spaltung von Kernbrennstoffen unter einen Genehmigungsvorbehalt. Genehmigungspflichtig sind danach Anlagen des gesamten Brennstoffkreislaufs, also insbesondere Kernkraftwerke, aber etwa auch Anreicherungs- und Wiederaufbereitungsanlagen[1]. Mit der Normierung der Genehmigungspflicht bedient sich der Gesetzgeber der im Ordnungsrecht gebräuchlichen Regelungstechnik[2], grundsätzlich erlaubte, aber gefahrgeneigte Tätigkeiten im voraus einer staatlichen Sicherheitskontrolle zu unterwerfen, anstatt erst auf bereits konkret entstandene Gefahrenlagen mit Verboten zu antworten. § 7 I und II AtG ist deshalb als präventives Verbot mit Erlaubnisvorbehalt zu qualifizieren[3].

Gem. § 7 II AtG „darf" die nach Abs. 1 erforderliche Genehmigung nur erteilt werden, wenn die in den Nummern 1—6 aufgeführten Voraussetzungen erfüllt sind[4]. § 7 II AtG gibt damit der Genehmigungs-

---

[1] *Winters,* Atom- und Strahlenschutzrecht, S. 19; zum Begriff des Kernbrennstoffs s. § 2 I Nr. 1 AtG.

[2] Vgl. etwa § 16 GewO a. F., § 4 BImSchG, § 86 MBO und die entsprechenden Bestimmungen der Landesbauordnungen.

[3] BVerfG — 2. Sen. —, B. v. 8. 8. 1978, E 49, S. 89/145; *Veit,* BR-Prot., 198. Sitzung v. 14. 11. 1958, S. 230 f.; *Mutschler,* S. 35 ff.; *Mahlmann,* in: 1. Deutsches Atomrechts-Symposium, S. 269 ff., 270; *Hanning / Schmieder,* Beilage Nr. 14 zu DB 1977, S. 1 ff., 7; *Ossenbühl,* NJW 1981, S. 375 ff., 376. A. A. — soweit ersichtlich — nur *Bender,* NJW 1979, S. 1425, Fn. 2, der dazu neigt, ein repressives Verbot mit Befreiungsvorbehalt zu bejahen. *Bender* ist jedoch entgegenzuhalten, daß repressive Verbote im Gegensatz zu präventiven Verboten nur Tätigkeiten betreffen, die der Gesetzgeber als sozialschädlich einstuft und demgemäß prinzipiell verbietet (BVerfG — 1. Sen. — U. v. 5. 8. 1966, E 20, S. 150/157; *Forsthoff,* VerwR, S. 267 f.). Bau und Betrieb von Anlagen i. S. d. § 7 AtG sind hingegen grundsätzlich erlaubte Tätigkeiten. Dies ergibt sich deutlich aus der Bestimmung des § 1 Nr. 1 AtG, wonach das Atomgesetz dazu dient, „die Nutzung der Kernenergie zu friedlichen Zwecken zu fördern".

[4] Die Bestimmung ist also nach dem sog. Konditionalschema („wenn ..., dann") aufgebaut. Versuche, sie als Planungsnorm zu qualifizieren, müssen daher von vornherein scheitern, denn Planungsnormen sind nicht konditional, sondern final programmiert (*Ossenbühl,* DVBl. 1978, S. 1 ff., 6 f. m. w. N.)

behörde zwei Handlungsanweisungen: Fehlen die gesetzlichen Voraussetzungen, so *muß* die Genehmigung abgelehnt werden. Liegen die Voraussetzungen dagegen vor, so wird es in das *Ermessen* der Behörde gestellt, ob sie die Genehmigung erteilt oder dennoch versagt (sog. Versagungsermessen)[5].

B. Die Normstruktur des § 7 II Nr. 3 AtG

Nach § 7 II Nr. 3 AtG darf die Anlagengenehmigung nur erteilt werden, wenn „die nach dem Stand von Wissenschaft und Technik erforderliche Vorsorge gegen Schäden durch die Errichtung und den Betrieb der Anlage getroffen ist". § 7 II Nr. 3 AtG regelt also den Schutz gegen anlagen- und betriebsspezifische Risiken[6] und legt den Sicherheitsstandard fest, der Voraussetzung für die Genehmigung ist. Die danach erforderliche Schadensvorsorge bezieht sich sowohl auf die Risiken des Normalbetriebs (permanente Emission kleiner Strahlendosen) als auch auf die Risiken des nicht bestimmungsgemäßen Betriebs (Störfälle und Unfälle).

---

[5] h. M.; vgl. die zahlreichen Nachweise in BVerfG — 2. Sen. —, B. v. 8. 8. 1978, E 49, S. 89/144. A. A. — soweit ersichtlich — nur *Mahlmann*, in: 1. Deutsches Atomrechts-Symposium, S. 269 ff., 270 ff.; *Schmitt Glaeser*, Der Landkreis 1976, S. 442 ff., 443. — Neben dem eindeutigen Wortlaut spricht vor allem die Entstehungsgeschichte für Ermessen: Der Regierungsentwurf hatte die Genehmigungsentscheidung zunächst als gebundenen Verwaltungsakt ausgestaltet (BT-Dr. III/759, S. 5). Seine schließlich Gesetz gewordene Fassung erhielt § 7 AtG erst auf Initiative des Bundesrats hin, der den Behörden einen Ermessensspielraum verschaffen wollte, weil mit der Kodifizierung des Atomrechts Neuland betreten wurde (BT-Dr. III/759, S. 50; vgl. auch die Stellungnahme der Bundesregierung zum Änderungsvorschlag des Bundesrats, BT-Dr. III/759, S. 59). *Mahlmann* begründet seine abweichende Meinung vor allem mit dem Hinweis darauf, daß es sich bei der wirtschaftlichen Nutzung der Kernenergie um die Ausübung der Grundrechte aus Art. 12 und 14 GG handele; nach der Rechtsprechung des Bundesverfassungsgerichts müsse der Gesetzgeber die Schranken grundrechtlich geschützter Tätigkeiten selbst ziehen. Demgegenüber hat das Bundesverfassungsgericht im Kalkar-Beschluß (2. Sen., B. v. 8. 8. 1978, E 49, S. 89/146) wegen der großen potentiellen Gefahren des Umgangs mit radioaktiven Stoffen es für zulässig erachtet, daß der Gesetzgeber in § 7 II AtG nur die generellen Genehmigungsvoraussetzungen selbst normiert, der Behörde jedoch für unvorhergesehene Fälle ein Versagungsermessen eingeräumt hat.

[6] § 7 II Nr. 5 AtG hat hingegen die Funktion, den Schutz gegen äußere Einwirkungen zu gewährleisten. Ob dies auch für nicht gezielte Einwirkungen (z. B. explosionsbedingte Druckwellen, Flugzeugabstürze, Erdbeben) gilt oder ob insoweit § 7 II Nr. 3 AtG zur Anwendung kommt, ist streitig (vgl. *Winters*, Atom- u. Strahlenschutzrecht, S. 28 f. einerseits, *Fischerhof*, § 7 Rdnr. 19 u. *Mattern / Raisch*, § 7 Rdnr. 10 anderseits). Ersteres sollte aber bejaht werden, denn gezielte und nicht gezielte Einwirkungen erfordern großenteils gleichartige, vorwiegend die äußere Hülle der Anlage betreffende Vorkehrungen (s. *Winters*, Atom- u. Strahlenschutzrecht, S. 29). Letztlich handelt es sich um einen akademischen Streit, da keine Anhaltspunkte bestehen, daß das Gesetz in Nr. 3 und Nr. 5 von einem unterschiedlichen Sicherheitsstandard ausgeht.

Das Verständnis des § 7 II Nr. 3 AtG wird dadurch erschwert, daß der Gesetzgeber in ihm eine von vielen anderen Vorschriften des Ordnungsrechts und speziell des technischen Sicherheitsrechts abweichende Terminologie verwendet hat. Anders als im Wortlaut des § 7 II Nr. 3 AtG spielt in diesen Bestimmungen der Begriff der Gefahr eine zentrale Rolle, sei es, daß das Einschreiten der Polizei vom Vorliegen einer Gefahr abhängt[7], sei es, daß das Fehlen bzw. die Verhinderung von Gefahren Genehmigungsvoraussetzung[8] oder generalklauselartige Beschaffenheitsanforderung[9] ist. Diese Bestimmungen haben gemeinsam, daß sie an eine akut oder potentiell gefährliche Ausgangslage anknüpfen und das Ziel verfolgen, durch Schutzmaßnahmen die Realisierung der Gefahr zu verhindern. So erlaubt die polizeiliche Generalklausel polizeiliche Abwehrmaßnahmen, wenn eine Gefahr für die polizeilichen Schutzgüter besteht; nach § 6 Nr. 1 i. V. m. §§ 5 Nr. 1, 3 I BImSchG darf die Genehmigung erteilt werden, wenn die genehmigungsbedürftigen Anlagen unter solchen Modalitäten errichtet und betrieben werden, daß die nötige Sicherheit gewährleistet ist, und nach § 120 a III GewO muß den jeweiligen betrieblichen Gefahren mit Vorkehrungen begegnet werden, die den erforderlichen Schutz sicherstellen.

Bei näherem Hinsehen zeigt sich an § 7 II Nr. 3 AtG eine vergleichbare Normstruktur. Indem die Regelung als Voraussetzung für die Genehmigung die „Vorsorge gegen Schäden durch die Errichtung und den Betrieb der Anlage“ verlangt, geht sie davon aus, daß Errichtung und Betrieb von Anlagen i. S. d. § 7 AtG generell schadensgeneigte Tätigkeiten sind. Diese risikobehaftete Ausgangslage soll durch Schutzmaßnahmen („erforderliche Vorsorge“) so umgestaltet werden, daß keine Schäden eintreten („Vorsorge gegen Schäden“). Die Normstruktur weist damit drei Bezugspunkte auf[10]:

(1) die *Ausgangslage*, gekennzeichnet durch die Möglichkeit eines Schadenseintritts[11],

(2) das *Ziel*, Schutz vor Schäden zu gewährleisten, und

(3) die *Mittel*, die erforderlich sind, um die Ausgangslage in Richtung auf das Ziel umzugestalten (Vorsorgemaßnahmen).

---

7 s. § 8 I PolG NW; § 14 I OBG NW.

8 s. § 6 Nr. 1 i. V. m. § 5 Nr. 1 BImSchG.

9 s. § 3 I GtA; § 120 a I u. III GewO sowie die Verordnungen über überwachungsbedürftige Anlagen, z. B. § 4 AufzV, § 4 AzetylenV, § 7 DampfkesselV.

10 Vgl. *Obenhaus / Kuckuck*, DVBl. 1980, S. 154.

11 Ob es sich um eine *objektive* Schadensmöglichkeit handeln muß oder ob es ausreicht, daß nach derzeitigem Erkenntnisstand ein Schadenseintritt nicht ausgeschlossen werden kann, soll hier noch offen bleiben; s. dazu unten 2. Kap. C. III.

Die Genehmigung darf nur erteilt werden, wenn die Ausgangslage in den Zielzustand überführt worden ist, wenn also der tatsächlich gewährleistete Sicherheitsstandard mit dem gesetzlich geforderten Sicherheitsstandard übereinstimmt. Bei der Anwendung des § 7 II Nr. 3 AtG muß deshalb zunächst untersucht werden, wie die Ausgangslage beschaffen ist, d. h. welche Schäden durch die Anlage und ihren Betrieb entstehen können und wie wahrscheinlich ihr Eintritt ist. Sodann ist das gesetzliche Schutzziel (der gesetzlich geforderte Sicherheitsstandard) zu bestimmen. Dabei geht es um die Frage, wie intensiv der Schutz gegen Schäden sein muß, ob nur ein absoluter Schutz den gesetzlichen Anforderungen genügt oder ob — und gegebenenfalls in welchem Umfang — § 7 II Nr. 3 AtG ein verbleibendes Risiko in Kauf nimmt. Anschließend müssen Ausgangslage und Schutzziel verglichen werden. Soweit sie divergieren, sind Vorsorgemaßnahmen erforderlich. In einem letzten Schritt ist zu prüfen, ob die geplanten Vorsorgemaßnahmen gewährleisten, daß das gesetzliche Schutzziel erreicht wird. Wird dies bejaht, ist die Genehmigungsvoraussetzung des § 7 II Nr. 3 AtG erfüllt.

Es bleibt zu erörtern, wie der „Stand von Wissenschaft und Technik" in diese Normstruktur einzuordnen ist. Nach einhelliger Meinung bildet er den Maßstab für die Bestimmung der Vorsorgemittel[12]. Doch erschöpft sich seine Funktion darin nicht.

Einem seiner Elemente, dem Stand der Wissenschaft, kommt außerdem Bedeutung für die Analyse der Ausgangslage zu. § 7 II Nr. 3 AtG schreibt vor, daß die Vorsorge am Stand von Wissenschaft (und Technik) auszurichten sei. Das geschieht nur, wenn der Stand der Wissenschaft — verstanden als die Summe wissenschaftlicher Erkenntnisse — außer für die Beurteilung der einzusetzenden Mittel auch für die Klärung der Ausgangslage und ihrer Risiken herangezogen wird[13]. Beide Prüfungen betreffen Erkenntnisfragen, die ohne die Ergebnisse wissenschaftlicher Forschung nur unzulänglich beurteilt werden können. So haben erst die Methoden der Risikoanalyse es ermöglicht, Risiken zu quantifizieren und damit die Ausgangslage genauer zu ermitteln[14]. Der Stand der Technik als zweites Element des Begriffs „Stand von Wissenschaft und Technik" spielt hingegen für die Analyse der Ausgangslage keine Rolle. So verschieden die Auffassungen über das Wesen der Technik auch sind, ist ihnen doch gemeinsam, daß sie der Technik eine rein instrumentelle

---

[12] *Marburger*, S. 121.

[13] So auch *Bender*, NJW 1979, S. 1425 ff., 1430; *Mutschler*, S. 49; *Obenhaus / Kuckuck*, DVBl. 1980, S. 154 ff., 155; *Plagemann / Tietzsch*, S. 9; vgl. auch OVG Münster, U. v. 20. 2. 1975, ET 1975, S. 220/229; für die Beurteilung der Risikolage im Genehmigungsverfahren nach §§ 6 Nr. 1, 5 Nr. 1 BImSchG ebenso BVerwG, U. v. 17. 2. 1978, NJW 1978, S. 1450.

[14] s. o. 1. Kap. B. II. 2.

Funktion zuweisen[15]. Anders als die Wissenschaft beschäftigen sich die technischen Disziplinen nicht mit Erkenntnisfragen, sondern entwickeln Mittel zur Erreichung vorgegebener Ziele[16]. Dementsprechend kann der Stand der Technik nichts zur Analyse von Risikolagen beitragen, denn dabei geht es um ein reines Erkenntnisproblem. Für die Klärung der Ausgangslage ist daher nur der Stand der Wissenschaft maßgeblich.

Vereinzelt wird dem „Stand von Wissenschaft und Technik" Bedeutung auch für den dritten Pol in der Normstruktur des § 7 II Nr. 3 AtG, nämlich das Schutzziel, beigemessen. Der „Stand von Wissenschaft und Technik" soll danach den gesetzlichen Sicherheitsstandard bestimmen[17]. Die Auseinandersetzung mit dieser Meinung macht es nötig, ausführlicher auf den Inhalt des genannten Begriffs einzugehen; sie erfolgt daher erst im folgenden Abschnitt, in dem der gesetzlich geforderte Sicherheitsstandard näher bestimmt wird.

C. Der gesetzlich geforderte Sicherheitsstandard

Bereits einleitend wurde darauf hingewiesen, daß die Rechtsunsicherheit bei der Anwendung des § 7 II Nr. 3 AtG zu einem wesentlichen Teil in Zweifeln über den gesetzlich geforderten Sicherheitsstandard wurzelt. Es geht dabei um die Frage: Wie sicher ist sicher genug? Nur wenn diese Frage beantwortet ist, kann entschieden werden, ob die Ausgangslage überhaupt Vorsorgemaßnahmen erfordert und ob die geplanten Vorsorgemaßnahmen ausreichen.

I. Inkaufnahme eines Restrisikos

Der notwendige Sicherheitsstandard ließe sich leicht bestimmen, falls das Gesetz den vollständigen Ausschluß aller Risiken verlangte. Jedoch könnte die Atomtechnik diesem Standard ebensowenig genügen wie jede andere Technik. Absolute Sicherheit setzt nämlich voraus, daß ein Schaden naturgesetzlich ausgeschlossen ist. Prinzipiell schadensgeneigte Tätigkeiten können zwar durch technische und organisatorische Vorkehrungen sicherer gemacht werden. Schutzsystemen sind aber durchweg Versagensmöglichkeiten immanent[18], so daß ein mehr oder weniger

---

[15] Vgl. die Übersicht über die verschiedenen Technik-Definitionen bei *Marburger*, S. 9 f.

[16] Dabei gehen sie allerdings regelmäßig von den vorhandenen wissenschaftlichen Erkenntnissen aus. Es kommt jedoch auch vor, daß technische Problemlösungen entwickelt werden, ohne daß die zugrundeliegenden Naturgesetze bereits von der Wissenschaft erkannt worden sind.

[17] *Nicklisch*, BB 1981, S. 505 ff.; *Marburger*, S. 121 ff.

[18] Eine Ausnahme bilden Schutzmechanismen, deren Verfügbarkeit *naturgesetzlich* gesichert ist. Als Beispiel seien die Selbststabilisierungskräfte von

großes Restrisiko verbleibt. Die Forderung nach absoluter Sicherheit müßte deshalb konsequenterweise in einen Verzicht auf die betreffende Technik münden[19]. Erklärtes Ziel des Atomgesetzes ist es demgegenüber, „die Nutzung der Kernenergie zu friedlichen Zwecken zu fördern" (§ 1 Nr. 1 AtG). Schon aus diesem Grunde läßt sich der Standard absoluter Sicherheit nicht aus § 7 II Nr. 3 AtG ableiten[20]. Im übrigen stützt auch die Entstehungsgeschichte die hier vertretene Auslegung. Denn der Wortlaut der Vorschrift wurde im Verlauf der Gesetzesberatungen gerade zu dem Zweck geändert, die Hinnahme eines Restrisikos deutlich zu machen[21].

Aus dem Grundgesetz läßt sich die Forderung absoluter Sicherheit ebenfalls nicht ableiten. Mit Einführung der Kompetenzregelung des Art. 74 Nr. 11 a GG hat der Grundgesetzgeber die friedliche Nutzung der Kernenergie für prinzipiell mit der Verfassung vereinbar erklärt, obwohl die Atomtechnik keinen vollkommenen Schutz gegen atomare Risiken gewährleisten kann. Ebenso zeigen die Kompetenzvorschriften für andere schadensgeneigte Tätigkeiten wie den Bergbau (Art. 74 Nr. 11 GG) und den Verkehr (Art. 73 Nr. 6, 74 Nr. 22 GG), daß das Grundgesetz die Inkaufnahme eines Restrisikos nicht verbietet[22]. Aus Art. 2 II GG folgt nichts anderes. Diese Norm erschöpft sich allerdings nicht darin, ein Abwehrrecht des Bürgers gegen den Staat zu begründen. Wie das Bundesverfassungsgericht wiederholt betont hat, normiert Art. 2 II GG auch eine Pflicht des Staates, Leben und körperliche Unversehrtheit seiner Bürger gegen Beeinträchtigungen durch Dritte zu schützen[23]. Der

---

Leichtwasserreaktoren genannt; s. dazu *Barnert / Wolters*, in: Tatsachen über Kernenergie, S. 25 ff., 29 f.

[19] *Breuer*, DVBl. 1978, S. 829 ff., 834 m. w. N.; *Marburger*, in: Bitburger Gespräche, S. 39 ff., 42; vgl. auch BVerfG — 2. Sen. —, B. v. 8. 8. 1978, E 49, S. 89/143.

[20] VG Würzburg, U. v. 25. 3. 1977, NJW 1977, S. 1649/1650.

[21] § 7 II Nr. 2 des 1. RegE (BT-Dr. II/3026) lautete: Die Genehmigung ist zu erteilen, wenn „ausreichende Vorsorge getroffen ist, daß durch die Errichtung und den Betrieb der Anlage keine Schäden entstehen können". Der Bundesrat übte an dieser Fassung Kritik. In seiner Stellungnahme heißt es: „Die jetzige Fassung überspannt die Anforderungen an die zu treffende Vorsorge. Die Möglichkeit, daß Schäden entstehen können, wird nie völlig auszuschließen sein." Stattdessen schlug der Bundesrat vor, die Genehmigung davon abhängig zu machen, daß „ausreichende Vorsorge gegen Schäden durch die Errichtung und den Betrieb der Anlage getroffen ist" (BT-Dr. II/3026, Anl. 2 b, Nr. 8 b, S. 49). Die Bundesregierung stimmte diesem Änderungsvorschlag zu (BT-Dr. II/3026, Anl. 3, S. 56) und übernahm die vom Bundesrat vorgeschlagene Fassung im wesentlichen auch im 2. RegE (BT-Dr. III/759).

[22] *Götz*, in: 4. Deutsches Atomrechts-Symposium, S. 177 ff., 184; *Marburger*, S. 115.

[23] BVerfG — 1. Sen. —, U. v. 25. 2. 1975, E 39, S. 1/41 f.; BVerfG — 2. Sen. —, B. v. 8. 8. 1978, E 49, S. 89/142; vgl. auch *Ossenbühl*, DÖV 1981, S. 1 ff., 4 f., der ausführt, die Schutzpflicht ergebe sich ausdrücklich auch aus Art. 1 I 2 GG.

Schutz muß aber nicht einen völligen Risikoausschluß gewährleisten. Denn der Gesetzesvorbehalt des Art. 2 II 3 GG zeigt, daß auch dieses Grundrecht Einschränkungen zuläßt.

II. „Stand von Wissenschaft und Technik" als Maßstab des Sicherheitsstandards?

§ 7 II Nr. 3 AtG nimmt also ein Restrisiko in Kauf. Damit stellt sich das Problem, wo die Risikogrenze[24] zu ziehen ist. Als Maßstab dafür wird zum Teil der „Stand von Wissenschaft und Technik" genannt[25]. Die Anhänger dieser Meinung verstehen den Begriff allerdings sehr unterschiedlich, teils als Verweisung auf die herrschenden Ansichten unter den betroffenen Fachleuten, teils als konkretisierungsbedürftigen Begriff, den der Rechtsanwender wertend — insbesondere unter Beachtung der wissenschaftlichen Erkenntnisse, der technischen Möglichkeiten und der wirtschaftlichen Vertretbarkeit — auszufüllen habe.

1. Festlegung der Risikogrenze nach den herrschenden Ansichten der betroffenen Fachleute

Nicklisch[26] vertritt die Meinung, der Grad der erforderlichen Sicherheit werde nicht nur in § 7 II Nr. 3 AtG, sondern durchgängig in den Regelungen des technischen Sicherheitsrechts durch generalklauselartige unbestimmte Rechtsbegriffe wie die „allgemein anerkannten Regeln der Technik", den „Stand der Technik" oder den „Stand von Wissenschaft und Technik" festgelegt. Mit Hilfe dieser Formeln rezipiere die Rechtsordnung außerrechtliche soziale Ordnungsgefüge. Nicht die Wertungen der Rechtsanwender, sondern die Abschätzungen und Wertvorstellungen der betroffenen Fachkreise, die insbesondere in technischen Regel-

---

[24] *Marburger,* S. 115 m. w. N. spricht von einem „kalkulierten Risiko", das ein generelles Strukturprinzip des technischen Sicherheitsrechts sei; *Plischka,* S. 104 u. 110 verwendet den Begriff des „erlaubten Risikos".

[25] Vgl. *Marburger,* S. 121 ff.; *Nicklisch,* BB 1981, S. 505 ff., 505 u. 507; *ders.,* NJW 1982, S. 2633 ff., 2638 u. 2643. Siehe auch VG Hannover, B. v. 2. 6. 1977, DVBl. 1978, S. 74/78.

[26] BB 1981, S. 505 ff., 505 u. 507. — In NJW 1983, S. 2633 ff., 2635 f. führt *Nicklisch* zwar aus, das Gesetz lege die verfolgten Zwecke und Schutzziele selbst fest und nehme nur bezüglich der Mittel zu ihrer Realisierung auf technische Standards Bezug. Seine weiteren Ausführungen machen aber deutlich, daß er in der Verweisung auf technische Standards nach wie vor auch eine Bezugnahme auf die Wertungen der jeweiligen Fachkreise sieht und aus der gesetzlichen Schutzzielbestimmung lediglich das Erfordernis einer Überprüfung der Standards auf evidente Unvereinbarkeit mit den Schutzzielen herleiten will (S. 2643). Der Sache nach hält er damit an seiner Auffassung fest, daß der Sicherheitsstandard — abgesehen von Fällen offensichtlichen Schlendrians — durch die Mehrheitsauffassung der wissenschaftlich-technischen Experten bestimmt werde.

werken wie den DIN-Normen Ausdruck fänden, seien maßgeblich, wenn es um die Bestimmung der erforderlichen Sicherheit gehe. Bei Streitigkeiten unter den Fachleuten komme es auf die Mehrheitsauffassung an. Der Rechtsanwender habe dagegen die Aufgabe, die Auffassungen der Fachleute empirisch zu ermitteln. Zusätzlich müsse er diese Auffassungen allerdings noch einer an Rechtsnormen und Rechtsprinzipien orientierten Richtigkeitskontrolle unterwerfen.

Nicklisch sieht Belege für die Richtigkeit seiner Meinung zum einen im Wortlaut der Formel „allgemein anerkannte Regeln der Technik", zum anderen in dem „Kontext" des technischen Sicherheitsrechts „zu den zahlreichen technischen und wissenschaftlich-technischen Regelwerken"[27]. Mit dem zweiten Argument will er offenbar zum Ausdruck bringen, daß der Gesetzgeber die Formeln gerade mit der Absicht in die gesetzliche Regelung aufgenommen habe, diese Regelwerke zu rezipieren.

Der Wortlaut des Begriffs „allgemein anerkannte Regeln der Technik" spricht in der Tat dafür, diese Formel subjektivierend als Verweisung auf die herrschenden Auffassungen unter den betreffenden Fachleuten zu deuten[28]. Daraus folgt jedoch nicht notwendig, daß den Fachleuten die Entscheidung über die Risikogrenze zukommt. Denn der Wortlaut sagt nichts darüber aus, ob anhand der allgemein anerkannten Regeln der Technik nur die technischen Mittel zur Zielerreichung oder auch das Schutzziel selbst (der Sicherheitsstandard) zu bestimmen sind. Bezogen auf die Begriffe „Stand der Technik" und „Stand von Wissenschaft und Technik" geht das Wortlautargument außerdem völlig fehl. Diese Begriffe stellen nämlich gerade nicht subjektivierend auf die Meinungen der Naturwissenschaftler und Techniker ab, sondern sprechen objektivierend den Entwicklungsstand von Wissenschaft und Technik an. Die im Wortlaut der drei genannten Formeln angelegten Unterschiede würden übergangen, wenn man *Nicklischs* Interpretation folgte.

Ob es dem Gesetzgeber — wie *Nicklisch* meint[29] — bei der Verwendung unbestimmter Rechtsbegriffe wie dem des „Standes von Wissenschaft und Technik" primär darum geht, den Inhalt technischer Regelwerke zu rezipieren, erscheint zweifelhaft. Käme es ihm vorrangig darauf an, so läge es näher, diese Regelwerke selbst in Bezug zu nehmen, also z. B. auf die DIN-Normen, die VDI-Vorschriften usw. zu verweisen. Tatsächlich finden sich in einigen gesetzlichen Bestimmungen solche Bezugnahmen auf Regelwerke[30]. Soweit es daran fehlt, wird man den tragen-

[27] BB 1981, S. 505 ff., 510 f.

[28] Vgl. aber auch die von *Marburger*, S. 154 ff. angeführten Argumente, die für eine objektive Auslegung dieses Begriffs sprechen.

[29] Ebenso *Marburger*, S. 153 f.

den Grund für die Verwendung der genannten Formeln in etwas anderem sehen müssen: nämlich in dem Erfordernis wissenschaftlich-technischer Anreicherung des Gesetzes, gleichgültig, ob sich der Entwicklungsstand von Wissenschaft und Technik in Regelwerken niedergeschlagen hat oder nicht. Ohne eine derartige Anreicherung sind Rechtsnormen des technischen Sicherheitsrechts notwendig unvollkommen. Der Gesetzgeber aber ist selbst nicht in der Lage, diese Anreicherung zu vollziehen. Zum einen fehlt ihm die erforderliche Sachkenntnis, um detaillierte technische Beschaffenheitsanforderungen zu normieren. Zum anderen würden ins einzelne gehende Rechtsvorschriften alsbald hinter der dynamischen Entwicklung von Wissenschaft und Technik zurückbleiben[31]. Diese Nachteile werden vermieden, wenn das Gesetz in wissenschaftlich-technischen Fragen pauschal auf die Erkenntnisse und Entwicklungen der betreffenden Fachdisziplinen verweist, die dadurch in ihrem jeweils aktuellen Stand zum verbindlichen Maßstab erhoben werden.

Die Festlegung des angemessenen Sicherheitsstandards ist dagegen kein originär naturwissenschaftlich-technisches Problem[32]. Es handelt sich dabei nicht um eine Erkenntnis-, sondern eine Wertungsfrage. Um den Sicherheitsstandard festlegen zu können, müssen gegensätzliche Interessen zum Ausgleich gebracht werden wie etwa das Interesse an wirtschaftlichem Wachstum und gesicherter Energieversorgung einerseits und das Interesse an körperlicher Integrität und gesunder Umwelt andererseits. Schlagwortartig verkürzt stellt sich der jeweilige Sicherheitsstandard im Umweltrecht als ein Kompromiß von Ökonomie und Ökologie dar. Erforderliche Wertungen zu treffen, obliegt bei der Rechtsetzung den politischen Instanzen, insbesondere den gesetzgebenden Körperschaften. Bei der Rechtsanwendung ist insoweit der Verwaltungsjurist bzw. der Richter gefordert[33].

[30] z. B. in § 1 II 2. DVO zum Energiewirtschaftsgesetz v. 31. 8. 1937 (RGBl. I S. 1451); § 1 S. 2 4. DVO zum Energiewirtschaftsgesetz v. 7. 12. 1938 (RGBl. I S. 1732); § 11 Gerätesicherheitsgesetz v. 24. 6. 1968 (BGBl. I S. 717), zuletzt geändert durch § 174 Ges. v. 13. 8. 1980 (BGBl. I S. 1310); § 3 III BauO NW sowie die entsprechenden Vorschriften der anderen Bundesländer.

[31] Vgl. bereits die Ausführungen in der Einleitung sowie die dortigen Nachweise in Fn. 13.

[32] VG Freiburg, U. v. 14. 3. 1977, NJW 1977, S. 1645/1648; *Bender,* NJW 1979, S. 1425 ff., 1431; *Plagemann / Tietzsch,* S. 30; *Roßnagel,* S. 80 f.; *Lecheler,* ZRP 1977, S. 241 ff., 243, der zutreffend darauf hinweist, daß der Gesetzgeber in § 12 I Nr. 2 AtG die Festlegung von Grenzwerten als Mittel zur Bestimmung der Risikogrenze staatlichen Stellen und nicht den Technikern überantwortet hat.

[33] Vgl. auch *Ossenbühl,* DÖV 1981, S. 1 ff., 3, der zutreffend ausführt, nur hinsichtlich des Sachverstandes bedürften die staatlichen Entscheidungsinstanzen der Hilfe, nicht dagegen hinsichtlich der Würdigung öffentlicher oder privater Interessen; außerdem *Papier,* Die Stellung der Verwaltungsgerichtsbarkeit, S. 28.

Allerdings gibt es Ausnahmen von dieser Regel. Insbesondere im Zivilrecht verwendet die Rechtsordnung unbestimmte Rechtsbegriffe, die auf außerrechtliche Maßstäbe normalen gesellschaftlichen Verhaltens (sog. *Standards*[34]) verweisen und sie durch Inbezugnahme zu rechtlichen Sollensmaßstäben erheben. Dies geschieht beispielsweise mit Hilfe von Formeln wie der „Verkehrssitte" (§ 157 BGB) und dem Handelsbrauch (§ 346 HGB)[35]. Vorbehaltlich einer Richtigkeitskontrolle, wie sie auch *Nicklisch* fordert, hat der Rechtsanwender bei der Konkretisierung dieser Formeln im Wege der Beweiserhebung die einschlägigen sozialen Anschauungen zu ermitteln und seiner Entscheidung zugrundezulegen. Die anerkannten Fallgruppen solcher Verweisungen sind dadurch gekennzeichnet, daß die von den rezipierten sozialen Normen betroffenen Gruppen zugleich auch an der Normbildung beteiligt sind. Beispiele dafür sind die Standes- und Branchensitten der Wirtschaft im Rahmen der guten Sitten (§ 1 UWG)[36] sowie die Handelsbräuche (§ 346 HGB)[37]. Besteht eine derartige Mitwirkungsmöglichkeit, so ergibt sich daraus eine erhöhte Gewähr für die angemessene Berücksichtigung widerstreitender Interessen. In diesen Fällen mag die Rezeption sozialer Normen durch die Rechtsordnung berechtigt sein[38]. Bei einem Verweis auf die Mehrheitsmeinung unter den wissenschaftlich-technischen Experten wären demgegenüber normbildende und normbetroffene Kreise nicht identisch. Der Sicherheitsstandard technischer Anlagen ist für breite Bevölkerungsschichten von Bedeutung. Gerade am Beispiel der Kerntechnik mit ihrem hohen Gefährdungspotential wird deutlich, wie weittragende Auswirkungen die Festlegung der Risikogrenze hat. Es fehlt an jedem einleuchtenden Grund, warum der Staat diese Entscheidung aus der Hand geben und einem kleinen Kreis wissenschaftlich-technischer Experten anvertrauen sollte, die wegen ihrer beruflichen Stellung in der Atomindustrie nicht einmal immer die Gewähr für die nötige Unabhängigkeit von den Interessen der Kraftwerkshersteller und -betreiber bieten dürften.

---

[34] Zum Bedeutungsgehalt von Standards vgl. die eingehende rechtstheoretische Untersuchung von *Strache*, Das Denken in Standards, passim; außerdem *Esser*, Grundsatz und Norm, S. 96; *Larenz*, Methodenlehre, S. 447.

[35] *Larenz* (Fn. 34), S. 447.

[36] s. dazu BGH, U. v. 20. 5. 1960, GRUR 1960, S. 558/560 f.; *Teubner*, S. 92 ff. m. w. N. der Rechtsprechung.

[37] BGH, U. v. 22. 11. 1965, NJW 1966, S. 501/503 f.; OLG München, U. v. 9. 12. 1955, NJW 1956, S. 594/595.

[38] Bezeichnenderweise hat die Rechtsprechung bei der Beurteilung Allgemeiner Geschäftsbedingungen nach §§ 138, 242 BGB (auf deren Inhalt der Verbraucher typischerweise keinen Einfluß hat) nicht auf die Branchenüblichkeit abgestellt, sondern eine eigene inhaltliche Kontrolle vorgenommen. Vgl. etwa BGH, U. v. 29. 10. 1956, Z 22, S. 90.

Hinzu kommt eine verfassungsrechtliche Überlegung: Wie bereits angesprochen[39], verpflichtet Art. 2 II GG den Staat, für den Schutz des Lebens und der körperlichen Unversehrtheit der Individuen einzutreten. Nach ständiger Rechtsprechung des Bundesverfassungsgerichts konstituieren die Grundrechte über ihre Funktion als Abwehrrechte hinaus eine objektive Wertordnung[40]. Aus ihr ergeben sich Schutzpflichten der staatlichen Gewalten, bezogen auf Art. 2 II GG insbesondere auch die Verpflichtung, das Individuum vor Eingriffen Dritter in Leben und körperliche Unversehrtheit zu bewahren[41]. Verwiese § 7 II Nr. 3 AtG mit dem „Stand von Wissenschaft und Technik" auf die Ansichten der wissenschaftlich-technischen Fachleute über den angemessenen Sicherheitsstandard, so gewährleistete die gesetzliche Regelung nicht die ausreichende Erfüllung der grundrechtlichen Schutzpflicht. Nicht der Staat als Vertreter des Allgemeininteresses, sondern bestimmte gesellschaftliche Gruppen würden über den Schutzumfang entscheiden. Von ihren Wertvorstellungen hinge es ab, ob das Grundrecht des Art. 2 II GG effektiv geschützt würde. *Wie* der Staat seine Schutzpflicht erfüllt, hat zwar grundsätzlich der Gesetzgeber zu entscheiden[42]. Das ändert aber nichts daran, daß der Staat diese Pflicht *selbst* erfüllen muß und nicht einfach seine Verantwortung an einzelne gesellschaftliche Gruppen abgeben darf. Ein solches Gebaren wäre auch mit Art. 20 II GG nicht vereinbar, der die Wahrnehmung staatlicher Aufgaben deutlich staatlichen Organen zuweist.

Auch die von *Nicklisch*[43] geforderte Richtigkeitskontrolle anhand rechtlicher Maßstäbe ändert nichts an dieser Einschätzung. Das Rezeptionsmodell setzt notwendigerweise einen eigenen Bewertungsspielraum der Wissenschaftler und Ingenieure voraus. Soll ihnen prinzipiell die Bestimmung des Sicherheitsstandards überlassen sein, kann es sich bei der Richtigkeitskontrolle nur um eine sehr lockere Überprüfung handeln, die lediglich bei evidenten Wertungswidersprüchen zur Rechts- und Verfassungsordnung die Rezeption ausschlösse[43a]. Im übrigen würde diese Kontrolle auf große praktische Schwierigkeiten stoßen, die *Nicklisch* übersieht. Um den Sicherheitsstandard einer Kontrolle unterwerfen zu können, würde es keineswegs ausreichen, die nach herrschender Expertenmeinung erforderlichen Vorsorgemaßnahmen — gegebe-

---

[39] s. o. 2. Kap. C. I.

[40] BVerfG — 1. Sen. —, U. v. 15. 1. 1958, E 7, S. 198/205; 1. Sen., U. v. 25. 2. 1975, E 39, S. 1/41; 2. Sen., B. v. 8. 8. 1978, E 49, S. 89/142.

[41] BVerfG — 1. Sen. —, U. v. 25. 2. 1975, E 39, S. 1/42. Besonders klar wird die Schutzpflicht in Art. 1 I 2 GG ausgesprochen.

[42] BVerfG — 1. Sen. —, U. v. 25. 2. 1975, E 39, S. 1/44.

[43] BB 1981, S. 505 ff., 511; NJW 1982, S. 2633 ff., 2642 f.

[43a] So in der Tat *Nicklisch*, NJW 1982, S. 2633 ff., 2643.

nenfalls unter Verwendung von Regelwerken — zu ermitteln. Denn von den Vorsorgemaßnahmen könnte nicht ohne weiteres auf den zugrundegelegten Sicherheitsstandard geschlossen werden, da sie zusätzlich von den Erkenntnissen über die vorhandenen Risiken und die zum Schutz geeigneten Mittel beeinflußt werden. Die Kontrolle des Sicherheitsstandards setzte deshalb zusätzlich eine Analyse der vorgeschlagenen Maßnahmen dahingehend voraus, welche Erkenntnisse und welche Wertungen in die Expertenmeinung eingegangen sind. Eine solche Analyse würden auch technische Regelwerke nicht erleichtern, die zwar Anweisungen für die konkret zu treffenden Schutzvorkehrungen geben, aber den von ihnen angestrebten Sicherheitsstandard regelmäßig nicht offenlegen. *Nicklischs* Vorschlag, den Sicherheitsstandard des § 7 II Nr. 3 AtG durch kontrollierte Rezeption der herrschenden Auffassungen unter den wissenschaftlich-technischen Fachleuten zu bestimmen, überzeugt daher nicht.

2. Festlegung der Risikogrenze durch den Rechtsanwender nach dem Maßstab des Standes von Wissenschaft und Technik

Marburger vertritt ebenfalls die Auffassung, der „Stand von Wissenschaft und Technik“ sowie verwandte Formeln legten die Risikogrenze fest[44]. Diese Funktion sei nur die Kehrseite ihrer instrumentellen Funktion, die Mittel zur Schadensvorsorge zu bestimmen. Denn mit der Entscheidung über die zu treffenden Sicherheitsmaßnahmen werde notwendig zugleich auch der Sicherheitsstandard festgelegt. Anders als *Nicklisch* versteht *Marburger* die Formeln aber nicht als Verweisungen auf die herrschenden Expertenmeinungen, sondern als normative Begriffe, die vom Rechtsanwender zu konkretisieren seien[45]. Die dafür nötige Wertung habe sich nicht allein an rechtlichen Maßstäben zu orientieren; daneben müsse sie auch sicherheitstechnische Überlegungen (Erkenntnisse über das jeweilige Risikopotential und vorhandene technische Lösungen) sowie ökonomische Erwägungen berücksichtigen[46].

Die von *Marburger* gegebene Begründung trägt seine Auffassung nicht. Aus der instrumentellen Funktion der Verweisungsformeln folgt nicht zwingend, daß diesen Formeln auch die Funktion der Risikogrenzziehung zukommt. Zwar enthält die Entscheidung, bestimmte Sicherheitsmaßnahmen seien notwendig und hinreichend, zugleich eine Aussage über den Sicherheitsstandard. *Marburger* übersieht aber, daß die Formeln in ihrer instrumentellen Funktion die jeweils gebotenen Maß-

[44] *Marburger*, S. 121 f.
[45] *Marburger*, S. 168.
[46] *Marburger*, S. 115, 121 u. 132.

nahmen nicht allein, sondern nur in Verbindung mit dem angestrebten Sicherheitsstandard determinieren. Je nachdem, wie hoch die Risikoschwelle angesetzt wird, können nach dem Stand von Wissenschaft und Technik (instrumentell verstanden) ganz unterschiedliche Schutzvorkehrungen erforderlich sein. Um das Risiko eines Schadenseintritts z. B. auf $^{1}/_{1000}$ zu reduzieren, sind nach diesem Maßstab offensichtlich weitergehende Schutzvorkehrungen nötig, als wenn das Risiko nur auf $^{1}/_{2}$ vermindert werden soll. Es ist deshalb nicht denknotwendig ausgeschlossen, die Schutzmaßnahmen nach dem Stand von Wissenschaft und Technik oder einer der vergleichbaren Formeln, die Risikogrenze jedoch nach anderen Kriterien zu bestimmen.

Eine Analyse der Vorschriften, die auf den „Stand von Wissenschaft und Technik", den „Stand der Technik" oder die „allgemein anerkannten Regeln der Technik" verweisen, ergibt, daß die Frage nach der Bedeutung dieser Formeln für die Risikogrenze differenzierend beantwortet werden muß. Das sei anhand einiger Beispiele erläutert.

§ 1 I der 2. DVO/EnWG[47] lautet:

„Elektrische Energieanlagen und Energieverbrauchsgeräte sind ordnungsgemäß, d. h. nach den anerkannten Regeln der Elektrotechnik einzurichten und zu unterhalten[48]."

Außerhalb des Begriffs der „anerkannten Regeln der Elektrotechnik" enthält die Norm keinerlei Angaben über den Sicherheitsstandard[49]. Auch dem Kontext lassen sich solche Angaben nicht entnehmen. Die Beschaffenheit der Regelungsobjekte soll sich stattdessen allein nach den „anerkannten Regeln der Elektrotechnik" richten; diese sind also ausschließlicher Maßstab. Ihnen fällt deshalb neben der instrumentellen Funktion auch die Funktion zu, die Risikogrenze zu ziehen.

Ähnliches gilt für § 5 Nr. 2 BImSchG, wonach genehmigungsbedürftige Anlagen so zu errichten und zu betreiben sind, daß

„Vorsorge gegen schädliche Umwelteinwirkungen getroffen wird, insbesondere durch die dem Stand der Technik entsprechenden Maßnahmen zur Emissionsbegrenzung".

---

[47] Zweite Verordnung zur Durchführung des Gesetzes zur Förderung der Energiewirtschaft (Energiewirtschaftsgesetz) v. 31. 8. 1937 (RGBl. I S. 918).

[48] Ähnlich § 1 S. 1 der Vierten Verordnung zur Durchführung des Gesetzes zur Förderung der Energiewirtschaft (Energiewirtschaftsgesetz) v. 7. 12. 1938 (RGBl. I S. 1732): „Anlagen und Geräte zur Speicherung, zur Verteilung und zur Verwendung von Gas müssen den anerkannten Regeln der Technik entsprechen".

[49] Dem Begriff „ordnungsgemäß" können derartige Angaben nicht entnommen werden, da sich nach dem Norminhalt aus den „anerkannten Regeln der Elektrotechnik" gerade ergeben soll, was „ordnungsgemäß" ist.

Das in dieser Vorschrift verankerte Vorsorgegebot verpflichtet den Normadressaten für den Bereich der Emissionsbekämpfung jedenfalls[50] nur zu Maßnahmen, die dem „Stand der Technik" i. S. d. § 3 VI BImSchG entsprechen. Während nach § 5 Nr. 1 BImSchG schädliche Umwelteinwirkungen unabhängig von ihrer technischen Vermeidbarkeit verboten sind, ist der Normadressat gem. § 5 Nr. 2 BImSchG nur zu technisch realisierbaren Emissionsbegrenzungen verpflichtet[51]. Der Stand der Technik limitiert hier also die Verpflichtung zur Vorsorge und beeinflußt damit den Sicherheitsstandard[52]. Allerdings ist anerkannt, daß die Risikovorsorge nach § 5 Nr. 2 BImSchG außer durch die technischen Möglichkeiten auch durch das Verhältnismäßigkeitsprinzip begrenzt wird[53]. Um beide Gesichtspunkte deutlich voneinander zu trennen, sollte man den Begriff „Stand der Technik" entsprechend seinem Wortlaut als deskriptiven Begriff und das Verhältnismäßigkeitsprinzip als zusätzliches ungeschriebenes Kriterium der Risikovorsorge verstehen, anstatt Verhältnismäßigkeitserwägungen bei der Konkretisierung des „Standes der Technik" zu berücksichtigen.

Andererseits gibt es Vorschriften, in denen den Verweisungsformeln lediglich eine instrumentelle Funktion zukommt. Ein Beispiel dafür ist § 3 I BauO NW[54]. Die Vorschrift lautet:

> „Bauliche Anlagen sind so anzuordnen, zu errichten, zu ändern und instandzuhalten, daß die öffentliche Sicherheit oder Ordnung, insbesondere Leben oder Gesundheit, nicht gefährdet werden. Die allgemein anerkannten Regeln der Baukunst sind zu beachten ..."

---

[50] Ob § 5 Nr. 2 BImSchG den Vorsorgegrundsatz zusätzlich dergestalt begrenzt, daß nur Vorsorge gegen solche Emissionen getroffen werden muß, die signifikante Umwelteinwirkungen zur Folge haben, soll hier nicht untersucht werden. Vgl. dazu *Papier,* DVBl. 1979, S. 162 f. gegen OVG Berlin, U. v. 17. 7. 1978, DVBl. 1979, S. 159 ff.

[51] OVG Berlin (Fn. 50), S. 159; *Papier* (Fn. 50), S. 162. — Die Entscheidung des VGH B.W., B. v. 20. 5. 1974, DÖV 1974, S. 707, steht dieser Auffassung nicht entgegen. Der VGH hielt eine Auflage für rechtmäßig, durch die einem Kraftwerksbetreiber der Einbau einer Rauchgasentschwefelungsanlage für den Fall aufgegeben wurde, daß diese Einrichtung künftig dem Stand der Technik entspräche. Die in der Auflage ausgesprochene Verpflichtung kann sich erst aktualisieren, wenn Rauchgasentschwefelungsanlagen dem Stand der Technik entsprechen. Der Stand der Technik ist also auch nach Meinung des VGH maßgeblich für den gesetzlichen Sicherheitsstandard.

[52] Weitere Beispiele für die Funktion der Verweisungsformeln, den Sicherheitsstandard festzulegen, sind die §§ 22 I, 41 BImSchG und § 2 I 2 LuftVG.

[53] *Feldhaus,* DVBl. 1981, S. 165 ff., 171 m. w. N.; *Papier,* DVBl. 1979, S. 162 ff., 163; *Sellner,* NJW 1980, S. 1255 ff., 1259.

[54] Bauordnung für das Land Nordrhein-Westfalen i. d. F. der Bek. v. 27. 1. 1970 (GV NW S. 96), zuletzt geändert durch Ges. v. 18. 5. 1982 (GV NW S. 248). — Die Bauordnungen der übrigen Bundesländer enthalten vergleichbare Regelungen.

Eine Aussage über den gesetzlichen Sicherheitsstandard findet sich jedenfalls in Satz 1 der Bestimmung, der den Ausschluß von Gefahren fordert. Unter einer Gefahr wird eine Sachlage verstanden, die bei ungehindertem Geschehensablauf mit hinreichender Wahrscheinlichkeit zu einem Schaden führen kann[55]. Gegen Risiken, deren Realisierung nicht „hinreichend wahrscheinlich" ist, brauchen also bei der Konstruktion baulicher Anlagen nach Satz 1 keine Vorkehrungen getroffen zu werden. Satz 2 der Vorschrift scheint auf den ersten Blick zusätzliche Anforderungen zu stellen[56]. Diese Deutung würde aber verkennen, daß das Bauordnungsrecht traditionell ein Teilgebiet des Rechts der Gefahrenabwehr ist; eine über die Gefahrenabwehr hinausgehende Risikovorsorge, wie sie etwa von § 5 Nr. 2 BImSchG verlangt wird, ist ihm fremd. Satz 2 verschärft deshalb nicht den in Satz 1 normierten Sicherheitsstandard. Stattdessen hat er nur die instrumentelle Funktion, mit der Bezugnahme auf die „allgemein anerkannten Regeln der Baukunst" technische Lösungen zu rezipieren, die sich zur Erreichung des in Satz 1 bestimmten Zieles des Gefahrenausschlusses eignen[57].

Die zuvor behandelten Beispiele haben gezeigt, daß die Bedeutung der Verweisungsformeln für die Risikogrenze nicht einheitlich, sondern nur nach dem Sinngehalt der jeweiligen einzelnen Norm beurteilt werden kann. Bei einem Vergleich mit den vorgestellten Regelungen scheint § 7 II Nr. 3 AtG auf den ersten Blick in seiner Struktur ganz dem § 5 Nr. 2 BImSchG zu entsprechen. Beide Bestimmungen fordern Vorsorge nach dem Maßstab der Verweisungsformel, beide enthalten sie ihrem Wortlaut zufolge außerhalb der Verweisungsformel keinen Maßstab für die Festlegung der Risikogrenze. Bei näherem Hinsehen wird jedoch ein wichtiger Unterschied deutlich: Gem. § 5 Nr. 2 BImSchG sind „die dem Stand der Technik *entsprechenden* Maßnahmen" zu treffen[58]. Die immissionsschutzrechtliche Vorsorge hat sich nach dem Wortlaut der Vorschrift allein an der Verweisungsformel auszurichten; der Rechtsanwender muß lediglich den „Stand der Technik" ermitteln und die vorgesehenen Schutzmaßnahmen damit vergleichen. § 7 II Nr. 3 AtG verlangt demgegenüber „die nach dem Stand von Wissenschaft und Technik *erforderliche* Vorsorge"[59]. Die abweichende Formulierung macht

---

[55] Vgl. statt aller *Martens,* in: Drews / Wacke / Vogel / Martens, Gefahrenabwehr, 2. Bd., S. 106 m. w. N.

[56] Dabei würde es sich um zusätzliche Sicherheitsanforderungen handeln, weil die Regeln der Baukunst keine ästhetisch-künstlerischen, sondern Sicherheitsaspekte betreffen; vgl. *Marburger,* S. 84 f. m. w. N.

[57] Daß S. 1 u. 2 des § 3 I BauO NW im Verhältnis von Zweck und Mittel stehen, betont auch *Scholz,* in: Technische Normung und Recht, S. 85 ff., 94 f.

[58] Hervorhebung des Verf.

[59] Hervorhebung des Verf.

deutlich, daß für die atomrechtliche Anlagengenehmigung ein bloßer Vergleich der geplanten Schutzmaßnahmen mit dem „Stand von Wissenschaft und Technik" nicht ausreicht. Vielmehr hat der Rechtsanwender auf der Grundlage dieses Standes eine wertende Beurteilung zu treffen, welche Vorsorge erforderlich ist, d. h. welches Maß an Sicherheit gewährleistet sein muß[60]. Die Konkretisierung des „Standes von Wissenschaft und Technik" und die Festlegung des Sicherheitsniveaus fallen also nicht zusammen. Im Gegensatz dazu verschiebt *Marburger* die zur Bestimmung der „erforderlichen Vorsorge" gebotene Wertung unnötigerweise auf die Ebene der Konkretisierung des „Standes von Wissenschaft und Technik". Das wiederum zwingt ihn, diese Formel mit Wertungskriterien ganz unterschiedlicher Art (z. B. grundrechtliche und ökonomische Erwägungen) zu befrachten, für die der Wortlaut nicht den geringsten Anhalt bietet.

Nun liegt der Einwand nahe, außerhalb des Begriffs „Stand von Wissenschaft und Technik" halte § 7 II Nr. 3 AtG erst recht keine Kriterien zur Bestimmung der „erforderlichen Vorsorge" bereit, notgedrungen müsse deshalb die Verweisungsformel als wertausfüllungsbedürftiger Begriff verstanden werden, der die Risikogrenze festlege. Diese Argumentation würde aber den Kontext des § 7 II Nr. 3 AtG vernachlässigen. Zu Recht ist in Literatur und Rechtsprechung die grundlegende Bedeutung der Zielbestimmungen des § 1 AtG — insbesondere des § 1 Nr. 2 AtG — für die Interpretation des Atomgesetzes betont worden[61]. § 1 AtG beeinflußt auch die Auslegung des § 7 II Nr. 3 AtG; er liefert, wie noch zu zeigen sein wird, wesentliche Kriterien für die Festlegung des Sicherheitsstandards von Kernanlagen. Dem wissenschaftlichen Erkenntnisstand und technischen Entwicklungsstand lassen sich hingegen keine Wertungskriterien entnehmen[62]. Naturwissenschaften und Technik können Informationen tatsächlicher Art — über das vorhandene Risikopotential und die verfügbaren Schutzmaßnahmen — als Grundlage einer Wertung bereitstellen. Wie verschiedene Rechtsgüter

---

[60] Daß der Begriff der „erforderlichen Vorsorge" eine wertende Entscheidung verlangt, stellt auch das OVG Münster fest (U. v. 20. 2. 1975, ET 1975, S. 220/230).

[61] Vgl. BVerfG — 2. Sen. —, B. v. 8. 8. 1978, E 49, S. 89/138; BVerwG, U. v. 16. 3. 1972, DVBl. 1972, S. 678/680; VGH B.W., B. v. 8. 10. 1975, DVBl. 1976, S. 538/541; VG Freiburg, U. v. 14. 3. 1977, NJW 1977, S. 1645/1647; *Fischerhof*, § 1 Rdnr. 1; *Mattern / Raisch*, § 1 Rdnr. 1; *Wagner*, NJW 1980, S. 665 ff., 670.

[62] Diese Aussage steht nicht im Gegensatz zu der oben, 2. Kap. C. II. 2., vertretenen Ansicht, die Risikogrenze des § 5 Nr. 2 BImSchG richte sich nach dem Stand der Technik. Auch dem immissionsschutzrechtlichen Begriff des „Standes der Technik" (§ 3 VI BImSchG) lassen sich keine Wertungskriterien entnehmen. Die Wertung über das hinzunehmende Restrisiko hat insoweit der Gesetzgeber getroffen, indem er den „Stand der Technik", verstanden als die Summe der jeweils *technisch realisierbaren* Schutzmaßnahmen, zum Maßstab der Risikogrenzziehung bestimmt hat.

zu gewichten sind, inwieweit wirtschaftliche Gesichtspunkte das Sicherheitsniveau bestimmen und ob die technische Vermeidbarkeit oder Unvermeidbarkeit eines Risikos dessen rechtliche Akzeptanz beeinflußt — diese eigentlichen Wertungsfragen können sie hingegen nicht beantworten. Dem Begriff „Stand von Wissenschaft und Technik“ kommt deshalb in § 7 II Nr. 3 AtG nicht die Funktion zu, den erforderlichen Sicherheitsstandard zu bestimmen[63].

III. Gefahrenabwehr und Risikovorsorge als Elemente der Schadensvorsorge

§ 1 Nr. 2 AtG erhebt den Schutz „vor den Gefahren der Kernenergie“ zum Zweck des Atomgesetzes. Nach den vorstehenden Ausführungen zum Gewicht des § 1 AtG für das Verständnis des § 7 II Nr. 3 AtG überrascht es nicht, daß dem Gefahrenbegriff im Rahmen des § 7 II Nr. 3 — ebenso wie in vielen anderen Vorschriften des Ordnungsrechts[64] — eine zentrale Bedeutung für die Bestimmung des gesetzlichen Sicherheitsstandards beigemessen wird[65]. § 7 II Nr. 3 AtG steht deshalb jedenfalls insofern in der Tradition des Ordnungsrechts, als er die Abwehr von Gefahren vorschreibt[66]. Gefahrenabwehr bedeutet in diesem Zusammenhang wie stets im Rahmen von Genehmigungstatbeständen die *präventive* Bekämpfung von Gefahren[67]. Im Genehmigungsverfahren reagiert die Behörde nämlich nicht auf bereits entstandene Gefahren, sondern stellt vorsorglich sicher, daß Gefahren sich gar nicht erst aktualisieren können.

Die Gefahrenabwehr schafft immer nur einen begrenzten Schutz vor Schäden. Denn eine Gefahr[68] liegt nur vor, wenn der Eintritt eines Schadens möglich[69] und hinreichend wahrscheinlich[70] ist. Nicht erfaßt wird dagegen der Gefahrenverdacht, bei dem die Möglichkeit eines Schadenseintritts nach menschlicher Erkenntnis zwar denkbar, aber

---

[63] Ebenso *Winters*, DÖV 1978, S. 265 ff., 270 f.

[64] s. o. 2. Kap. B.

[65] *Breuer*, DVBl. 1978, S. 829 ff., 833; *Winters*, DÖV 1978, S. 265 ff., 271; *ders.*, Atom- u. Strahlenschutzrecht, S. 25. — A. A. generell für das technische Sicherheitsrecht *Marburger*, S. 115 f.

[66] *Bender*, NJW 1979, S. 1425; *Breuer*, DVBl. 1978, S. 829 ff., 833.

[67] *Breuer*, DVBl. 1978, S. 829 ff., 833 u. 836.

[68] Zum Gefahrenbegriff s. o. 2. Kap. C. II. 2. mit Fn. 55.

[69] Ob der Gefahrenbegriff auch die nur scheinbare, sich nach den erkennbaren Umständen aber aufdrängende Möglichkeit eines Schadenseintritts (Anscheinsgefahr) erfaßt, wird unterschiedlich beurteilt, ist aber in diesem Zusammenhang ohne Belang. Vgl. dazu *Martens*, in: Drews / Wacke / Vogel / Martens, Bd. 2, S. 111 m. w. N., einerseits, *Götz*, Allgemeines Polizei- und Ordnungsrecht, S. 58, andererseits.

[70] Zur Präzisierung dieses Merkmals s. u. 2. Kap. C. IV.

nicht erwiesen ist[71]. Ebenfalls nicht erfaßt werden Sachlagen, in denen die Möglichkeit eines Schadens als solche feststeht, die Wahrscheinlichkeit ihrer Realisierung jedoch nicht hinreicht. Während die Gefahrenabwehr einhellig als Element der Schadensvorsorge angesehen wird, besteht Streit, ob § 7 II Nr. 3 AtG darüber hinaus eine diese Fälle mit einbeziehende Risikovorsorge gebietet. Überwiegend wird diese Frage — vor allem unter Hinweis auf den Stellenwert des Vorsorgegrundsatzes im modernen Umweltschutzrecht — bejaht[72]. Demgegenüber vertreten *Hanning / Schmieder*[73] die Auffassung, der Tatbestand des § 7 II Nr. 3 AtG verlange nur die Abwehr von Gefahren; Erwägungen der Risikovorsorge könnten lediglich auf der Rechtsfolgenseite im Rahmen des Versagungsermessens angestellt werden. § 7 AtG sei nämlich den §§ 16 ff. GewO a. F. nachgebildet worden, die nur die Abwehr von Gefahren forderten. Erst im Bundes-Immissionsschutzgesetz habe der Gesetzgeber die Risikovorsorge verankert. Den Gesetzesmaterialien zufolge habe er dabei in dem Bewußtsein gehandelt, ein rechtliches Novum zu schaffen. Deshalb dürfe der Vorsorgegedanke nicht in das entstehungsgeschichtlich ältere Atomgesetz hineininterpretiert werden.

Der Wortlaut des § 7 II Nr. 3 AtG spricht eher gegen diese Auslegung. Die Vorschrift spart den Gefahrenbegriff völlig aus; stattdessen ist in ihr von „Vorsorge gegen Schäden" die Rede, einem Begriff, dem die limitierenden Merkmale der „Gefahr" (erwiesene Möglichkeit eines Schadenseintritts, hinreichende Wahrscheinlichkeit) nicht von vornherein zueigen sind. Einen sicheren Schluß gestattet der Wortlaut allerdings nicht. Denn immerhin ließe sich einwenden, § 7 II Nr. 3 AtG sei im Zusammenhang mit § 1 Nr. 2 AtG zu lesen, der ausdrücklich den Schutz vor „Gefahren" anspricht.

Vorrangig stützen sich *Hanning / Schmieder* für ihre Meinung auf die historische Auslegung. Dabei kommen sie aber zu unzutreffenden Aussagen. Die Entstehungsgeschichte des § 7 AtG spricht keineswegs gegen

---

[71] BVerwG, U. v. 22. 12. 1980, NJW 1981, S. 1393/1395; *Hanning / Schmieder*, Beilage Nr. 14 zu DB 1977, S. 1 ff., 5; *Schattke*, DVBl. 1979, S. 652 ff., 657.

[72] OVG Lüneburg, B. v. 22. 11. 1976, DVBl. 1977, S. 340/341; *Bender*, NJW 1979, S. 1425 ff., 1429; *Breuer*, DVBl. 1978, S. 829 ff., 836; *Götz*, in: 4. Deutsches Atomrechts-Symposium, S. 177 ff., 183 ff.; *Winters*, Atom- und Strahlenschutzrecht, S. 27; ohne nähere Begründung auch BVerfG — 2. Sen. —, B. v. 8. 8. 1978, E 49, S. 89/139; BVerwG, U. v. 17. 7. 1980, NJW 1981, S. 359/360; VG Freiburg, U. v. 14. 3. 1977, NJW 1977, S. 1645/1646. — Das VG Freiburg und *Götz* sprechen von Gefahrenvorsorge statt von Risikovorsorge, ohne daß diese abweichende Terminologie auch sachliche Unterschiede zum Ausdruck brächte.

[73] *Hanning / Schmieder*, Beilage Nr. 14 zu DB 1977, S. 1 ff., 6 f.; ihnen folgend *Lukes / Backherms*, AöR 1978, S. 334 ff., 335. Auch *Wagner*, NJW 1980, S. 665 ff., 668, sieht eine — weit verstandene — Gefahrenabwehr als einziges Element des § 7 II Nr. 3 AtG an. Ob bei der Ermessensausübung Vorsorgegesichtspunkte zu berücksichtigen seien, erörtert er nicht.

die Verwurzelung des Vorsorgegrundsatzes in § 7 II Nr. 3 AtG. Zwar trifft es zu, daß der Gesetzgeber den Genehmigungstatbestand des § 7 AtG den §§ 16 ff. GewO a. F. nachbilden wollte[74]. In der Begründung des Regierungsentwurfs wird jedoch hervorgehoben, daß die Regelung des § 7 AtG über die der §§ 16 ff. GewO a. F. hinausgehen und in stärkerem Maße an dem Ziel orientiert sein sollte, Schäden infolge des Betriebes kerntechnischer Anlagen zu verhindern[75].

Auch das Argument, der Vorsorgegrundsatz sei erstmalig im Bundes-Immissionsschutzgesetz normiert worden und dürfe folglich nicht in das ältere Atomgesetz hineingelesen werden, erweist sich bei näherer Betrachtung als nicht stichhaltig. In den Gesetzesberatungen zum Bundes-Immissionsschutzgesetz wurde allerdings das Gebot der Risikovorsorge als Neuerung behandelt[76]. Dies geschah jedoch speziell in Bezug auf die Rechtslage nach den §§ 16 ff. GewO a. F.[77]. Es läßt sich daher nicht der Schluß ziehen, der Gesetzgeber habe die Normierung des Vorsorgegrundsatzes in § 5 Nr. 2 BImSchG als Novum auch gegenüber anderen Bereichen des technischen Sicherheitsrechts angesehen. Eine solche Vorstellung wäre außerdem irrig. Bereits nach den §§ 19 ff. des aus dem Jahre 1909 stammenden Viehseuchengesetzes[78] genügte ein Seuchen*verdacht* für staatliche Eingriffe. Darüber hinaus hat das Bundesverwaltungsgericht[79] sogar ohne ausdrückliche Regelung bei der Beurteilung der Rechtslage nach § 10 I des Bundes-Seuchengesetzes vom 18. 7. 1961[80] unter bestimmten Umständen einen Gefahrenverdacht als Voraussetzung für endgültig wirkende Maßnahmen der Seuchenbekämpfung ausreichen lassen. Vor allem aber enthielt — worauf *Bender*[81] hingewiesen hat — das Atomrecht selbst seit dem Jahre 1960 eine Rege-

---

[74] Vgl. Amtl. Begr. (§ 8), BT-Dr. III/759, S. 24.

[75] Vgl. Amtl. Begr. (Fn. 74), S. 24.

[76] Bericht des Innenausschusses (Abg. *Volmer* u. *Konrad*), BT-Dr. VII/1513, S. 3.

[77] Die maßgebliche Passage in dem Bericht des Innenausschusses (Fn. 76) lautet: „Die Regelung in der Gewerbeordnung trägt starke gewerbepolizeiliche Züge. Die heutigen Probleme des Umweltschutzes können jedoch nicht mehr mit den Mitteln polizeilicher Gefahrenabwehr allein gelöst werden. Dem bedrohlichen Anstieg der Umweltgefahren kann auf die Dauer nur wirksam begegnet werden, wenn rechtzeitig und umfassend Vorsorge getroffen wird. Von dieser neuen Zielsetzung ist das Bundes-Immissionsschutzgesetz geprägt."

[78] vom 26. 6. 1909 (RGBl. S. 519). Ebenso die Neufassung unter dem Titel „Tierseuchengesetz (TierSG)" v. 28. 3. 1980 (BGBl. I S. 386).

[79] BVerwG, U. v. 16. 12. 1971, E 39, S. 190/193; ebenso bereits zur früheren Rechtslage BVerwG, U. v. 28. 2. 1961, E 12, S. 87/92 f.

[80] vom 18. 7. 1961 (BGBl. I S. 1012). Die Neufassung vom 18. 12. 1979 (BGBl. I S. 2262) stellt schon durch ihren Wortlaut klar, daß ein Gefahrenverdacht ausreicht.

[81] *Bender*, NJW 1979, S. 1425 ff., 1429, Fn. 28.

lung, in der das Vorsorgeprinzip deutlich ausgeprägt war. Gemeint ist das Strahlenminimierungsgebot des § 21 der 1. SSVO[82]. § 21 verlangte, die Strahlenbelastung „so gering wie möglich" zu halten. Die Vorschrift stellte damit erkennbar nicht auf die Wahrscheinlichkeit von Strahlenschäden oder die erwiesene Schädlichkeit bestimmter Strahlendosen ab; sie forderte also eine gefahrenunabhängige Risikovorsorge. Die Erste Strahlenschutzverordnung wurde nur ein halbes Jahr nach dem Atomgesetz erlassen. Da keine Anhaltspunkte dafür vorliegen, daß der Verordnungsgeber über den atomgesetzlichen Sicherheitsstandard hinausgehen wollte[83], läßt sich aus § 21 der 1. SSVO folgern, daß auch das Atomgesetz in § 7 II Nr. 3 eine Vorsorge unterhalb der Gefahrenschwelle fordert.

Im übrigen entspricht nur diese Auslegung dem Schutzzweck des Gesetzes. Wird ein Gefahrenverdacht durch entsprechend viele Tatsachen untermauert, so kann er sich derart verdichten, daß er wertungsmäßig einer Gefahr kaum nachsteht. Dies gilt insbesondere, wenn Schäden für so bedeutende Rechtsgüter wie Leben und Gesundheit zu besorgen sind und wenn die Wahrscheinlichkeit des Schadenseintritts — die Richtigkeit des Verdachts unterstellt — sehr hoch ist. Nimmt man den Schutzzweck ernst, läßt es sich nicht rechtfertigen, in solchen Fallkonstellationen die Vorsorge in das Ermessen der Genehmigungsbehörde zu stellen, wie *Hanning / Schmieder* es befürworten. Gerade auf einem Gebiet wie dem Atomsektor, auf dem der praktische Erfahrungsstand noch vergleichsweise gering ist[84], muß die Rechtsordnung besonderes Augenmerk auf Risiken legen, deren Gefahrenqualität nach den derzeitigen wissenschaftlichen Erkenntnissen nur vermutet werden kann. Daß das Atomgesetz dieser Aufgabe gerecht werden will, ist um so mehr anzunehmen, als es durchgängig von dem Prinzip der Vorsicht geprägt ist[85].

Schließlich ergäbe sich ein unverständlicher Wertungswiderspruch zu anderen Regelungen des Umweltschutz- und Sicherheitsrechts, wenn

---

[82] Erste Verordnung über den Schutz vor Schäden durch Strahlen radioaktiver Stoffe (Erste Strahlenschutzverordnung) v. 24. 6. 1960 (BGBl. I S. 430). Die 1. SSVO wurde inzwischen abgelöst durch die Verordnung über den Schutz vor Schäden durch ionisierende Strahlen (Strahlenschutzverordnung — StrlSchV) v. 13. 10. 1976 (BGBl. I S. 2905), die das Strahlenminimierungsgebot in § 28 übernommen hat.

[83] Ob der Verordnungsgeber überhaupt befugt gewesen wäre, einen strengeren Sicherheitsstandard festzulegen als im Atomgesetz geschehen, erscheint nach der Ermächtigungsnorm des § 12 I Nr. 1 AtG zweifelhaft.

[84] Sondervotum zu BVerfG — 1. Sen. —, B. v. 20. 12. 1979, E 53, S. 30/76 f.

[85] Sein „vorsichtiger Gesamtcharakter" (*Breuer*, DVBl. 1978, S. 829 ff., 836) zeigt sich deutlich an dem lückenlosen System von Genehmigungs- und Überwachungsvorschriften (vgl. dazu *Winters*, Atom- und Strahlenschutzrecht, S. 17) sowie an der weitreichenden Haftungsregelung.

§ 7 II Nr. 3 AtG auf die Gefahrenabwehr beschränkt würde[86]. Nicht nur das Bundes-Immissionsschutzgesetz, sondern etwa auch das neugeschaffene Chemikaliengesetz[87] enthalten Elemente der Risikovorsorge, obwohl sie Sachbereiche mit durchweg geringerem Risikopotential als dem der Kernenergie betreffen[88]. Im Ergebnis ist deshalb davon auszugehen, daß § 7 II Nr. 3 AtG neben der Abwehr von Gefahren Vorsorge gegen andere Risiken gebietet.

IV. Der Bereich der Gefahrenabwehr

Daraus folgt, daß der Gefahrenbegriff die Restrisikogrenze nicht abschließend festlegt. Dennoch kann zur Bestimmung der gesetzlich geforderten Schadensvorsorge nicht von vornherein auf die Differenzierung zwischen Gefahrenabwehr und Risikovorsorge verzichtet werden[89]. Im Hinblick auf § 1 Nr. 2 AtG, Art. 2 II 1 GG liegt es nahe, solchen Gesichtspunkten wie der technischen Realisierbarkeit und wirtschaftlichen Vertretbarkeit von Schutzmaßnahmen für den Bereich der Abwehr von Lebens- und Gesundheitsgefahren keine oder doch nur eine geringe Relevanz beizumessen, während ihnen unterhalb der Gefahrenschwelle durchaus erhebliches Gewicht zukommen kann. Im übrigen schafft die Bestimmung der Gefahrengrenze einen Vergleichspunkt, an dem sich der Rechtsanwender bei der Beurteilung geringerer Risiken orientieren kann[90].

1. Die „Je-desto-Formel"

Unter einer Gefahr ist nach allgemeiner Auffassung die hinreichende Wahrscheinlichkeit eines Schadenseintritts zu verstehen[91]. Welche Wahr-

---

[86] *Breuer*, DVBl. 1978, S. 829 ff., 836; vgl. auch OVG Lüneburg, B. v. 22. 11. 1976, DVBl. 1977, S. 340/341.

[87] Vgl. die §§ 4 VI, 17 I 3, 23 II 2 des Gesetzes zum Schutz vor gefährlichen Stoffen (Chemikaliengesetz) v. 25. 9. 1980 (BGBl. I S. 1718).

[88] Die gegenteilige Ansicht von *Wagner*, NJW 1980, S. 665 ff., 668, der ein besonders hohes Risikopotential der Kernenergie leugnet, überzeugt nicht, weil er auf einen Vergleich der Kernenergierisiken mit Risiken konventioneller Techniken *nach getroffener Vorsorge* abstellt. In welchem Umfang Vorsorge getroffen werden muß, richtet sich aber gerade nach dem Gewicht, das die Risiken ohne Schutzmaßnahmen hätten.

[89] So auch OVG Lüneburg, B. v. 22. 11. 1976, DVBl. 1977, S. 340/341; *Winters*, Atom- u. Strahlenschutzrecht, S. 26 f.; a. A. *Wagner*, NJW 1980, S. 665 ff., 668; für einen „offenen, dynamischen Übergang" *Degenhart*, Kernenergierecht, S. 170.

[90] OVG Lüneburg (Fn. 89), S. 341.

[91] BVerwG, U. v. 26. 6. 1970, NJW 1970, S. 1890/1892; s. auch schon PrOVG, U. v. 15. 5. 1930, E 87, S. 301/310; aus der Literatur *Martens*, in: Drews / Wacke / Vogel / Martens, Bd. 2, S. 106; *Plischka*, S. 106. — *Bender* (NJW 1979, S. 1425 ff., 1426 f.) will den Bereich der atomrechtlichen Gefahrenabwehr nicht auf den Schutz vor Gefahren im Sinne dieser Definition beschränken.

scheinlichkeit hinreicht, läßt sich dieser Definition nicht entnehmen[92] und stellt das eigentliche Problem bei der Konkretisierung des Gefahrenbegriffs dar. Die Bestimmung der erforderlichen Wahrscheinlichkeit hat von der sog. *Je-desto-Formel* auszugehen, die von Rechtsprechung[93] und Lehre[94] zur Verfeinerung des Gefahrenbegriffs entwickelt worden ist. Diese Formel knüpft an die Erkenntnis an, daß die Größe eines Risikos das Produkt aus Schadensausmaß und Eintrittswahrscheinlichkeit ist[95]. Je größer der mögliche Schaden ist, desto geringer kann die Wahrscheinlichkeit seiner Realisierung sein, ohne daß sich die Risikogröße ändert. Dementsprechend handelt es sich bei der für eine Gefahr hinreichenden Wahrscheinlichkeit nicht um einen festen, in jedem Fall gültigen Wert[96]. Vielmehr sind an den Wahrscheinlichkeitsgrad um so geringere Anforderungen zu stellen, je schwerer die Schadenskomponente wiegt.

Deren Gewicht hängt ab von der Wertigkeit der betroffenen Rechtsgüter und Rechte und dem Ausmaß ihrer Beeinträchtigung[97]. So reicht zur Annahme einer Gesundheitsgefahr eine niedrigere Wahrscheinlichkeit als zur Annahme einer Sachgefahr; die Zerstörung bedeutender Sachwerte braucht weniger wahrscheinlich zu sein als die bloße Beschä-

---

Er fordert Abwehrmaßnahmen gegen jedes Risiko, für das positiv festgestellt (und nicht nur vermutet) werden kann, daß es einen Schaden auszulösen in der Lage ist („Risiken mit erkannter Gefahrenqualität"). Auf die Wahrscheinlichkeit des Schadenseintritts soll es nicht ankommen. Dieser Bruch mit dem traditionellen Verständnis des Gefahrenbegriffs findet im Gesetz keine Stütze. *Benders* Forderung absoluten Ausschlusses erkannter Schadensmöglichkeiten ist im übrigen nicht zu verwirklichen, da auch das Versagen von Schutzeinrichtungen i. d. R. nicht völlig ausgeschlossen werden kann (s. o. 2. Kap. C. I.). Anschaulich dazu das Beispiel bei *Wagner*, NJW 1980, S. 665 ff., 669.

[92] Auch Wendungen, mit denen der erforderliche Wahrscheinlichkeitsgrad näher umschrieben werden soll, wie „gewisse Wahrscheinlichkeit" und „nicht entfernte Möglichkeit" sind Leerformeln und führen nicht weiter; so auch *Knemeyer*, VVDStRL Bd. 35, S. 221 ff., 239, Fn. 49.

[93] BVerwG, U. v. 26. 6. 1970, NJW 1970, S. 1890/1892 unter Berufung auf Sächs. OVG, U. v. 1. 11. 1937, Sächs. OVG Jahrb. Bd. 41 (1940), S. 35/37; BVerwG, U. v. 12. 7. 1973, DVBl. 1973, S. 857/858 f.; für das Atomrecht BVerfG — 2. Sen. —, B. v. 8. 8. 1978, E 49, S. 89/138; OVG Münster, U. v. 20. 2. 1975, ET 1975, S. 220/229; VGH B.W., B. v. 8. 10. 1975, DVBl. 1976, S. 538/544.

[94] *Marburger*, in: Bitburger Gespräche, S. 39 ff., 41; *Scholz*, VerwA Bd. 27 (1919), S. 1 ff., 26; *Martens*, in: Drews / Wacke / Vogel / Martens, Bd. 2, S. 108 f. m. w. N.; *Rehbinder*, BB 1976, S. 1 ff., 2; für das Atomrecht *Albers*, DVBl. 1978, S. 22 ff., 25; *Lukes*, BB 1978, S. 317 ff., 318; *Winters*, Atom- u. Strahlenschutzrecht, S. 25.

[95] s. o. 1. Kap. B. II. 2. mit Fn. 39.

[96] So schon *Scholz*, VerwA Bd. 27 (1919), S. 1 ff., 30.

[97] OVG Münster, U. v. 20. 2. 1975, ET 1975, S. 220/229; VGH B.W., B. v. 8. 10. 1975, DVBl. 1976, S. 538/544; *Albers*, DVBl. 1978, S. 22 ff., 23; *Breuer*, DVBl. 1978, S. 829 ff., 833; nur die Bedeutung des Rechtsgutes erwähnend BVerwG, U. v. 26. 6. 1970, NJW 1970, S. 1890/1892.

digung geringwertiger Sachen. Für die Gewichtung der Rechtsgüter und Rechte sind insbesondere die verfassungsrechtlichen Wertentscheidungen zu berücksichtigen. Ein besonders hoher Stellenwert kommt dem Grundrecht auf Leben (Art. 2 II 1 GG) zu. Als Grundlage der Menschenwürde und Voraussetzung aller anderen Grundrechte stellt es „innerhalb der grundgesetzlichen Ordnung einen Höchstwert dar“[98]. Stehen Menschenleben auf dem Spiel, ist deshalb bereits eine sehr geringe Schadenswahrscheinlichkeit als Gefahr zu qualifizieren. Da atomare Schadensfälle regelmäßig auch Menschenleben bedrohen, kann schon hier festgestellt werden, daß in § 7 II Nr. 3 AtG die Gefahrengrenze sehr weit vorgeschoben ist[99].

Ob auch die Zahl der betroffenen Rechtsgutsträger das Gewicht der Schadenskomponente beeinflußt, wird für höchstpersönliche Rechtsgüter aus verfassungsrechtlichen Gründen bezweifelt. Kritische Stimmen[100] wenden ein, Art. 3 I GG verpflichte den Staat zu einer gleichmäßigen Gewährung des nach Art. 2 II 1 GG geschuldeten Grundrechtsschutzes. Die Schutzintensität dürfe nicht von der Anzahl der potentiell betroffenen Personen abhängen, weil Leben und Gesundheit als verfassungsrechtliche Höchstwerte einer zahlenmäßigen Differenzierung nicht zugänglich seien.

Richtig ist, daß Art. 2 II 1 GG Leben und körperliche Unversehrtheit unterschiedslos schützt und somit Abstufungen des grundrechtlich gebotenen Schutzes nach politischen, rassischen oder sonstigen Gesichtspunkten verbietet[101]. Infolgedessen ist der Staat zur Bekämpfung eines Lebens- oder Gesundheitsrisikos, das nur einer Person droht, nach Art. 2 II 1 GG in gleicher Weise verpflichtet, als wenn dieses Risiko eine Vielzahl von Personen beträfe. Dem Grundrecht kann aber nicht das Verbot entnommen werden, bestimmte Personengruppen über das verfassungsrechtlich gebotene Maß hinaus zu schützen. Denn Art. 2 II 1 GG hat nur eine schutz*gewährleistende,* nicht eine schutz*begrenzende* Funktion. Auch Art. 3 I GG steht einer differenzierenden Festlegung der

---

[98] BVerfG — 1. Sen. —, U. v. 25. 2. 1975, E 39, S. 1/42.

[99] Ob der Gefahrenbegriff in der Weise „subjektiviert“ werden darf, daß im Verwaltungsprozeß der Eintrittswahrscheinlichkeit nur das mögliche Schadensausmaß *für den Kläger* gegenübergestellt wird, soll hier nicht untersucht werden (bejahend BayVGH, U. v. 9. 4. 1979, DVBl. 1979, S. 673/675, verneinend *Papier,* in: Bitburger Gespräche, S. 81 ff., 94 f.). Denn insoweit geht es nicht eigentlich um die hier behandelte Frage, welche Vorsorge nach dem Gesetz erforderlich ist, sondern um die davon zu unterscheidende Frage, inwieweit der einzelne sich auf eine objektiv bestehende Gefahr berufen kann.

[100] *Lukes / Richter,* NJW 1981, S. 1401 ff., 1405; ablehnend auch OVG Lüneburg, U. v. 22. 12. 1978, ET 1979, S. 284/286 f.

[101] *Dürig,* in: Maunz / Dürig / Herzog / Scholz, Art. 2 II Rdnr. 11; *Hamann,* in: Hamann / Lenz, Art. 2 Rdnr. 8.

Gefahrengrenze entsprechend der Zahl der betroffenen Rechtsgutsträger nicht entgegen. Letztlich werden dadurch zwar die Personen besser gestellt, die (zufällig) zusammen mit einer größeren Zahl anderer Personen von einem Risiko betroffen sind. Dies geschieht jedoch nicht aufgrund einer Höherbewertung ihres Rechtsguts, die mit dem aus Art. 2 II 1 GG ableitbaren Grundsatz „Leben gleich Leben" unvereinbar wäre. Die Vergünstigung kommt ihnen lediglich reflexweise zugute, damit das erhöhte Gesamtrisiko berücksichtigt werden kann. Der Gleichheitssatz verlangt keine schematische Gleichbehandlung. Er verbietet nur Differenzierungen, die nicht auf vernünftigen Erwägungen beruhen und daher willkürlich sind[102]. Ist dem Wert der Individualrechtsgüter Leben und Gesundheit Genüge getan, so kann es nicht als willkürlich angesehen werden, wenn als zusätzliches quantitatives Bewertungskriterium die Anzahl der Rechtsgutsträger herangezogen wird[103]. Je nachdem, wie viele Personen von einem Unfall betroffen werden können, summieren sich die Schadensfolgen und demgemäß auch das Gesamtrisiko[104]. Dies trifft nicht nur für die individuellen Konsequenzen zu; belastende Auswirkungen auf die Allgemeinheit wie Krankenversicherungs- und Rentenleistungen sowie Steuerausfälle erhöhen sich ebenfalls[105]. Technische Großunfälle sind darüber hinaus geeignet, das Vertrauen der Bürger in die behördliche Genehmigungs- und Überwachungstätigkeit zu erschüttern. Nehmen sie das Ausmaß einer nationalen Katastrophe mit Hunderten oder Tausenden von Toten an[106], so stellen sie die Glaubwürdigkeit des zum Schutz seiner Bürger verpflichteten Staatswesens als Ganzen in Frage[107]. Diese Gesichtspunkte schließen einen Verstoß gegen

---

[102] Vgl. die Nachweise der BVerfG-Rechtsprechung bei *von Münch / Gubelt*, Bd. 1, Art. 3 Rdnr. 10.

[103] Dieser Fall ist nicht mit dem im Strafrecht häufig erörterten Fall vergleichbar, daß eine Minderzahl von Menschenleben zugunsten einer Mehrzahl aufgeopfert wird (vgl. die bei *Lukes / Richter*, NJW 1981, S. 1401 ff., 1405, Fn. 38 zitierten Stellungnahmen). Denn hier wird auch der Minderzahl der grundrechtlich gebotene Schutz gewährt.

[104] Probabilistische Risikoanalysen beziehen demgemäß die Zahl der Todesfälle in die Risikoberechnung ein. Vgl. BMFT, Deutsche Risikostudie, S. 10.

[105] Den Betreiber kerntechnischer Anlagen trifft zwar eine Gefährdungshaftung, die aber gem. § 31 I AtG beschränkt ist. Nach § 13 II AtG beträgt die dem Betreiber obliegende Deckungsvorsorge maximal die Hälfte des Haftungshöchstbetrages. Soweit die Deckungsvorsorge die Haftung nicht abdeckt, hat der Staat den Betreiber von der Haftung freizustellen (§ 34 I AtG).

[106] Solche Größenordnungen sind bei atomaren Unfällen nicht ausgeschlossen. Vgl. BMFT, Deutsche Risikostudie, S. 204 ff. Die Studie errechnet für den ungünstigsten Fall als Frühschaden 14 000 Tote und als Spätschaden 104 000 Tote im Verlauf von 30 Jahren (S. 208 u. 211).

[107] Ob bei atomaren Großunfällen außerdem auch Nachteile für die Volksgesundheit in Form strahlenbedingter Erbmutationen in Rechnung zu stellen sind, vermag der Verfasser nicht zu beurteilen.

Art. 3 I GG aus. Die Zahl der betroffenen Rechtsgutsträger darf deshalb auch für die Rechtsgüter Leben und Gesundheit herangezogen werden, um bei Anwendung der Je-desto-Formel das Gewicht der Schadenskomponente zu bestimmen[108, 109].

Die Je-desto-Formel führt dazu, daß Schadens- und Wahrscheinlichkeitskomponente für die Gefahrenbeurteilung gleichmäßig berücksichtigt werden. Sie verhindert damit die Ungleichbehandlung gleich großer Risiken und liefert wichtige Anhaltspunkte für die zur Annahme einer Gefahr jeweils hinreichende Wahrscheinlichkeit. Ihr Wert für die Konkretisierung des Gefahrenbegriffs hängt allerdings erheblich von der Genauigkeit ab, mit der die Risikofaktoren Schadensausmaß und Schadenswahrscheinlichkeit bestimmt werden. Erst probabilistische Risikoanalysen haben die Aussicht eröffnet, diese Faktoren einigermaßen verläßlich zu quantifizieren[110]. Deshalb sollten besondere Anstrengungen unternommen werden, die noch in den Anfängen steckende probabilistische Methode weiterzuentwickeln. Nur so kann das zur Anwendung der Je-desto-Formel erforderliche Tatsachenmaterial bereitgestellt werden[111].

2. Güter- und Interessenabwägung als Mittel zur Bestimmung des Bereichs der Gefahrenabwehr?

Die Je-desto-Formel vermag dem Rechtsanwender bei der Bestimmung der Gefahrengrenze zwar die Richtung zu weisen; eine exakte Aussage darüber, bei welchem Risikowert der „qualitative Sprung"

---

[108] Ebenso ohne nähere Begründung OVG Münster, U. v. 20. 2. 1975, ET 1975, S. 220/227; VGH B.W., B. v. 8. 10. 1975, DVBl. 1976, S. 538/544; VG Freiburg, U. v. 14. 3. 1977, NJW 1977, S. 1645/1646; implizite auch BVerwG, U. v. 22. 12. 1980, NJW 1981, S. 1393/1395, indem es dem sog. Bevölkerungsrisiko Bedeutung für das Maß der erforderlichen Vorsorge zubilligt. Aus der Literatur bejahend *Albers*, Gerichtsentscheidungen, S. 94 f.; *Rehbinder*, BB 1976, S. 1 ff., 2; *Roßnagel*, S. 96 f.

[109] Die Meinung des VG Freiburg, U. v. 14. 3. 1977, NJW 1977, S. 1645/1648, das Risiko einer Katastrophe von den Dimensionen eines Berstunfalls mit Tausenden von Toten könne auch „bei noch so geringer Wahrscheinlichkeit" nicht hingenommen werden, ist aber mit der Je-desto-Formel nicht vereinbar. Das Gericht stellt damit einseitig auf das Schadensausmaß ab. Ein außergewöhnlich hoher Schaden kann durch eine extrem geringe Eintrittswahrscheinlichkeit kompensiert werden, so daß das Risiko als Produkt beider Faktoren nicht größer ist als andere Risiken unterhalb der Gefahrenschwelle.

[110] Zur probabilistischen Methode und ihrem Entwicklungsstand s. o. 1. Kap. B. II. 2.

[111] Risikoanalysen können nicht die rechtliche Wertung ersetzen, die zur Konkretisierung des Gefahrenbegriffs nötig ist. Ihre Bedeutung liegt ausschließlich im tatsächlichen Bereich. Vgl. *Lukes*, BB 1978, S. 317 ff., 318 u. 320; ferner *Bender*, NJW 1979, S. 1425 ff., 1427, Fn. 11; *Wagner*, NJW 1980, S. 665 ff., 671 sowie die kritische Stellungnahme zur probabilistischen Methode bei *Breuer*, DVBl. 1978, S. 829 ff., 834.

(Breuer)[112] von der gerade noch hinreichenden Wahrscheinlichkeit zur Unwahrscheinlichkeit erfolgt, läßt sich mit ihr jedoch nicht gewinnen. Aus diesem Grunde ist nach ergänzenden Konkretisierungskriterien Ausschau zu halten.

Beachtung verdient der Vorschlag, die Gefahrengrenze mittels einer umfassenden Güter- und Interessenabwägung zu bestimmen[113]. Dabei sollen das zu bekämpfende Risiko — ermittelt nach der Je-desto-Formel — und die Nachteile der Gefahrenabwehr ins Verhältnis gesetzt werden. Überwiegen die Nachteile, fehlt es dieser Auffassung zufolge an einer Gefahr. Gesichtspunkte, die in die Abwägung einbezogen werden müßten, sind im Bereich technischer Risiken unter anderem die wirtschaftliche Vertretbarkeit von Schutzmaßnahmen sowie das Allgemeininteresse an zivilisatorischem Fortschritt und Versorgung mit nützlichen oder gar lebenswichtigen Gütern[114].

Der dargestellte Vorschlag hätte zur Folge, daß gleich große Risiken einmal als Gefahr, ein andermal nicht als Gefahr bewertet würden, je nachdem welche Nachteile von den Gefahrenabwehrmitteln ausgingen. Damit würde das herkömmliche Verständnis des Gefahrenbegriffs gesprengt. Ob der mit dem Abwehrmittel angestrebte Vorteil in angemessenem Verhältnis zu den nachteiligen Konsequenzen für den Risikoverursacher steht, wird üblicherweise nicht als Problem der Gefahr, sondern des Verhältnismäßigkeitsprinzips (i. e. S.) angesehen. Die normativen Ausprägungen dieses Prinzips im Ordnungsrecht[115] zeigen, daß es mit dem Gefahrenbegriff nichts zu tun hat, sondern nur die Rechtsfolgen betrifft, die an das Vorliegen einer Gefahr geknüpft werden dürfen. Erst wenn eine Gefahr bejaht worden ist, stellt sich die weitere Frage nach der Verhältnismäßigkeit der Abwehrmittel[116]. Die Regelungen der

---

[112] *Breuer,* DVBl. 1978, S. 829 ff., 835.

[113] So *Plischka,* S. 108 ff. im Anschluß an *Scholz,* VerwA Bd. 27 (1919), S. 1 ff., 27 f.; ähnlich *Marburger,* in: Bitburger Gespräche, S. 39 ff., 46; *Wagner,* NJW 1980, S. 665 ff., 670. Im Wege einer wertenden Abwägung will auch *Degenhart,* Kernenergierecht, S. 169, die erforderliche Schadensvorsorge ermitteln. Dem liegt die Ansicht zugrunde, die Risikobeurteilung könne nicht von einem feststehenden, subsumtionsmäßig anwendbaren Gefahrenbegriff ausgehen, sondern erfordere eine gestalterische Abwägungsentscheidung. Vgl. dazu näher unten 4. Kap. B. I. 2. b) cc).

[114] Vgl. *Plischka,* S. 110.

[115] § 4 II UZWG; § 11 II BGSG; § 15 II OBG NW sowie die entsprechenden Regelungen der anderen Bundesländer.

[116] BVerwG, U. v. 16. 12. 1971, NJW 1972, S. 458/460; *Knemeyer,* VVDStRL Bd. 35 (1976), S. 221 ff., 240, Fn. 49. — Auch für die Regelung des § 5 Nr. 1 BImSchG hat das Bundesverwaltungsgericht entschieden, daß sich die Zumutbarkeitsgrenze gegenüber Lärm nicht nach der Schutzwürdigkeit der den Lärm verursachenden Anlage richte (B. v. 6. 8. 1982, UPR 1983, S. 27). — Soweit sich in Rechtsprechung und Literatur sonst Bemerkungen finden, daß bei der Auslegung des Gefahrenbegriffs Verhältnismäßigkeitserwägungen

§§ 120 a I GewO und 3 I 1 GtA bestätigen diese These. Sie begrenzen den „Schutz gegen Gefahren" auf Maßnahmen, welche „die Natur des Betriebes" (§ 120 a I GewO) bzw. „die Art der bestimmungsgemäßen Verwendung" (§ 3 I 1 GtA) gestattet. Gesichtspunkte, die nach dem dargestellten Vorschlag schon bei der Gefahrenprüfung berücksichtigt werden müßten, werden hier gesondert als Einschränkungen der Gefahrenabwehrmittel angesprochen.

Die bisher vorgebrachten Argumente richten sich nur gegen den Versuch, das Verhältnismäßigkeitsprinzip in den Gefahrenbegriff einzubeziehen. Sie lassen aber die Möglichkeit offen, die Nachteile von Gefahrenabwehrmaßnahmen im Rahmen des § 7 II Nr. 3 AtG über eine selbständige Verhältnismäßigkeitsprüfung zu berücksichtigen[117]. Sachliche Unterschiede zu der abgelehnten Meinung würden daraus nicht folgen, denn es bedeutet im Ergebnis keinen Unterschied, ob Beschränkungen der Gefahrenabwehr durch Verhältnismäßigkeitserwägungen schon beim Gefahrenbegriff oder erst beim Abwehrmittel ansetzen[118].

Das Verhältnismäßigkeitsprinzip hat anerkanntermaßen Verfassungsrang[119]. Folglich muß sich jedes staatliche Handeln an ihm ausrichten. Dies bedeutet aber nicht, daß der Rechtsanwender stets durch eine selbständige Abwägung überprüfen dürfte, ob der gesetzlich angestrebte Zweck und die dafür vorgesehenen Mittel im rechten Verhältnis stehen. Grundsätzlich ist es Sache des Gesetzgebers zu bestimmen, welche Rechtsfolgen er an einen Tatbestand knüpft, welche Mittel also einem bestimmten Zweck angemessen sind. Zwar muß er dabei die grundgesetzlichen Wertentscheidungen beachten — insofern ist er an das Verhältnismäßigkeitsprinzip gebunden —, kann aber in dem verfassungsrechtlich abgesteckten Rahmen frei entscheiden, wie er widerstreitende Interessen bewertet[120]. Aus diesem Grunde obliegt dem

---

anzustellen seien (vgl. etwa BVerwG, U. v. 16. 11. 1973, DÖV 1974, S. 207/209; *Rehbinder*, BB 1976, S. 1 ff., 2; *Wolff / Bachof* III, § 125 III b 1), betreffen diese nicht die Proportionalität zwischen Vor- und Nachteilen der Gefahrenabwehr. Vielmehr beziehen sie sich auf das Verhältnis von Schadensumfang und Schadenswahrscheinlichkeit, also auf die Relation, die die Je-desto-Formel im Blick hat.

[117] Bejahend *Albers*, DVBl. 1978, S. 22 ff., 24; *Kramer / Zerlett*, Teil C, S. 24.

[118] Ebenso *Plischka*, S. 116. — Für das Polizeirecht ist anerkannt, daß der Verhältnismäßigkeitsgrundsatz nicht nur die Anwendung bestimmter Mittel ausschließen, sondern — falls überhaupt kein verhältnismäßiges Mittel ersichtlich ist — auch zur Hinnahme einer Gefahrenlage führen kann; vgl. *Knemeyer*, VVDStRL Bd. 35 (1976), S. 221 ff., 246 m. w. N.

[119] BVerfG — 1. Sen. —, U. v. 11. 6. 1958, E 7, S. 377/407; U. v. 10. 6. 1963, E 16, S. 194/202.

[120] Vgl. *Lerche*, S. 130; s. auch *Vogel*, in: Drews / Wacke / Vogel /Martens, Bd. 1, S. 157 f.

Rechtsanwender eine selbständige Verhältnismäßigkeitsprüfung nur dann, wenn das Gesetz sie vorsieht[121].

Eine ausdrückliche Regelung des Verhältnismäßigkeitsgrundsatzes enthält das Atomgesetz nicht. Jedoch könnte eine Verhältnismäßigkeitsprüfung gem. § 1 AtG geboten sein. Diese Vorschrift legt neben dem *Schutz vor Gefahren der Kernenergie* (Nr. 2) auch die *Förderung der Kernenergie* (Nr. 1) als Gesetzeszweck fest. Deshalb ist zu erwägen, ob der Umfang der nach § 7 II Nr. 3 AtG erforderlichen Vorsorge gegen Gefahren auch am Förderungszweck orientiert werden muß, m. a. W., ob zu erwartende Nachteile für die Kernenergienutzung infolge von Schutzvorkehrungen Abstriche an der Gefahrenabwehr rechtfertigen können. § 1 Nr. 1 AtG hat als grundlegende Gesetzeszielbestimmung ebenso wie § 1 Nr. 2 AtG Gewicht für die Interpretation sämtlicher atomgesetzlicher Detailregelungen[122]. Eine Auslegung des § 7 II Nr. 3 AtG, die nur einen von beiden Zwecken berücksichtigte, wäre mit dem Gesetz nicht vereinbar. Wie bereits ausgeführt wurde, kann deshalb kein absoluter Schutz vor kerntechnischen Risiken gefordert werden[123]. Dennoch gestattet § 1 AtG keine Abstriche, soweit es um die Gefahrenabwehr als Element der Schadensvorsorge geht. Indem der Gesetzgeber den Schutz vor „Gefahren" zum Gesetzeszweck erhoben hat, hat er seinen Willen zum Ausdruck gebracht, Gefahren nicht zu tolerieren. Insoweit muß der Förderungszweck zurücktreten[124]. Das bedeutet nicht, daß ihm für § 7 II Nr. 3 AtG gar keine Bedeutung zukäme. Denn nicht jedes Risiko hat Gefahrenqualität; im Bereich der Risikovorsorge entfaltet § 1 Nr. 1 AtG durchaus seinen Einfluß als Wertungsmaßstab[125].

Diese Auslegung entspricht auch dem Verfassungsrecht[126]. Bei der atomrechtlichen Schadensvorsorge geht es stets — auch — um Lebens-

---

[121] Sonst entstände die Gefahr, daß gesetzgeberische Wertungen überspielt würden. Die Befugnis, diese Wertungen an den grundgesetzlichen Wertentscheidungen zu messen, bleibt davon unberührt.

[122] *Fischerhof*, § 1 Rdnr. 1; a. A. wohl *Winters*, Atom- und Strahlenschutzrecht, S. 15, der die Meinung vertritt, der Förderungszweck habe nur im haftungsrechtlichen Teil des Atomgesetzes seinen Niederschlag gefunden.

[123] s. o. 2. Kap. C. I.

[124] Ebenso *Bender*, NJW 1979, S. 1425 ff., 1429. Für den Vorrang des Schutzzwecks auch BVerwG, U. v. 16. 3. 1972, DVBl. 1972, S. 678/680; *Hanning / Schmieder*, Beil. Nr. 14 zu DB 1977, S. 1 ff., 9; *Knemeyer*, VVDStRL Bd. 35, S. 221 ff., 271 f., Fn. 158, der zur Begründung auf § 17 I 3 AtG verweist; einschränkend *Fischerhof*, § 1 Rdnr. 5; *Schattke*, DVBl. 1979, S. 652 ff., 655 ff. Demgegenüber will *Degenhart*, Kernenergierecht, S. 172 ff., Förderungsaspekte neben Gesichtspunkten des Grundrechtsschutzes in eine umfassende Abwägung einbringen, die seines Erachtens die Genehmigungsentscheidung als gestalterischen Akt erscheinen läßt.

[125] s. u. 2. Kap. C. V. 2. d).

[126] Vgl. *Götz*, in: 4. Deutsches Atomrechts-Symposium, S. 177 ff., 181 f.

und Gesundheitsrisiken. Leben und körperliche Unversehrtheit nehmen in der grundgesetzlichen Wertordnung eine herausragende Stellung ein. Das Leben stellt als Grundlage der Menschenwürde und Voraussetzung aller Grundrechte einen verfassungsrechtlichen Höchstwert dar[127], die körperliche Unversehrtheit ist ebenfalls ein besonders bedeutsames Gut[128]. Allerdings genießen die durch den Förderungszweck geschützten privaten und öffentlichen Interessen gleichfalls Verfassungsrang: Die Anlagenbetreiber können sich auf die Grundrechte aus Art. 12 I, 14 I GG und — soweit Risiken von Forschungseinrichtungen ausgehen — zusätzlich auf Art. 5 III GG berufen[129]. Die Sicherung der Energieversorgung, die mittelbar in Art. 74 Nrn. 11 und 11 a GG erwähnt wird[130], ist nach der Rechtsprechung des Bundesverfassungsgerichts ein Gemeinschaftsgut höchsten Ranges[131]. Wirtschaftswachstum und Arbeitsplatzsicherung, die eine gesicherte Energieversorgung voraussetzen, sind Elemente des gesamtwirtschaftlichen Gleichgewichts (§ 1 StabG), das in Art. 104 a IV 1, 109 II, IV 1 und 115 I 2 GG zum Ziel erhoben wird. Da die genannten Interessen sämtlich Verfassungsrang genießen, können Konflikte zwischen ihnen nicht einseitig zu Lasten eines Interesses gelöst werden. Ziel der verfassungsmäßigen Auslegung muß es vielmehr sein, die beteiligten Interessen zu einem schonenden Ausgleich zu bringen, mithin „praktische Konkordanz" (*Hesse*[132]) zwischen ihnen herzustellen, wobei der besondere verfassungsrechtliche Rang der Grundrechte aus Art. 2 II 1 GG zu beachten ist. Die Forderung nach uneingeschränkter Gefahrenabwehr im Rahmen des § 7 II Nr. 3 AtG wird diesen Grundsätzen gerecht. Zwar verteuern Maßnahmen zur Gefahrenabwehr den Betrieb von Kernanlagen. Sind Schutzvorkehrungen gegen bestimmte Gefahren technisch noch nicht realisierbar, muß die Genehmigung der betreffenden Anlagen sogar zeitweise unterbleiben. Durch diese Einschränkungen wird die Kernenergienutzung aber nicht generell unmöglich gemacht, sondern lediglich erschwert. Hinsichtlich der tangierten öffentlichen Interessen ist zusätzlich zu berücksichtigen, daß Energieversorgung, Arbeitsplatzsicherung und Wirtschaftswachstum nicht nur durch Kernenergie gewährleistet werden können. Diese durch den Förderungszweck geschützten Interessen lassen sich also — obgleich mit gewissen Abstrichen — verwirklichen, auch wenn Gefahren unein-

---

127 BVerfG — 1. Sen. —, U. v. 25. 2. 1975, E 39, S. 1/42.

128 Vgl. BVerfG — 1. Sen. —, B. v. 14. 10. 1975, E 40, S. 196/222.

129 BVerfG — 2. Sen. —, B. v. 8. 8. 1978, E 49, S. 89/145 f.; Sondervotum zu BVerfG — 1. Sen. —, B. v. 20. 12. 1979, E 53, S. 30/75; *Kramer*, NJW 1981, S. 260 ff., 261, Fn. 29; *Wagner*, NJW 1980, S. 665 ff., 670; a. A. *Gleim / Winter*, NJW 1980, S. 1088 f.; dagegen zutreffend *Knüppel*, DÖV 1981, S. 19 ff., 20.

130 *Roßnagel*, S. 61.

131 So BVerfG — 1. Sen. —, B. v. 16. 3. 1971, E 30, S. 292/323 f.

132 *Hesse*, S. 28 f.

geschränkt abgewehrt werden müssen[133]. Umgekehrt bedeutet das Postulat uneingeschränkter Gefahrenabwehr keinen absoluten Schutz der Grundrechte aus Art. 2 II GG, denn nur bei „hinreichender Wahrscheinlichkeit" im Sinne der Je-desto-Formel ist ein Risiko als Gefahr zu werten. Erst bei Erreichung der Gefahrengrenze tritt die Bedeutung des Lebens- und Gesundheitsschutzes so sehr in den Vordergrund, daß die gegenläufigen Interessen generell zurückstehen müssen[134]. Die hier vertretene Meinung führt also zu einem Interessenausgleich, der nicht völlig zu Lasten der auf einer Seite stehenden Belange geht; sie schafft zwischen den Interessen praktische Konkordanz entsprechend dem Grad ihrer Bedeutung und Bedrohung.

Somit läßt sich festhalten: Eine Güter- und Interessenabwägung hat im Rahmen des § 7 II Nr. 3 AtG weder bei der Konkretisierung des Gefahrenbegriffs zu erfolgen noch kann sie die Hinnahme von Gefahrenlagen rechtfertigen. Betriebs- und volkswirtschaftliche Erwägungen sowie die fehlende Realisierbarkeit technischer Abwehrmaßnahmen spielen für den Bereich der Gefahrenabwehr keine Rolle[135].

3. Der Standard praktischer Vernunft

Große Resonanz hat der Versuch *Breuers*[136] gefunden, die atomrechtliche Gefahrengrenze nach dem *„Standard praktischer Vernunft"* zu bestimmen. Das *Bundesverfassungsgericht*[137] hat diese Formel aufgegriffen und zur Festlegung des Restrisikos benutzt, die Rechtsprechung der Verwaltungsgerichte[138] ist ihm durchgängig gefolgt. *Breuer* knüpft an das deterministische Sicherheitskonzept an, wonach gegen sämtliche Risiken bis hin zum „größten anzunehmenden Unfall" (GaU) unabhän-

[133] Vgl. *Roßnagel*, S. 65 ff.

[134] Für ein größeres Gewicht des Schutzinteresses auch OVG Lüneburg, B. v. 22. 11. 1976, DVBl. 1977, S. 340/342.

[135] Für die technische Realisierbarkeit weitgehend anerkannt; vgl. etwa BVerfG — 2. Sen. —, B. v. 8. 8. 1978, E 49, S. 89/136; BVerwG, U. v. 16. 3. 1972, DVBl. 1972, S. 678/680; *Kramer*, NJW 1981, S. 260 ff., 262; *Lecheler*, ZRP 1977, S. 241 ff., 243. Für wirtschaftliche Erwägungen wird dies ebenfalls überwiegend angenommen; vgl. VG Würzburg, U. v. 25. 3. 1977, NJW 1977, S. 1649/1650; *Ossenbühl*, DVBl. 1978, S. 1 ff., 7; *Papier*, Die Stellung der Verwaltungsgerichtsbarkeit im demokratischen Rechtsstaat, S. 32; *Winters*, Atom- und Strahlenschutzrecht, S. 26 f.; einschränkend VG Freiburg, U. v. 14. 3. 1977, NJW 1977, S. 1645/1647; *Albers*, DVBl. 1978, S. 22 ff., 24; a. A. *Plischka*, S. 110 ff.; *Wagner*, NJW 1980, S. 665 ff., 672.

[136] *Breuer*, DVBl. 1978, S. 829 ff., 835.

[137] BVerfG — 2. Sen. —, B. v. 8. 8. 1978, E 49, S. 89/143; ebenso BVerfG — 1. Sen. —, B. v. 20. 12. 1979, E 53, S. 30/59.

[138] BVerwG, U. v. 22. 12. 1980, NJW 1981, S. 1393/1394; OVG Lüneburg, U. v. 22. 12. 1978, DVBl. 1979, S. 686/687; BayVGH, U. v. 9. 4. 1979, DVBl. 1979, S. 673/675; VG Schleswig, U. v. 17. 3. 1980, NJW 1980, S. 1296/1299.

gig vom Grad ihrer Wahrscheinlichkeit Vorsorge getroffen werden muß[139]. Die Vorsorge hat nach der deterministischen Betrachtungsweise durch mehrfache (redundante) und unabhängig voneinander funktionierende (diversitäre) Schutzvorkehrungen zu erfolgen. Dieser Konzeption entspricht *Breuers* Ansicht zufolge der „Standard praktischer Vernunft". Danach braucht „ein Schadenseintritt nicht mehr in Betracht gezogen zu werden, wenn es aufgrund der getroffenen Vorsorgemaßnahmen und des Erkenntnisstandes der führenden Naturwissenschaftler praktisch nicht vorstellbar ist, daß ein bestimmtes Schadensereignis eintritt. Unter diesen Voraussetzungen ist der Schadenseintritt zwar nicht absolut, d. h. natur- oder denkgesetzlich, wohl aber praktisch ausgeschlossen"[140]. Ähnlich hatten zuvor bereits der baden-württembergische Verwaltungsgerichtshof und das Oberverwaltungsgericht Lüneburg formuliert, eine „große Katastrophe" bzw. ein „künftiger Schadenseintritt" infolge kerntechnischer Risiken müßten „praktisch ausgeschlossen" sein[141].

Das Bundesverfassungsgericht hat im Kalkar-Beschluß die von *Breuer* gebrauchten Wendungen fast wörtlich übernommen, indem es ausführt, nicht „absolute Sicherheit", sondern nur „Abschätzungen anhand praktischer Vernunft" seien im Hinblick auf die grundrechtliche Schutzpflicht erforderlich; nach §§ 1 Nr. 2, 7 II AtG dürften Genehmigungen lediglich erteilt werden, wenn der Eintritt von Schadensereignissen „*praktisch* ausgeschlossen" erscheine[142]. Trotzdem sind Zweifel aufgekommen, ob das Gericht sich damit *Breuers* Konzeption zueigen gemacht hat. So vertritt *Bender*[143] die Auffassung, das Bundesverfassungsgericht verwende den Maßstab praktischer Vernunft nur zur Abgrenzung des Gefahrenverdachts vom Restrisiko. Risiken, die erwiesenermaßen bestimmte Schäden herbeiführen könnten[144], müßten hingegen nicht nur „praktisch", sondern vollständig ausgeschlossen sein. Diese Deutung stützt *Bender* auf den Kontext der zitierten Formulierungen. Dort begründet das Gericht den Verzicht auf absolute Sicherheit mit den

---

[139] s. o. 1. Kap. B. II. 1.

[140] *Breuer*, DVBl. 1978, S. 829 ff., 835.

[141] VGH B.W., B. v. 8. 10. 1975, DVBl. 1976, S. 538/544; OVG Lüneburg, B. v. 17. 10. 1977, DVBl. 1978, S. 67/71. Ähnlich formuliert OVG Lüneburg, B. v. 28. 12. 1976, DVBl. 1977, S. 347/351, die „bloße theoretische Möglichkeit eines Schadenseintritts" reiche nicht aus, um eine Gefahr zu begründen; ebenso OVG Hamburg, B. v. 23. 10. 1974, DVBl. 1975, S. 207/208 zu § 5 Nr. 2 BImSchG.

[142] BVerfG — 2. Sen. —, B. v. 8. 8. 1978, E 49, S. 89/143.

[143] *Bender*, NJW 1979, S. 1425 ff., 1427 f.; ihm folgend *Roth-Stielow*, EuGRZ 1980, S. 386 ff., 389.

[144] *Bender* (Fn. 143) spricht von „Risiken mit nicht erkannter Gefahrenqualität".

„Grenzen menschlichen Erkenntnisvermögens“, das immer nur „Annäherungswissen“ gestatte[145].

Benders Interpretation des Kalkar-Beschlusses muß widersprochen werden. Das Bundesverfassungsgericht hat die Anwendung des Maßstabs praktischer Vernunft nicht auf Fälle des Gefahrenverdachts beschränkt. Zwar spielen die Grenzen menschlichen Erkenntnisvermögens eine besondere Rolle, wenn bereits die Möglichkeit eines Schadenseintritts ungewiß ist. Auf bloßem Annäherungswissen beruht aber auch jede Wertung eines Risikos als Gefahr. Die Ungewißheit bezieht sich hier nur nicht auf die Möglichkeit des Schadenseintritts, sondern auf die Realisierung dieser Möglichkeit. Gefahrenbeurteilungen setzen nämlich stets Prognosen über künftige Kausalabläufe voraus. Mit solchen Prognosen lassen sich nur Wahrscheinlichkeiten abschätzen, dagegen können sie keine Gewißheit verschaffen. Daher ergibt es durchaus einen Sinn, wenn das Bundesverfassungsgericht im Zusammenhang mit der Gefahrenabwehr die Grenzen menschlichen Erkenntnisvermögens anführt, um einen geringeren Sicherheitsstandard als den absoluter Sicherheit zu rechtfertigen. Es ist folglich davon auszugehen, daß im Kalkar-Beschluß die nach § 7 II Nr. 3 AtG erforderliche Gefahrenabwehr anhand des Maßstabs praktischer Vernunft bestimmt wird[146].

Der Bedeutungsgehalt dieser Formel bedarf näherer Erläuterung. Der Begriff „praktische Vernunft“ ist der Philosophie entlehnt. Seit *Kant* wird darunter — grob gesprochen — das Vermögen des Menschen verstanden, die ideellen, wertmäßigen Grundlagen menschlichen Handelns zu begreifen und dadurch eine rationale Richtschnur für das Handeln zu

---

[145] Die betreffenden Ausführungen des Gerichts lauten:

„Vom Gesetzgeber im Hinblick auf seine Schutzpflicht eine Regelung zu fordern, die mit absoluter Sicherheit Grundrechtsgefährdungen ausschließt, die aus der Zulassung technischer Anlagen und ihrem Betrieb möglicherweise entstehen können, hieße die Grenzen menschlichen Erkenntnisvermögens verkennen und würde weithin jede staatliche Zulassung der Nutzung von Technik verbannen. Für die Gestaltung der Sozialordnung muß es insoweit bei Abschätzungen anhand praktischer Vernunft bewenden.

Was die Schäden an Leben, Gesundheit und Sachgütern anbetrifft, so hat der Gesetzgeber durch die in § 1 Nr. 2 und in § 7 II AtomG niedergelegten Grundsätze der bestmöglichen Gefahrenabwehr und Risikovorsorge einen Maßstab aufgerichtet, der Genehmigungen nur dann zuläßt, wenn es nach dem Stand von Wissenschaft und Technik *praktisch* ausgeschlossen erscheint, daß solche Schadensereignisse auftreten werden (vgl. dazu *Breuer*, DVBl. 1978, 829 ff., 835 f.). Ungewißheiten jenseits dieser Schwelle praktischer Vernunft haben ihre Ursache in den Grenzen des menschlichen Erkenntnisvermögens; ...“.

[146] Dennoch hat das BVerfG *Breuers* Konzeption nicht vollständig übernommen. Während *Breuer* eine „Risikovorsorge unterhalb der Schwelle praktischer Vorstellbarkeit eines theoretisch möglichen Schadenseintritts“ fordert (DVBl. 1978, S. 829 ff., 837), schlägt das BVerfG diesen Bereich dem Restrisiko zu.

gewinnen[147]. Die praktische Vernunft strebt also (im Gegensatz zur theoretischen Vernunft) nicht bloße Erkenntnis von Ideen und übergeordneten Prinzipien an, sondern will *Handlungsorientierungen* liefern. Demgemäß entsprechen ihr lediglich solche Anforderungen, die der Handelnde prinzipiell auch erfüllen kann. Diesen Gesichtspunkt dürfte das Bundesverfassungsgericht im Auge haben, wenn es ausführt, die grundrechtliche Schutzpflicht erfordere bloß Vorsorge nach dem Maßstab praktischer Vernunft, weil die Forderung absoluter technischer Sicherheit niemals erfüllt werden könnte und deshalb auf die Abschaffung der Technik hinausliefe. Mehr noch als der philosophische trägt der Umgangssprachgebrauch zum Verständnis der Formel bei. „Praktisch“ bedeutet danach „zwecktauglich“, aber auch „beinahe“, „so gut wie“ oder mit „vernachlässigbar geringen Abweichungen“. Die zweite Bedeutung ist gemeint, wenn das Bundesverfassungsgericht und *Breuer* fordern, der Eintritt eines Schadens müsse *„praktisch ausgeschlossen“* sein[148]. Die dann noch verbleibende Eintrittswahrscheinlichkeit wird als vernachlässigbar gering eingeschätzt, der „praktische“ Schadensausschluß wie ein absoluter Schadensausschluß behandelt.

Der Standard praktischer Vernunft gestattet nur scheinbar eine präzisere Konkretisierung des Gefahrenbegriffs als die Je-desto-Formel. Zwar soll damit eine feste Grenze zwischen noch hinreichender und zu geringer Schadenswahrscheinlichkeit gezogen werden, während die Je-desto-Formel mit gleitenden Wahrscheinlichkeitsgrößen (je nach Gewicht des Schadensfaktors) arbeitet. Der „qualitative Sprung von der ... beachtlichen Eintrittswahrscheinlichkeit zum Ausschluß eines Schadensereignisses“[149] kann aber durch Abschätzungen anhand praktischer Vernunft entgegen *Breuer* nur theoretisch vollzogen werden. Bei der praktischen Anwendung dieses Maßstabs läßt sich nicht stringent begründen, wann ein Schaden „praktisch ausgeschlossen“ ist. Bei wievielfacher Redundanz der Schutzvorkehrungen die Eintrittswahrscheinlichkeit als genügend reduziert bewertet wird, hängt außer vom Wissensstand auch vom Vorstellungsvermögen, dem Grad der Vorsichtigkeit und anderen subjektiven Eigenschaften des Urteilenden ab. Im Grunde enthält der Standard praktischer Vernunft nur die inhaltliche Aussage, ein Schadenseintritt müsse besonders unwahrscheinlich sein[150]. Davon

---

[147] *Kant* formuliert: „In diesem (scil.: dem praktischen Gebrauch der Vernunft) beschäftigt sich die Vernunft mit Bestimmungsgründen des Willens, welcher ein Vermögen ist, den Vorstellungen entsprechende Gegenstände entweder hervorzubringen oder doch sich selbst zur Bewirkung derselben ... zu bestimmen“ (*Kant*, Kritik der praktischen Vernunft, Einleitung: Von der Idee einer Kritik der praktischen Vernunft, S. 120). — Vgl. auch *Kriele*, Recht und praktische Vernunft, S. 17 ff.

[148] *Bender*, NJW 1979, S. 1425 ff., 1428, Fn. 14.

[149] *Breuer*, DVBl. 1978, S. 829 ff., 835.

abgesehen ist er eine Leerformel[151]. Mit ihm wird lediglich kaschiert, daß der Gesetzgeber in § 7 II Nr. 3 AtG die Gefahrengrenze nicht selbst exakt gezogen, sondern durch Verwendung unbestimmter Rechtsbegriffe („erforderliche Vorsorge") dem Rechtsanwender einen Wertungsspielraum gelassen hat[152]. Wegen der Offenheit des Gesetzes in diesem Punkt muß jeder Subsumtion eines Sachverhalts unter den Gefahrenbegriff ein Rest von Dezision anhaften, der durch Abgrenzungsformeln wie den Standard praktischer Vernunft nicht ausgeschaltet werden kann. Daran schließt sich ein zweiter Einwand an: *Breuer*[153] hält es für eine Frage naturwissenschaftlich-technischer Einschätzung, wann ein Schadenseintritt praktisch ausgeschlossen ist. Das diesbezügliche Urteil der Fachleute könne der Rechtsanwender nur begrenzt nachvollziehen, er müsse sich auf eine Plausibilitätskontrolle beschränken. Da der Standard praktischer Vernunft einen Wertungsspielraum überdeckt, würde das im Ergebnis bedeuten, daß die wissenschaftlich-technischen Fachleute in gewissem Umfang die Gefahrengrenze festlegen könnten. Wie oben in Auseinandersetzung mit *Nicklisch* ausgeführt wurde[154], fällt diese Aufgabe — insbesondere aus verfassungsrechtlichen Gründen — jedoch nicht in ihre Kompetenz. Schließlich spricht gegen den Standard praktischer Vernunft, daß er einseitig auf die Schadenswahrscheinlichkeit abstellt[155]. Insofern bedeutet er sogar einen Rückschritt hinter die Je-desto-Formel. Denn der Schadensumfang als zweiter Risikofaktor beeinflußt die Risikogröße in gleicher Weise wie die Schadenswahrscheinlichkeit; er darf folglich bei der Gefahrenbeurteilung nicht vernachlässigt werden.

4. *Risikovergleiche*

Die vorangehende Betrachtung hat gezeigt, daß es Rechtsprechung und Lehre nicht gelungen ist, über die Je-desto-Formel hinaus über-

---

150 Diese Aussage folgt für so wichtige Rechtsgüter wie Leben und Gesundheit schon aus der Je-desto-Formel.

151 Ebenso *Bender*, NJW 1979, S. 1425 ff., 1428, Fn. 14; *Roßnagel*, S. 143 f. — Diese Kritik richtet sich auch gegen das GaU-Konzept (s. dazu oben 1. Kap. B. II. 1.), das bestimmte Schadensereignisse, deren Eintrittswahrscheinlichkeit mit der probabilistischen Methode quantifiziert werden kann — z. B. Kernschmelzen —, schlicht für „nicht anzunehmend" erklärt. Vgl. auch *Roßnagel*, S. 91 f. m. w. N.

152 An anderer Stelle des Kalkar-Beschlusses weist das BVerfG selbst auf diesen Umstand hin (E 49, S. 89/138).

153 *Breuer*, DVBl. 1978, S. 829 ff., 837.

154 s. o. 2. Kap. C. II. 1.

155 *Bender*, NJW 1979, S. 1425 ff., 1428; *Kramer / Zerlett*, Teil C, II 1 c bb (S. 24). — Besonders bedenklich ist es, wenn das BVerfG diesen Maßstab undifferenziert auf Risiken für Sachgüter ebenso anwendet wie auf Lebens- und Gesundheitsrisiken (E 49, S. 89/143). Für die Beschränkung auf Lebens- und Gesundheitsrisiken BayVGH, U. v. 9. 4. 1979, DVBl. 1979, S. 673/674 u. 675.

zeugende Kriterien zur schärferen Markierung der Gefahrenschwelle zu entwickeln. Allerdings überrascht dieses Ergebnis nicht. Bedenkt man, daß der Gesetzgeber dem Rechtsanwender einen Spielraum gelassen hat, auf der Skala gleitender Wahrscheinlichkeitswerte die Gefahrenschwelle zu bestimmen, so kann jeder Einschnitt letztlich nicht frei von Beliebigkeit sein. Warum z. B. ein bestimmtes Risiko bei einer Eintrittswahrscheinlichkeit von 10^{-7} als Gefahr zu werten ist, bei einer Wahrscheinlichkeit von 10^{-8} jedoch nicht mehr, läßt sich nicht völlig rational begründen. Ein solches Urteil ist in der Sache ein Akt der Rechtsschöpfung, gleichgültig ob es der Gesetzgeber, die Exekutive oder der Richter fällt. Die Gefahrenbeurteilung ist somit nur teilweise gesetzlich determiniert[156].

Der daraus resultierenden Rechtsunsicherheit kann nur entgegengesteuert werden, wenn die rechtsanwendenden Organe den ihnen verbleibenden Wertungsspielraum einheitlich ausfüllen. Eine grundsätzlich brauchbare Richtschnur zu diesem Ziel können *vergleichende Risikoanalysen* sein. Die Kriterien zur Konkretisierung des Gefahrenbegriffs (Wert und Anzahl der betroffenen Rechtsgüter, Verletzungsintensität und Eintrittswahrscheinlichkeit) gelten für alle Lebensbereiche. Wie bereits gezeigt wurde, hängt die Gefahrenbeurteilung insbesondere nicht vom Wert der risikoträchtigen Tätigkeit ab[157]. Demzufolge muß die Gefahrengrenze in verschiedenen Lebensbereichen gleich gezogen werden[158]. Für ältere, mittlerweile etablierte Technikbereiche (z. B. Verkehr, genehmigungsbedürftige Anlagen i. S. des § 4 I BImSchG, Bergbau) hat sich die Gefahrenbeurteilung bereits besser eingependelt als für die relativ neuartige Kerntechnik. Daher liegt es nahe, aus der Risikobewertung in jenen Bereichen Orientierungspunkte für die atomrechtliche Gefahrenabwehr zu gewinnen[159]. Zwar kann auch für herkömmliche Techniken nicht stringent aus dem Gesetz abgeleitet werden, wo die Gefahrengrenze verläuft. Insoweit füllt der Rechtsanwender ebenfalls einen Bewertungsspielraum aus. Deshalb binden diese Be-

---

[156] Bestätigt wird damit die Erkenntnis, daß unbestimmte Rechtsbegriffe und Generalklauseln stets „ein Stück offen gelassener Gesetzgebung" enthalten (*Hedemann*, Die Flucht in die Generalklauseln, S. 58).

[157] s. o. 2. Kap. C. IV. 2. — Das schließt nicht aus, daß der Gesetzgeber in bestimmten Fällen Gefahrensituationen um der damit verbundenen Vorteile willen toleriert (so z. B. in § 120 a I GewO u. § 3 I 1 GtA) oder die Gefahrenabwehr an eine Verhältnismäßigkeitsprüfung bindet (so z. B. in § 11 II BGSG).

[158] Vgl. auch *Ossenbühl*, DÖV 1981, S. 1 ff., 4.

[159] Für die Relevanz von Risikovergleichen auch BVerwG, U. v. 22. 12. 1980, NJW 1981, S. 1393/1394; VG Karlsruhe, B. v. 18. 8. 1978, DVBl. 1978, S. 856/858; VG Oldenburg, U. v. 15. 9. 1978, Inhaltsangabe in ET 1979, S. 652/654; *Lieb*, ZfU 1978, S. 279 ff., 303 ff.; *Wagner*, NJW 1980, S. 665 ff., 671; a. A. OVG Lüneburg, B. v. 22. 11. 1976, DVBl. 1977, S. 340/344; VG Freiburg, U. v. 14. 3. 1977, NJW 1977, S. 1645/1648 f.; *Winters*, DÖV 1978, S. 293 f., 294.

urteilungen die Behörde oder das Gericht, die die Gefahrengrenze im Rahmen des § 7 II Nr. 3 AtG ziehen, nicht wie aus dem Gesetz gewonnene Bewertungskriterien. In Bereichen, in denen der Rechtsanwender rechtsschöpferisch tätig wird, besteht aber die besondere Verpflichtung, Rechtssicherheit durch kontinuierliche Gesetzeskonkretisierung zu gewährleisten. Das rechtfertigt es, Gefahrenbeurteilungen aus anderen Rechtsgebieten die Bedeutung von *Präjudizien* beizulegen. Diese erzeugen nach deutschem Recht zwar keine Bindungswirkung[160], stellen aber doch ein Leitbild für den Rechtsanwender dar, von dem er im Interesse der Rechtssicherheit nur aus gewichtigen Gründen abweichen sollte[161].

Bisher fehlen allerdings aussagekräftige Daten, die einen genaueren Risikovergleich zuließen. Die probabilistische Methode muß deshalb weiterentwickelt und verstärkt auch zur Risikoanalyse konventioneller Techniken eingesetzt werden[162]. Dabei geht es nicht um Sicherheitsstudien, die das Gesamtrisiko bestimmter Techniken analysieren und vergleichen[163], also beispielsweise ermitteln, wie groß das Risiko zur Erzeugung eines Megawatts Elektrizität aus Steinkohle und Kernspaltung ist. Sie mögen zwar belegen, daß die eine oder andere Technik aufs Ganze gesehen[164] sicherer ist, und damit den politischen Instanzen wertvolle Informationen liefern. Für den Rechtsanwender sind sie hingegen unbrauchbar. Er benötigt Angaben über die Größe der Einzelrisiken, die von einer technischen Anlage ausgehen, um so einen Überblick zu gewinnen, welche Risiken in anderen Bereichen ohne weitere Schutzvorkehrungen toleriert werden. Nur Risikoanalysen mit entsprechender Fragestellung können ihm einen Vergleichsmaßstab für die Entscheidung liefern, ob das konkret von ihm zu beurteilende Risiko die Gefahrenschwelle überschreitet.

V. Der Bereich der Risikovorsorge

1. *Kategorien der Risikovorsorge*

Daß § 7 II Nr. 3 AtG über die Gefahrenabwehr hinaus eine Vorsorge gegen sonstige Risiken verlangt, wurde bereits begründet[165]. Von dieser *Risikovorsorge* werden drei Risikogruppen erfaßt:

---

[160] Mit Ausnahme der Entscheidungen des BVerfG (§ 31 BVerfGG).

[161] Zur rechtlichen Relevanz von Präjudizien s. *Kriele,* Recht und praktische Vernunft, S. 93 ff.

[162] Das ist bisher nicht in gleichem Maße wie für den Kernenergiesektor geschehen; vgl. *Birkhofer / Lindackers,* in: Rechtliche Ordnung der Technik, S. 97 ff., 111; *Zettler,* FAZ Nr. 138 v. 18. 6. 1980, S. 31 f.

[163] Aus der Sicht des Naturwissenschaftlers ähnlich *Smidt,* in: 6. Deutsches Atomrechts-Symposium, S. 39 ff., 46 f.

[164] Einschließlich Rohstoffabbau, Transport und Entsorgung.

[165] s. o. 2. Kap. C. III.

1. der Gefahrenverdacht
2. die Risiken unterhalb der Gefahrenschwelle
3. die Risiken unterhalb der Schädlichkeitsschwelle.

Beim *Gefahrenverdacht* ist bereits die Möglichkeit eines Schadenseintritts zweifelhaft. Allerdings kann ein die Risikovorsorge auslösender Gefahrenverdacht nicht schon dann angenommen werden, wenn rein theoretisch die Möglichkeit eines Schadenseintritts nicht völlig auszuschließen ist. Vielmehr müssen tatsächliche Anhaltspunkte die Vermutung stützen, es könne ein Schaden entstehen. *Risiken unterhalb der Gefahrenschwelle* liegen vor, falls nach derzeitiger menschlicher Erkenntnis die Möglichkeit eines Schadenseintritts feststeht, jedoch die Eintrittswahrscheinlichkeit zur Annahme einer Gefahr nicht ausreicht. *Risiken unterhalb der Schädlichkeitsschwelle* sind schließlich solche Risiken, die entweder bloß lästig sind oder aber erst kumuliert mit später hinzukommenden Risiken zu Schäden führen können. Diese Kategorie spielt bei der atomrechtlichen Risikovorsorge keine große Rolle, da es bloß lästige kerntechnische Immissionen praktisch nicht gibt. Immerhin hat sie insofern Bedeutung, als emittierte radioaktive Substanzen mit extrem langer Halbwertzeit sich derart kumulieren können, daß sie insgesamt ein nennenswertes Risiko darstellen[166].

2. *Kriterien der Risikovorsorge*

Auch der Vorsorgegrundsatz gewährleistet nur einen begrenzten Schutz vor kerntechnischen Risiken. Daher stellt sich die Frage nach den Kriterien, die den Umfang der erforderlichen Risikovorsorge bestimmen.

a) Der Grundsatz „so gering wie möglich"

Aus dem Vorsorgeprinzip wird die Forderung abgeleitet, Risiken prinzipiell so weit zu verringern, wie es technisch realisierbar ist[167]. Wenn im Bereich der Technik schon keine absolute Sicherheit gewähr-

---

[166] Dieses Problem stellt sich z. B. hinsichtlich der Strahlenbelastung durch Krypton 85; vgl. dazu BVerwG, U. v. 22.12.1980, NJW 1981, S. 1393/1396; OVG Lüneburg, B. v. 22.11.1976, DVBl. 1977, S. 340/343.

[167] BVerfG, B. v. 8.8.1978, E 49, S. 89/138; OVG Lüneburg, B. v. 17.10.1977, DVBl. 1978, S. 67/69; *Bender*, NJW 1979, S. 1425 ff., 1429. Ebenso wohl auch diejenigen, die das Strahlenminimierungsgebot des § 28 I Nr. 2 StrlSchV als Konkretisierung des § 7 II Nr. 3 AtG ansehen (Nachweise bei *Schattke*, DVBl. 1979, S. 652 ff., 653, Fn. 23). — Daß der Sicherheitsstandard infolgedessen nach den technischen Möglichkeiten variiert, ist mit Art. 2 II GG vereinbar. Das Grundrecht fordert keine gleichbleibende Festlegung der Risikogrenze, sondern verlangt, wie das BVerfG im Kalkar-Beschluß ausgeführt hat, gerade einen *dynamischen*, der wissenschaftlich-technischen Entwicklung angepaßten Schutz (E 49, S. 89/137; vgl. auch *Degenhart*, Kernenergierecht, S. 155).

leistet werden kann, sollen wenigstens die vorhandenen Möglichkeiten zur Risikominimierung ausgeschöpft werden. Positivrechtlich hat diese Forderung ihren Ausdruck in § 5 Nr. 2 BImSchG und noch deutlicher im sog. Strahlenminimierungsgebot der §§ 28 I Nr. 2, 45 S. 1, 46 I Nr. 2 StrlSchV gefunden. Die genannten Vorschriften werden von Rechtsprechung und Literatur aber nur als Ausprägungen eines allgemeinen Grundsatzes angesehen, der für alle Bereiche der Risikovorsorge gilt.

Dem ist grundsätzlich zuzustimmen. Der überragenden Bedeutung der Rechtsgüter Leben und Gesundheit und dem Schutzzweck des § 1 Nr. 2 AtG entspricht es, auch gegenüber Schadensrisiken, die nicht die Qualität einer Gefahr haben, alle verfügbaren Abwehrmittel einzusetzen. Inwieweit der Förderungszweck des § 1 Nr. 1 AtG dieses Prinzip begrenzt, wird noch zu erörtern sein[168].

Für die Risiken unterhalb der Schädlichkeitsschwelle kann der Grundsatz „so gering wie möglich" allerdings nur eingeschränkte Geltung beanspruchen. Risikovorsorge muß stets an dem Ziel orientiert sein, *Schäden* vorzubeugen. Darauf hat *Papier*[169] für das Immissionsschutzrecht hingewiesen; im Atomrecht gilt diese Einschränkung aber ebenfalls, wie aus dem Wortlaut des § 7 II Nr. 3 AtG folgt. Ist auszuschließen, daß ein Risiko unterhalb der Schädlichkeitsschwelle in absehbarer Zeit zusammen mit anderen Risiken diese Schwelle übersteigt, braucht dagegen keine Risikovorsorge getroffen zu werden.

Welche Sicherheitsvorkehrungen dem Grundsatz „so gering wie möglich" entsprechen, ist keine Frage der Restrisikogrenzziehung, sondern der Vorsorgemittel und deshalb nach dem Stand von Wissenschaft und Technik zu beurteilen. Darauf wird bei Erläuterung dieser Formel einzugehen sein.

b) Begrenzung auf das technisch Machbare — Grundsatz und Ausnahme

Der Grundsatz „so gering wie möglich" gewährleistet, daß jeweils die bestmöglichen Vorsorgemaßnahmen gegen kerntechnische Risiken ergriffen werden. Die Kehrseite dieser Garantie ist jedoch die Beschränkung der Risikovorsorge auf das *technisch Machbare*[170]. Sind alle verfügbaren Schutzvorkehrungen getroffen, soll es damit sein Bewen-

---

[168] s. u. 2. Kap. C. V. 2. d).

[169] *Papier*, DVBl. 1979, S. 162 gegen OVG Berlin, U. v. 17. 7. 1978, DVBl. 1979, S. 159/160; ebenso *Sellner*, NJW 1980, S. 1255 ff., 1256 f.

[170] OVG Lüneburg, B. v. 22. 11. 1976, DVBl. 1977, S. 340/341; *Breuer*, DVBl. 1978, S. 829 ff., 837; *Kramer*, NJW 1981, S. 260 ff., 264. — Der Schutzgehalt des Art. 2 II GG steht dieser Begrenzung nicht entgegen, weil unvermeidbare Risiken unterhalb der Gefahrenschwelle als sozial adäquate Lasten hinzunehmen sind (vgl. *Degenhart*, Kernenergierecht, S. 148 m. w. N.).

den haben. Ein verbleibendes Risiko hat nicht die Genehmigungsverweigerung zur Folge, sondern fällt grundsätzlich in den Bereich des Restrisikos. Dadurch unterscheidet sich die Risikovorsorge wesentlich von der Gefahrenabwehr, denn Gefahren werden nach § 7 II Nr. 3 AtG auch dann nicht toleriert, wenn Abwehrmaßnahmen nicht realisierbar sind.

Die technische Machbarkeit von Vorsorgemaßnahmen wird — soweit ersichtlich — undifferenziert für alle Risikokategorien als vorsorgelimitierendes Kriterium verwendet[171]. Hinsichtlich des Gefahrenverdachts ist dem nicht vorbehaltlos beizupflichten. Ein Gefahrenverdacht kann nämlich einer Gefahr wertungsmäßig durchaus vergleichbar sein[172]. Das trifft für Verdachtsfälle zu, in denen nur geringe Zweifel an der Schadensmöglichkeit bleiben und — die Richtigkeit des Verdachts unterstellt — eine hohe Wahrscheinlichkeit bedeutender Schäden besteht. Ein solcher Gefahrenverdacht kann im Einzelfall mindestens ebenso gravierend sein wie eine Gefahr an der unteren Grenze des Gefahrenbereichs. Vorsorge dann nur bei Realisierbarkeit von Schutzvorkehrungen zu treffen, wäre daher nicht gerechtfertigt; gegebenenfalls müßte die Genehmigung unterbleiben. Die technische Machbarkeit von Schutzvorkehrungen beschränkt die Risikovorsorge gegen einen Gefahrenverdacht also nur, wenn er einer Gefahr wertungsmäßig nicht gleichkommt. Ob dies der Fall ist, muß anhand der vorhandenen Verdachtsmomente sowie der Eintrittswahrscheinlichkeit und des Ausmaßes des als möglich vorausgesetzten Schadens beurteilt werden.

c) Der Grundsatz der Ausgewogenheit

Eine weitere Schranke der Risikovorsorge bildet der *Grundsatz der Ausgewogenheit*[173]. Danach hat eine Vorsorgemaßnahme zu unterbleiben, die zwar ein einzelnes Risiko vermindert, dafür aber andere Risiken in solchem Maße schafft, daß das Gesamtrisiko der technischen Anlage gleichbleibt oder gar ansteigt. Verdeutlichen läßt sich dieser Grundsatz am Beispiel des integralen Berstschutzes für Druckwasserreaktoren, über dessen Notwendigkeit die Verwaltungsgerichte Freiburg[174] und Würzburg[175] bekanntermaßen kontrovers geurteilt haben. Der Berstschutz kann einerseits den Risiken eines plötzlichen Versagens des Reaktordruckbehälters entgegenwirken. Andererseits macht er nach

---

[171] Vgl. die in Fn. 170 Genannten.

[172] Ebenso *Winters*, DÖV 1978, S. 293 f., 294; a. A. *Schattke*, DVBl. 1979, S. 652 ff., 657.

[173] s. dazu *Papier*, in: Bitburger Gespräche, S. 81 ff., 86; *Smidt*, in: 6. Deutsches Atomrechts-Symposium, S. 39 ff., 44 f.; *Wagner*, NJW 1980, S. 665 ff., 671.

[174] VG Freiburg, U. v. 14. 3. 1977, NJW 1977, S. 1645 ff.

[175] VG Würzburg, U. v. 25. 3. 1977, NJW 1977, S. 1649 ff.

Angaben von Sachverständigen eine neuartige Anordnung des Druckbehälters und anderer Bauelemente erforderlich; dadurch können risikoträchtigere Druckverhältnisse entstehen. Des weiteren verhindert er den äußeren Zugang zum Druckbehälter. Außenprüfungen des Behälters sind infolgedessen unmöglich[176]. Unterstellt, der Berstschutz würde wegen dieser Nachteile das Gesamtrisiko des Druckwasserreaktors nicht vermindern, wäre er mit dem Grundsatz der Ausgewogenheit nicht zu vereinbaren.

Bei diesem Grundsatz handelt es sich um einen von den Naturwissenschaftlern und Technikern entwickelten und praktizierten Maßstab für die Sicherheitsanalyse[177]. Obwohl nirgends ausdrücklich normiert, hat er aber auch juristische Relevanz. Er läßt sich nämlich begreifen als eine *Ausprägung des Übermaßverbotes* — genauer: des *Geeignetheitsprinzips* als erster Stufe dieses Verbotes. Eine Maßnahme, die bei einer „Gesamtbilanz"[178] per saldo keinen Sicherheitsgewinn bewirkt, kann nicht als Schritt in die richtige Richtung gewertet werden; sie ist zur Risikovorsorge ungeeignet.

d) Der Grundsatz der Verhältnismäßigkeit

Als letztes vorsorgebegrenzendes Kriterium ist der *Verhältnismäßigkeitsgrundsatz* zu nennen. Eine Risikovorsorge, die ohne Einschränkungen dem Prinzip „so gering wie möglich" folgte, würde die Kernenergienutzung über Gebühr behindern[179]. An einem Beispiel sei dies erläutert: Notkühlsysteme sind — wie andere Sicherheitssysteme auch — mit gewissen Ausfallwahrscheinlichkeiten behaftet. Deshalb werden sie redundant vorgesehen. Rein technisch ist es möglich, statt der einfachen eine doppelte oder noch größere Redundanz zu schaffen, um gegen den gleichzeitigen Ausfall mehrerer Notkühlsysteme gewappnet zu sein[180]. Der Aufwand für jede zusätzliche Redundanzstufe wäre beträchtlich, der Zuwachs an Sicherheit aber würde gegen Null gehen. Wie das Beispiel zeigt, ist ein Punkt vorstellbar, an dem der Sicherheitsgewinn zu teuer erkauft wird. Zu Recht ist deshalb anerkannt, daß eine tech-

---

[176] *Breuer,* DVBl. 1978, S. 829 ff., 838.

[177] *Smidt,* in: 6. Deutsches Atomrechts-Symposium, S. 39 ff., 44.

[178] *Papier,* in: Bitburger Gespräche, S. 81 ff., 86.

[179] Keine Einschränkung dieses Grundsatzes bedeutet es allerdings, wenn unter Hinweis auf den Wortlaut des § 7 II Nr. 3 AtG („erforderliche Vorsorge") ausgeführt wird, nicht jede technisch machbare Schutzvorrichtung sei auch notwendig (so *Wagner,* NJW 1980, S. 665 ff., 671). Selbstverständlich umfaßt die Risikovorsorge nur solche Maßnahmen, die das Risiko weiter als andere, weniger aufwendige Maßnahmen reduzieren können. Sonst fehlt es bereits an der Erforderlichkeit des Vorsorgemittels.

[180] In der Bundesrepublik wird für aktive Sicherheitssysteme eine dreifache Redundanz gefordert (Nachweise bei *Smidt,* in: 6. Deutsches Atomrechts-Symposium, S. 39 ff., 42).

nisch mögliche Vorsorge unterbleiben muß, deren Aufwand außer Verhältnis zum Nutzen steht[181]. Nur mit dieser Einschränkung kann der Grundsatz „so gering wie möglich" angewendet werden. Ihre Rechtfertigung findet diese Auffassung in § 1 Nr. 1 AtG. Es wurde oben[182] schon dargelegt, daß der Förderungszweck für die Auslegung des § 7 II Nr. 3 AtG nicht völlig außer Betracht bleiben darf. Zwar hat er keine Bedeutung für die Gefahrenabwehr. Bei der Risikovorsorge ist er aber neben dem Schutzzweck des § 1 Nr. 2 AtG zu berücksichtigen[183]. Ihm entspricht es, die wirtschaftlichen Nachteile von Vorsorgemaßnahmen in Relation zu dem erzielbaren Sicherheitsgewinn zu setzen.

Können bestimmte Schutzeinrichtungen ein Risiko nur geringfügig vermindern, sind ihre Kosten aber derart hoch, daß sie eine wirtschaftliche Nutzung der Kernenergie in Frage stellen, so gehören sie deshalb nicht mehr zur erforderlichen Risikovorsorge. Ob eine Maßnahme wirtschaftlich vertretbar ist, muß dabei nach einem objektiven Maßstab beurteilt werden. Die ökonomischen Verhältnisse des einzelnen Betreibers sind hingegen unbeachtlich, denn das Gesetz liefert keine Anhaltspunkte für einen differenzierten Schutz je nach finanzieller Leistungskraft des Risikoverursachers.

Die Anwendung des Verhältnismäßigkeitsprinzips auf die Risikovorsorge darf allerdings nicht dazu führen, daß der Sicherheitsstandard durchweg hinter den technischen Möglichkeiten zurückbleibt. Der Grundsatz „so gering wie möglich" und Beschränkungen dieses Grundsatzes aus Verhältnismäßigkeitserwägungen stehen in einem *Regel-Ausnahme-Verhältnis*[184]. Soll der Grundsatz nicht ausgehöhlt werden, muß die Wertung einer technisch möglichen Maßnahme als wirtschaftlich unvertretbar Fällen deutlichen Mißverhältnisses von Aufwand und Nutzen vorbehalten bleiben.

---

[181] Vgl. *Bender*, NJW 1979, S. 1425 ff., 1429 f.; *Breuer*, DVBl. 1978, S. 829 ff., 837; ebenso zu § 28 I Nr. 2 StrlSchV *Basse*, in: 4. Deutsches Atomrechts-Symposium, S. 87 ff., 92 f.; für das Immissionsschutzrecht Amtl. Begr. zu § 6 BImSchG, BT-Dr. VII/179; *Papier*, DVBl. 1979, S. 162 ff., 163; *Rehbinder*, BB 1976, S. 1 ff., 4.

[182] s. o. 2. Kap. C. IV. 2. mit Fn. 122.

[183] Vgl. *Bender*, NJW 1979, S. 1425 ff., 1429 f.; *Schattke*, DVBl. 1979, S. 652 ff., 655 ff.

[184] Besonders deutlich zeigt sich dies an der Formulierung des § 28 I Nr. 2 StrlSchV. Der Verordnungsgeber hat bewußt die Formulierung „so gering wie möglich" = „as low as possible" gewählt und sich dadurch von der in den ICRP-Empfehlungen und den EG-Grundnormen verwendeten Formulierung „as low as reasonably achievable" und der im amerikanischen Recht benutzten Wendung „as low as practicable" abgesetzt; vgl. *Basse*, in: 4. Deutsches Atomrechts-Symposium, S. 87, Fn. 2 u. 3; *ders.*, Diskussionsbeitrag, ebd., S. 155; *Eriskat*, ebd., S. 61 ff., 64; *Pfaffelhuber*, Diskussionsbeitrag, ebd., S. 81 f.

VI. Zusammenfassung

§ 7 II Nr. 3 AtG nimmt ein Restrisiko in Kauf. Den maßgeblichen Sicherheitsstandard zu bestimmen, ist kein naturwissenschaftlich-technisches, sondern ein rechtliches, in die Kompetenz der rechtsanwendenden staatlichen Stellen fallendes Problem. Den Maßstab liefert folglich nicht der Stand von Wissenschaft und Technik, Konkretisierungskriterien müssen vielmehr aus dem Gesetz gewonnen werden.

Elemente der danach erforderlichen Schadensvorsorge sind die Gefahrenabwehr und die Risikovorsorge. Ob eine Gefahr vorliegt, bestimmt sich nach der Wahrscheinlichkeit des Schadenseintritts und dem Gewicht des möglichen Schadens: je schwerer der Schaden nach Bedeutung des betroffenen Rechtsgutes und dem Ausmaß der Schädigung wiegt, desto geringer braucht seine Eintrittswahrscheinlichkeit zu sein. Der Wert der schadensträchtigen Tätigkeit spielt demgegenüber keine Rolle für die Abgrenzung des Gefahrenbereichs. Bei der Festlegung der Gefahrengrenze nach den genannten Kriterien bleibt dem Rechtsanwender ein Wertungsspielraum, der im Interesse der Rechtssicherheit durch präjudizielle Berücksichtigung von Gefahrenbeurteilungen in anderen Bereichen des technischen Sicherheitsrechts verringert werden sollte. Die Abwehr von Gefahren ist ohne Einschränkungen geboten. Hingegen verlangt das Gesetz die Vorsorge gegen sonstige Risiken regelmäßig nur im Rahmen des technisch Möglichen sowie nach Maßgabe der Grundsätze der Ausgewogenheit und der Verhältnismäßigkeit.

Obgleich das Gesetz mit den aufgezeigten Kriterien Anhaltspunkte für die Bestimmung des anzustrebenden Sicherheitsstandards liefert, darf doch nicht erwartet werden, der Verlauf der Restrisikogrenze werde dadurch im Einzelfall exakt vorgezeichnet. Dem Rechtsanwender verbleibt sowohl bei der Subsumtion unter den Gefahrenbegriff als auch bei der Begrenzung der Risikovorsorge nach dem Verhältnismäßigkeitsprinzip ein erheblicher Wertungsspielraum[185]. Darauf wird zurückzukommen sein, wenn die Konkretisierung des § 7 II Nr. 3 AtG durch untergesetzliche Regelungen erörtert wird[186].

---

185 Vgl. BVerfG — 2. Sen. —, B. v. 8. 8. 1978, E 49, S. 89/138.

186 Vgl. die Ausführungen im 4. Kapitel.

D. Der „Stand von Wissenschaft und Technik"

I. Funktionen

Die Formel „Stand von Wissenschaft und Technik" hat im Tatbestand des § 7 II Nr. 3 AtG mehrere Funktionen zu erfüllen, die für ihr Verständnis gleichermaßen bedeutsam sind.

Bereits bei der Erläuterung der Normstruktur[187] wurde ihre *Maßstabsfunktion* herausgestellt: Nach dem wissenschaftlichen Erkenntnisstand ist das Risikopotential zu ermitteln; Stand der Wissenschaft und Stand der Technik gemeinsam liefern den Maßstab zur Bestimmung der Schadensvorsorgemaßnahmen. Der anzustrebende Sicherheitsstandard muß hingegen nach anderen Kriterien bestimmt werden[188].

Indem das Gesetz den Stand von Wissenschaft und Technik für maßgeblich erklärt, verweist es auf einen außerrechtlichen Beurteilungsmaßstab. Anstatt selbst wissenschaftlich-technische Detailregelungen zu treffen, nimmt es die aktuell vorhandenen wissenschaftlichen Erkenntnisse und technischen Problemlösungen in Bezug. Insofern fällt der Maßstabsformel eine *Rezeptionsfunktion*[189] zu.

Eng damit zusammen hängt die *Entlastungsfunktion*[190]. Die gesetzliche Bezugnahme auf den Stand von Wissenschaft und Technik entlastet den Gesetzgeber von Regelungsaufgaben, für die ihm der nötige Sachverstand fehlt. Entlastet wird darüber hinaus auch das Gesetz, das sonst eine Fülle technischer Detailfestlegungen enthalten müßte und zwangsläufig an Klarheit und Übersichtlichkeit verlöre.

Weiterhin ist die *Dynamisierungsfunktion*[191] zu nennen. Sie muß vor dem Hintergrund des einleitend angesprochenen[192] Spannungsverhältnisses von Recht und Technik gesehen werden. Der auf Beständigkeit gerichteten Rechtsordnung fällt es schwer, den dynamischen Entwicklungsprozeß von Wissenschaft und Technik[193] binnen angemessener Frist

---

187 s. o. 2. Kap. B.

188 s. o. 2. Kap. C. II.

189 *Marburger*, S. 158 f.; vgl. auch *Schäfer*, S. 43. — *Hanning*, S. 67, Fn. 58 m. w. N. weist darauf hin, daß diese Methode, Wissenschaft und Technik mit der Rechtsordnung zu verknüpfen, eine Besonderheit des deutschen Rechts ist.

190 *Marburger*, S. 147 u. 158 f. für die „allgemein anerkannten Regeln der Technik" und den „Stand der Technik"; vgl. auch *Breuer*, AöR 101 (1976), S. 46 ff., 66 f.

191 s. dazu BVerfG — 2. Sen. —, B. v. 8. 8. 1978, E 49, S. 89/137; BVerfG — 1. Sen. —, B. v. 20. 12. 1979, E 53, S. 30/58 f.; *Marburger*, S. 147; *Ossenbühl*, DÖV 1981, S. 1 ff., 2; *Schäfer*, S. 43.

192 s. o. in der Einleitung.

193 Aktuelle Beispiele für diesen Entwicklungsprozeß auf dem Gebiet der Kernenergie sind die Neueinschätzung des durch Jod 131 verursachten Risikos

nachzuvollziehen. Gesetzliche Einzelfestlegungen mit wissenschaftlich-technischem Inhalt laufen immer Gefahr, hinter dem Fortschritt herzuhinken. Neue Erkenntnisse über Risiken und realisierbare Schutzeinrichtungen bleiben bei diesem Regelungsmodus ungenutzt, bis der Gesetzgeber das Gesetz der Entwicklung anpaßt. Die Bezugnahme auf den Stand von Wissenschaft und Technik hält die Rechtsnorm hingegen für die jeweils aktuellen Erkenntnisse offen; der gesetzliche Regelungsgehalt wird auf diese Weise entsprechend der Entwicklung von Wissenschaft und Technik dynamisiert. Der Begriff „Stand von Wissenschaft und Technik" wird der Dynamisierungsfunktion im Vergleich zu anderen Maßstabsformeln wie den „allgemein anerkannten Regeln der Technik" oder dem „Stand der Technik" besonders gut gerecht, da er — wie im einzelnen noch zu zeigen sein wird — die Spitze des wissenschaftlich-technischen Fortschritts zum verbindlichen Maßstab erklärt[194].

Schließlich muß gefragt werden, ob der „Stand von Wissenschaft und Technik" auch die Funktion hat, die Prüfungskompetenz des Rechtsanwenders zu begrenzen. In diese Richtung zielen Hinweise in der Literatur, die Maßstabsformeln dienten der Verweisung auf die herrschenden Ansichten unter den Wissenschaftlern und Technikern[195]. Während der Rechtsanwender im Ordnungsrecht normalerweise selbst — falls nötig, mit Unterstützung von Gutachtern — die Risiken eines Sachverhalts und die geeigneten Abwehrmittel feststellen muß, wäre seine Kompetenz nach dieser Auffassung enger: er hätte nicht festzustellen, was objektiv richtig und geeignet ist, sondern lediglich, was die Fachleute für richtig und geeignet halten. Wie bereits in anderem Zusammenhang ausgeführt[196], ignoriert diese Auffassung die Unterschiede zwischen den einzelnen Maßstabsformeln. Nur die Bezugnahme auf die „allgemein anerkannten Regeln der Technik" enthält ein subjektivierendes, auf die Richtigkeitsüberzeugung von Mehrheiten abstellendes Element. Für den „Stand von Wissenschaft und Technik" kommt es hingegen nicht auf Mehrheitsüberzeugungen, sondern auf die objektive Richtigkeit einer wissenschaftlichen Meinung bzw. die objektive Eignung einer technischen Problemlösung an[197]. Der Rechtsanwender hat sich

---

(FAZ Nr. 35 v. 11. 2. 1981, S. 31) und Materialänderungen für druckführende Rohre in Siedewasserreaktoren (FAZ Nr. 53 v. 4. 3. 1981, S. 32).

[194] Vgl. BVerfG — 2. Sen. —, B. v. 8. 8. 1978, E 49, S. 89/136. Das BVerfG betont, daß die Formel einem „dynamischen Grundrechtsschutz" diene.

[195] So insbes. *Nicklisch*, BB 1981, S. 505 ff., 511; vgl. auch *Fischerhof*, § 7 Rdnr. 17.

[196] s. o. 2. Kap. C. II. 1.

[197] BVerfG — 2. Sen. —, B. v. 8. 8. 1978, E 49, S. 89/136; *Breuer*, AöR 101 (1976), S. 46 ff., 67 f. — Gleiches gilt für den „Stand der Technik", der schon nach der Legaldefinition des § 3 VI BImSchG im objektiven Sinne ausgelegt werden muß.

darüber, soweit irgend möglich, Gewißheit zu verschaffen und darf sich nicht darauf beschränken, die Für- und Gegenstimmen zu zählen. Seine Prüfungskompetenz wird durch die Maßstabsformel somit nicht eingeengt.

II. Inhalt

1. Der Wortlaut

In § 7 II Nr. 3 AtG hat der Gesetzgeber den *„Stand der Wissenschaft"* und den *„Stand der Technik"* zu einem einheitlichen neuen Begriff zusammengefügt. Maßstab ist danach der Entwicklungsstand wissenschaftlicher Erkenntnisse und technischer Problemlösungen. Dem Wortlaut der Vorschrift wird nur eine Auslegung gerecht, die beide Elemente berücksichtigt. Dies bedeutet nicht, daß der „Stand der Wissenschaft" und der „Stand der Technik" bei beiden Maßstabsfunktionen (Risikoanalyse und Bestimmung der Vorsorgemittel) gemeinsam eine Rolle spielen müßten. Wie gezeigt[198], können nur die Erkenntnisse der Wissenschaft zur Risikoanalyse beitragen. Eine Interpretation, welche die Maßstabsformel aber auch hinsichtlich der Bestimmung der Vorsorgemittel auf den „Stand der Wissenschaft" reduziert, vermag nicht zu überzeugen. Deshalb kann der Rechtsprechung[199], die den „Stand von Wissenschaft und Technik" mit den „neuesten wissenschaftlichen Erkenntnissen" gleichsetzt, nicht gefolgt werden[200].

2. Vergleich mit anderen Maßstabsformeln

Die Gesetzesmaterialien geben keinen Aufschluß über die Motive des Gesetzgebers, in § 7 II Nr. 3 AtG den „Stand von Wissenschaft und Technik" zum Maßstab zu erheben. Hingegen lassen sich aus dem Bedeutungsgehalt anderer Maßstabsformeln Erkenntnisse auch für seine Auslegung gewinnen.

a) Die „allgemein anerkannten Regeln der Technik"

Die Formel *„allgemein anerkannte Regeln der Technik"* und verwandte Begriffe sind die gebräuchlichsten und traditionsreichsten unter den Maßstabsformeln. Bereits das preußische Allgemeine Landrecht[201]

---

[198] s. o. 2. Kap. B.

[199] BVerfG — 2. Sen. —, B. v. 8. 8. 1978, E 49, S. 89/136; ähnlich BVerwG, U. v. 16. 3. 1972, DVBl. 1972, S. 678/680.

[200] *Lukes*, in: 6. Deutsches Atomrechts-Symposium, S. 49 ff., 59. — Die Feststellung der zitierten Gerichte, daß die erforderliche Schadensvorsorge nicht auf die technisch realisierbaren Maßnahmen beschränkt ist, trifft zwar zu, folgt aber nicht aus dem Begriff „Stand von Wissenschaft und Technik", sondern aus dem der „erforderlichen Vorsorge".

[201] Preuß. ALR, 2. Teil, 2. Bd., 20. Titel, § 768.

verwendete den Begriff „allgemein anerkannte Regeln der Baukunst“, um einen Pflichtenmaßstab für den Bautechniker zu schaffen. Derselbe Begriff fand Eingang in verschiedene Strafgesetzbücher[202] bis hin zu seiner Aufnahme in den Straftatbestand der Baugefährdung (§ 330 StGB a. F. = § 323 StGB Fassung 1980[203]). Dort wurde er durch den zutreffenderen, weil Mißdeutungen als künstlerisch-ästhetischer Maßstab ausschließenden Begriff „allgemein anerkannte Regeln der Technik“ ersetzt[204]. Daneben gebrauchen viele Vorschriften des technischen Sicherheitsrechts Formeln, die ihrem Wortlaut nach auf die allgemeine Anerkennung abstellen[205].

Im Anschluß an die Rechtsprechung des Reichsgerichts[206] zu § 330 StGB a. F. sieht die ganz h. M.[207] in diesen Formeln eine Verweisung auf die *herrschenden Anschauungen* unter den Praktikern des jeweiligen Technikbereichs. Nicht auf die objektive Richtigkeit einer technischen Regel, sondern auf ihre Bekanntheit und Akzeptanz in den Kreisen der Fachleute kommt es danach an. Das hat zur Folge, daß der technische Fortschritt erst mit einer gewissen zeitlichen Verzögerung rezipiert werden kann, weil neue technische Entwicklungen sich erfahrungsgemäß erst nach geraumer Zeit allgemein durchsetzen. Um dieser Konsequenz zu entgehen, sind vereinzelt Versuche unternommen worden, die „allgemeine Anerkennung“ als objektive Richtigkeit zu deuten[208]. Sie konnten sich aber nicht durchsetzen, weil sie im Widerspruch zum klaren Wortlaut der Formeln und zu den gesetzgeberischen Intentionen[209] stehen.

---

[202] Vgl. die Nachweise bei *Lukes*, in: 6. Deutsches Atomrechts-Symposium, S. 49 ff., 54, Fn. 15.

[203] geändert durch Art. 1 Nr. 14, 18 StrÄndG v. 28. 3. 1980 (BGBl. I S. 373).

[204] aufgrund Art. 19 Nr. 185 EGStGB v. 2. 3. 1974 (BGBl. I S. 469).

[205] Auf die „allgemein anerkannten Regeln der Technik“ nehmen z. B. Bezug: §§ 3 I, 11 S. 2 Gerätesicherheitsgesetz v. 24. 6. 1968, zuletzt geändert durch Art. 1 Ges. v. 13. 8. 1979 (BGBl. I S. 1432); § 7 a I 1 Wasserhaushaltsgesetz i. d. F. der Bek. v. 16. 10. 1976 (BGBl. I S. 3017); AufzugsV i. d. F. v. 21. 3. 1972 (BGBl. I S. 488) sowie die anderen aufgrund von § 24 GewO ergangenen „technischen“ Rechtsverordnungen. — Die „allgemein anerkannten Regeln der Baukunst“ werden noch in den Bauordnungen einzelner Bundesländer für maßgeblich erklärt, z. B. in § 3 I 2 u. III 1 BauO NW i. d. F. der Bek. v. 27. 1. 1970 (GV NW S. 96).

[206] Grundlegend RG, U. v. 11. 10. 1910, RGSt 44, S. 75/79 ff.

[207] Vgl. etwa *Breuer*, AöR 101 (1976), S. 46 ff., 67; *Lukes*, in: Regeln der Technik und Schadensersatz, S. 28; *Schäfer*, S. 48 ff., jeweils m. w. N.

[208] So *Marburger*, S. 154 ff.; *Plischka*, S. 53 ff.

[209] Vgl. Begr. zu § 3 GtA, BT-Dr. V/834, S. 7; zu § 3 AcetylenV, ArbSch 1969, S. 242 ff., 243; zu § 6 DampfkesselV, zit. bei *Greinert / Nöthlichs*, ArbSch 1965, S. 235 ff., 237; zu § 3 DruckgasV, ArbSch 1968, S. 208 f.

b) Der „Stand der Technik"

In einer Reihe von Vorschriften des technischen Sicherheitsrechts wird auf den *„Stand der Technik"* verwiesen[210]. Für diesen Begriff kommt es auf die *objektive Eignung* einer technischen Problemlösung für das angestrebte (Sicherheits-)Ziel an[211]. Dadurch wird erreicht, daß neue Problemlösungen ohne die zeitliche Verzögerung, die mit dem Erfordernis allgemeiner Anerkennung verbunden ist, als Maßstab nutzbar gemacht werden können[212]. Dem „Stand der Technik" entsprechen ein Verfahren oder eine Einrichtung allerdings nur, wenn sie *bereits realisiert* sind[213]. Das trifft selbst für das Immissionsschutzrecht zu; die Legaldefinition des „Standes der Technik" in § 3 VI BImSchG unterscheidet sich von dem traditionellen Verständnis der Formel nur insofern, als sie die praktische Bewährung nicht zur notwendigen Voraussetzung erhebt[214].

c) Folgerungen

Der Vergleich mit den beiden anderen Maßstabsformeln stützt die Annahme, daß der Begriff *„Stand von Wissenschaft und Technik"* objektiv richtige Erkenntnisse sowie zur Schadensvorsorge geeignete Problemlösungen unabhängig von ihrer allgemeinen Anerkennung rezipiert. Von dem ebenfalls objektivierend gefaßten Begriff „Stand der Technik" unterscheidet er sich aber durch die zusätzliche Verweisung auf den wissenschaftlichen Erkenntnisstand. Das deutet darauf hin, daß neben bereits realisierten Einrichtungen und Verfahren auch noch nicht

---

[210] z. B. in § 4 Bundesbahngesetz v. 13. 12. 1951 (BGBl. I S. 955); §§ 5 Nr. 2, 14 S. 2, 17 I Nr. 2, 22 I Nrn. 1 u. 2, 41, 48 BImSchG; §§ 2 I 2 Nr. 4, 32 I 1 Nr. 16 Luftverkehrsgesetz i. d. F. der Bek. v. 4. 11. 1968 (BGBl. I S. 1113); § 21 Personenbeförderungsgesetz v. 21. 3. 1961 (BGBl. I S. 241).

[211] BVerfG — 2. Sen. —, B. v. 8. 8. 1978, E 49, S. 89/135 f.; *Breuer*, AöR 101 (1976), S. 46 ff., 67 f.; *Feldhaus*, § 3 Anm. 17. — Die nicht weiter begründete Auffassung von *Lukes* (in: 6. Deutsches Atomrechts-Symposium, S. 49 ff., 56), in älteren Gesetzen werde der Begriff „Stand der Technik" gleichbedeutend mit dem der „allgemein anerkannten Regeln der Technik" verwendet, ist mit dem Wortlaut nicht vereinbar. In diesem Zusammenhang ist interessant, daß das Bundesbahngesetz, das *Lukes* u. a. anspricht, nur wenige Monate nach dem Allgemeinen Eisenbahngesetz v. 29. 3. 1951 (BGBl. I S. 225) erlassen wurde, dessen § 3 I lit. a den sprachlich noch eindeutigeren Begriff „neueste Erkenntnisse der Technik" verwendet. Die Maßstabsformeln beider Gesetze beziehen sich auf teilweise identische Regelungsgegenstände (§ 4 I 4 BBahnG auf „Anlagen und Fahrzeuge der Dt. Bundesbahn sowie das gesamte Zubehör", § 3 I lit. a Allgem. EisenbahnG auf „Bau, Ausrüstung und Betriebsweise der Eisenbahnen"). Es ist deshalb nicht anzunehmen, daß der Gesetzgeber mit ihnen unterschiedliche Bedeutungsgehalte verband.

[212] BVerfG — 2. Sen. —, B. v. 8. 8. 1978, E 49, S. 89/135; *Breuer*, AöR 101 (1976), S. 46 ff., 67; *Feldhaus*, § 3 Anm. 17.

[213] *Feldhaus*, § 3 Anm. 19; *Obenhaus / Kuckuck*, DVBl. 1980, S. 154 ff., 156.

[214] Bericht des Innenausschusses, BT-Dr. VII/1513, S. 2; *Feldhaus*, § 3 Anm. 19.

bis zur praktischen Einsatzfähigkeit entwickelte, nach den vorhandenen theoretischen Erkenntnissen und ingenieurwissenschaftlichen Untersuchungen aber *realisierbare* Einrichtungen und Verfahren zum Maßstab für die Schadensvorsorge gemacht werden sollen[215]. Trifft diese Annahme zu, so wird die Zeitspanne zwischen wissenschaftlich-technischer Neuentwicklung und rechtlicher Durchsetzbarkeit gegenüber der Bezugnahme auf den „Stand der Technik" weiter abgekürzt, die Formel „Stand von Wissenschaft und Technik" kann folglich der Dynamisierungsfunktion von allen Verweisungsformeln am besten gerecht werden[216].

3. Besonderheiten der Regelungsmaterie

Bestätigt wird diese Deutung durch die vom Atomgesetzgeber vorgefundenen Besonderheiten der Kernforschung und Kerntechnik. Bei Erlaß des Atomgesetzes steckte die Entwicklung der Kernenergienutzung noch in den Kinderschuhen. Der erste deutsche Forschungsreaktor wurde 1957, also nur ca. 2 Jahre vor Verabschiedung des Atomgesetzes installiert[217], das erste deutsche Kernkraftwerk nahm seinen Betrieb erst 1961 auf[218]. In einigen anderen Ländern, insbesondere den USA, war die Entwicklung zwar etwas weiter vorangeschritten, über Versuchsprojekte aber ebenfalls nur ganz vereinzelt hinausgelangt[219]. Unter diesen Umständen konnte ein die Kernenergienutzung förderndes Gesetz sich nicht darauf beschränken, praktisch realisierte Problemlösungen zu rezipieren. Für manche technischen Aufgaben gab es noch gar keine fertigentwickelten Einrichtungen oder Verfahren. Deshalb war der Gesetzgeber geradezu darauf angewiesen, auch theoretische Erkenntnisse und die Ergebnisse von Versuchsprojekten als Maßstab heranzuziehen, wollte er die weitere Entwicklung der neuen Technik nicht unmöglich machen[220]. Den „Stand der Wissenschaft" und den

---

215 *Feldhaus*, § 3 Anm. 18; *Obenhaus / Kuckuck*, DVBl. 1980, S. 154 ff., 156.

216 BVerfG — 2. Sen. —, B. v. 8. 8. 1978, E 49, S. 89/136; *Breuer*, AöR 101 (1976), S. 46 ff., 68; *Feldhaus*, § 3 Anm. 18; *Obenhaus / Kuckuck*, DVBl. 1980, S. 154 ff., 157.

217 *Brandt*, in: ATOM-reaktoren, -energie, -forschung in Deutschland, S. 17 ff., 18.

218 Versuchskraftwerk Kahl; vgl. *Barnert / Wolters*, in: Tatsachen über Kernenergie, S. 25 ff., 43.

219 Ende 1956 wurde das erste Großkernkraftwerk in Calder Hall, Großbritannien, in Betrieb genommen, der Durchbruch zur Wirtschaftlichkeit wurde aber erst ab 1963 durch den Einsatz von Leichtwasserreaktoren erzielt; vgl. Brockhaus-Enzyklopädie, 10. Bd., Stichwort „Kernkraftwerk" (S. 110, 1. Sp.).

220 Vgl. *Lukes*, in: 6. Deutsches Atomrechts-Symposium, S. 49 ff., 58. — Dies verkennt *Marburger*, S. 164 f., der unter Hinweis auf die besonderen Sicherheitsanforderungen des Atomrechts die praktische Erprobung technischer Neuerungen als stets zu beachtende Voraussetzung des „Standes von

„Stand der Technik" zu einer einheitlichen Maßstabsformel zusammenzufügen, lag für den Atomgesetzgeber auch aus einem anderen Grund nahe: Auf dem Kernenergiesektor gibt es keine strikte Trennung von Wissenschaft und Technik. Anders als die Entwicklung in den herkömmlichen Technikbereichen baut die kerntechnische Entwicklung nicht vorwiegend auf isoliert von ihr gewonnenen Erkenntnissen der Wissenschaft auf. Wissenschaft und Technik haben auf diesem Gebiet vielmehr von Anfang an projektwissenschaftlich zusammengearbeitet und in engem Zusammenwirken Schutzvorkehrungen entwickelt[221]. Ihrer Kooperation hat offenbar auch der Gesetzgeber Rechnung tragen und die Ergebnisse projektwissenschaftlicher Untersuchungen zum Maßstab erheben wollen[222].

Deshalb ist davon auszugehen, daß dem „Stand von Wissenschaft und Technik" auch noch nicht realisierte Problemlösungen entsprechen, soweit ihre Eignung zur Schadensvorsorge nach den verfügbaren, in wissenschaftlich-technischer Kooperation gewonnenen Erkenntnissen gesichert ist[223]. Zur Schadensvorsorge geeignet sind solche Einrichtungen und Verfahren, die ein Risiko einerseits unter die Gefahrenschwelle absenken und andererseits minimieren. Versprechen realisierbare, aber noch nicht realisierte Problemlösungen eine stärkere Risikoverminderung als bereits verwirklichte Lösungen, so ist ihnen der Vorzug zu geben[224]. Im Interesse der Sicherheit kann dies allerdings nur gelten, wenn aufgrund der theoretisch *und* experimentell gewonnenen Erkenntnisse rational begründete Zweifel an der Realisierbarkeit nicht verbleiben.

Wissenschaft und Technik" ansieht und den ingenieurwissenschaftlichen Entwicklungsstand kurzerhand aus dem Begriff „Stand der Wissenschaft" eliminiert. Demgegenüber stützen die tatsächlichen Gegebenheiten bei Erlaß des Atomgesetzes die These, daß der „Stand der Wissenschaft" sowohl den natur- als auch den ingenieurwissenschaftlichen Entwicklungsstand meint.

[221] Vgl. *Feldhaus*, § 3 Anm. 18; *Obenhaus / Kuckuck*, DVBl. 1980, S. 154 ff., 155 f.

[222] *Obenhaus / Kuckuck*, DVBl. 1980, S. 154 ff., 156.

[223] Noch weitergehend *Vieweg*, S. 219 ff., der den Stand von Wissenschaft und Technik als die „Summe der jeweils wissenschaftlich und technisch vertretbaren Erkenntnisse" begreift. — Zu den Sonderproblemen, die bei wissenschaftlich-technischen Streitfragen auftauchen, vgl. die nachfolgenden Ausführungen.

[224] Ebenso *Bender*, NJW 1979, S. 1425 ff., 1430; *Feldhaus*, § 3 Anm. 18; *Obenhaus / Kuckuck*, DVBl. 1980, S. 154 ff., 156; a. A. *Marburger*, S. 164 f.; einschränkend VG Hannover, B. v. 2. 6. 1977, DVBl. 1978, S. 74/78, das einer noch nicht erprobten Technik allenfalls dann den Vorzug geben will, wenn die gegenwärtig realisierte Technik „schlechthin ungeeignet wäre, die erforderliche Vorsorge zu gewährleisten".

4. Streitstand von Wissenschaft und Technik

Sonderprobleme treten auf, wenn zwischen den Experten eines Fachgebietes Meinungsverschiedenheiten über die Risikoabschätzung oder die Wirksamkeit bestimmter Vorsorgemaßnahmen entstehen. Daß der Rechtsanwender sich in solchen Fällen nicht damit begnügen darf, Mehrheitsmeinungen oder die Ansichten der „führenden" Fachleute zu ermitteln, folgt schon aus dem, was oben[225] zu den Funktionen der Verweisungsformel ausgeführt wurde. Nach dem Amtsermittlungsgrundsatz (§§ 24 VwVfG, 86 VwGO) ist der Rechtsanwender verpflichtet, die Risikolage und die Eignung von Vorsorgemaßnahmen aufzuklären[226]. Die Formel „Stand von Wissenschaft und Technik" liefert ihm dafür den Maßstab, schränkt aber nicht seine Prüfungskompetenz zugunsten wissenschaftlich-technischer Experten ein. Er muß deshalb bei Meinungsstreitigkeiten der Fachleute die einzelnen Positionen auf *Plausibilität* und *logische Widerspruchsfreiheit* hin überprüfen. Mehr kann er nach seiner fachlichen Vorbildung nicht tun. Allerdings können konträre wissenschaftliche Meinungen durchaus in sich schlüssig sein, weil sie auf unterschiedlichen, derzeit nicht widerlegbaren Prämissen beruhen oder mit verschiedenen Methoden gewonnen sind. Der Rechtsanwender wird also aufgrund einer bloßen Plausibilitätskontrolle häufig nicht zu einem klaren Urteil im Meinungsstreit der Fachleute gelangen.

In solchen Fällen hat er gemäß den Regeln der *materiellen Beweislast* zu entscheiden, die auch im Verwaltungsrecht Anwendung finden[227]. Nach h. M. gilt im Verwaltungsrecht ebenso wie im Zivilrecht der Grundsatz, daß jede Partei die Beweislast für die Voraussetzungen der sie begünstigenden Norm trägt[228]. § 7 II AtG läßt die Erteilung der Anlagengenehmigung nur zu, wenn (unter anderem) die nach dem Stand von Wissenschaft und Technik erforderliche Schadensvorsorge getroffen ist. Andernfalls bleibt es bei dem präventiven Verbot des § 7 I AtG. Sind die tatsächlichen Voraussetzungen des § 7 II Nr. 3 AtG nicht zu beweisen, darf die Genehmigung daher nicht erteilt werden. In dieser Hinsicht unterscheidet sich die Regelung von Tatbeständen

---

[225] 2. Kap. D. I.

[226] Ob der Exekutive eine die volle gerichtliche Nachprüfung einschränkende Einschätzungsprärogative zusteht (offengelassen von BVerfG — 2. Sen. —, B. v. 8. 8. 1978, E 49, S. 89/136), wird unten, 4. Kap. B. I. 2., behandelt.

[227] *Mutschler,* S. 49; *Roßnagel,* S. 74; *Roth-Stielow,* DÖV 1979, S. 167 ff., 168. — Zur Geltung der objektiven Beweislast im Verwaltungsrecht vgl. statt aller *W. Berg,* Die verwaltungsgerichtliche Entscheidung bei ungewissem Sachverhalt, S. 165 ff. — *Rittstieg* bejaht für wissenschaftlich-technische Streitfragen eine Entscheidungsprärogative der Exekutive.

[228] BVerwG, U. v. 1. 10. 1970, E 36, S. 121/126; U. v. 6. 2. 1975, E 47, S. 330/339; *Redeker / v. Oertzen,* § 108 Rdnr. 12.

der repressiven Gefahrenabwehr, die die Behörde lediglich dann zu einem Einschreiten ermächtigen, wenn die tatsächlichen Voraussetzungen erwiesen sind[229]. Mithin trägt der Antragsteller im Genehmigungsverfahren oder in einem von ihm gegen die Genehmigungsbehörde geführten Verwaltungsprozeß die objektive Beweislast, falls Zweifel über die Größenordnung eines Risikos oder die Wirksamkeit eines Abwehrmittels bestehen[230]. Klagt dagegen ein Dritter gegen die erteilte Anlagengenehmigung, so trifft die objektive Beweislast die Genehmigungsbehörde[231]. Denn in diesem Fall ist sie es, die sich auf § 7 II Nr. 3 AtG als eine ihr im Prozeß günstige Norm beruft. Überbürdete man dem Dritten die Beweislast, stände das im Gegensatz zu der gesetzlichen Aussage, daß Zweifel am Vorliegen der tatsächlichen Voraussetzungen die Genehmigungserteilung ausschließen.

5. Der „Stand von Wissenschaft und Technik" als wertausfüllungsbedürftiger Begriff?

Nach verbreiteter Auffassung[232] ist der Formel „Stand der Technik" eine Begrenzung durch das Verhältnismäßigkeitsprinzip immanent. Nicht allein die technischen Möglichkeiten, sondern auch ökonomische Erwägungen bestimmen danach den „Stand der Technik". Die Formel wird somit als normativer Begriff gedeutet, der mittels einer wertenden Abwägung von wirtschaftlichem Aufwand und technischem Nutzen auszufüllen sei. Entsprechend müßte auch die Formel „Stand von Wissenschaft und Technik" als wertausfüllungsbedürftiger Begriff verstanden werden, weil sich das Problem von Aufwand und Nutzen für Schutzmaßnahmen im Atomrecht ebenso stellt wie im übrigen Sicherheitsrecht. Das Gesetz bietet aber für diese Deutung keine Anhaltspunkte. Weder der Wortlaut[233] noch die Entstehungsgeschichte[234] beider Formeln liefern irgendeinen Hinweis für die Annahme, andere als wissenschaftlich-technische Gesichtspunkte seien bei der Auslegung zu berücksichtigen. Sinn und Zweck der Formeln bestehen im wesentlichen

---

229 *Mahlmann*, in: 1. Deutsches Atomrechts-Symposium, S. 269 ff., 285.

230 Amtl. Begründung, BT-Dr. III/759, S. 23; *Fischerhof*, § 7 Rdnr. 14; *Mahlmann*, in: 1. Deutsches Atomrechts-Symposium, S. 269 ff., 285 f.; *Schmitz*, ebd., S. 301 ff., 302 f.

231 *Schmitz*, in: 1. Deutsches Atomrechts-Symposium, S. 301 ff., 304; a. A. *Mahlmann*, ebd., S. 269 ff., 286 f.

232 *Feldhaus*, DVBl. 1981, S. 165 ff., 169 u. 170; *Hanning*, S. 52; *Marburger*, S. 160 u. 162; *Nicklisch*, BB 1981, S. 505 ff., 511; *Sellner*, NJW 1980, S. 1255 ff., 1260 m. w. N.

233 s. o. 2. Kap. C. II. 2.

234 Die Materialien zum Atomgesetz schweigen sich zum Bedeutungsgehalt des „Standes von Wissenschaft und Technik" völlig aus; im Bericht des Innenausschusses wird nur die besondere Fortschrittlichkeit dieser Maßstabsformel hervorgehoben (BT-Dr. VII/1513, S. 2 f.).

darin, die dynamische Entwicklung von Wissenschaft und Technik als Maßstab für die Risikoanalyse und Bestimmung der Vorsorgemittel nutzbar zu machen[235]. Dieser Sinngehalt würde verwässert, qualifizierte man die Formeln nicht als deskriptive, sondern als normative, auch ökonomischen Wertungen zugängliche Begriffe. Die hier vertretene Position[236] schließt nicht generell aus, die nach § 7 II Nr. 3 AtG erforderliche Schadensvorsorge am Verhältnismäßigkeitsprinzip zu orientieren. Die Frage, inwieweit der Verhältnismäßigkeitsgrundsatz die Vorsorge limitiert, stellt sich aber nicht bei der Auslegung des Begriffs „Stand von Wissenschaft und Technik", sondern des Begriffs „erforderliche Vorsorge". Sie ist — wie oben ausgeführt — für Gefahrenabwehr und Risikovorsorge unterschiedlich zu beurteilen.

---

[235] s. o. 2. Kap. B. und D. I.

[236] Rein deskriptiv versteht die Formeln auch *Scholz*, in: Technische Normung und Recht, S. 85 ff., 90.

Drittes Kapitel

Das untergesetzliche Regelungsgefüge zur Konkretisierung der Schadensvorsorge

Im vorangegangenen Kapitel ist gezeigt worden, daß § 7 II Nr. 3 AtG trotz seines geringen Bestimmtheitsgrades Wertungsmaßstäbe für die Überprüfung kerntechnischer Anlagen entnommen werden können. Andererseits sind diese im Wege der Auslegung ermittelten Kriterien immer noch sehr abstrakt; teilweise begrenzen sie sich gegenseitig und machen Abwägungen erforderlich. Auf Seiten des Rechtsanwenders besteht infolgedessen ein großer Bedarf an konkretisierenden Regelungen. Das trifft gleichermaßen für die Bestimmung des notwendigen Sicherheitsstandards wie der geeigneten Schutzmaßnahmen zu. Ohne zusätzliche Normen, welche die gesetzlichen Wertungsmaßstäbe in Detailregelungen umsetzen, ist die dringend erforderliche Rechtssicherheit nicht zu gewährleisten. Unterhalb der Ebene des formellen Gesetzes existiert ein *mehrschichtiges Regelungsgefüge*[1], das zu dem Zweck geschaffen worden ist, dem Rechtsanwender die Konkretisierungsaufgabe zu erleichtern. Dieses Gefüge soll nunmehr dargestellt werden, bevor im nächsten Kapitel die Frage nach seiner rechtlichen Verbindlichkeit untersucht wird.

A. Rechtsverordnungen

I. Einschlägige Regelungen

Zur Ausfüllung der atomgesetzlichen Bestimmungen ist eine Anzahl von Rechtsverordnungen ergangen[2]. Bedeutung für die Konkretisierung

---

[1] Eine aktuelle Zusammenstellung der vorhandenen Vorschriften, Richtlinien und Regeln findet sich in dem von dem Bundesminister des Innern herausgegebenen und von der Gesellschaft für Reaktorsicherheit mbH., Köln vertriebenen „Handbuch für Reaktorsicherheit und Strahlenschutz".

[2]
- Verordnung über den Schutz vor Schäden durch ionisierende Strahlen (Strahlenschutzverordnung — StrlSchV) v. 13. 10. 1976 (BGBl. I S. 2905), zuletzt geändert durch VO v. 22. 5. 1981 (BGBl. I S. 445).
- Verordnung über den Schutz vor Schäden durch Röntgenstrahlen (Röntgenverordnung — RöV) v. 1. 3. 1973 (BGBl. I S. 173), geändert durch § 84 VO v. 13. 10. 1976 (BGBl. I S. 2905).

des § 7 II Nr. 3 AtG hat aber nur die *Strahlenschutzverordnung,* die aufgrund der §§ 10—12 und 54 I 1 und 2, II 1 und III AtG von der Bundesregierung und aufgrund der §§ 10, 54 I 3 und II 1 AtG vom Bundesminister des Innern mit Zustimmung des Bundesrates erlassen worden ist. Die Strahlenschutzverordnung hat die Erste und Zweite Strahlenschutzverordnung[3] abgelöst. Sie vereinigt dem Strahlenschutz dienende Bestimmungen umweltschutz- und arbeitsschutzrechtlicher Art. Im wesentlichen enthält sie *Überwachungsvorschriften* (§§ 3—21) und *Schutzvorschriften* (§§ 28—80).

In den Schutzvorschriften ist das materielle Strahlenschutzrecht geregelt. Von ihnen tragen zur Konkretisierung der in § 7 II Nr. 3 AtG vorgeschriebenen Schadensvorsorge vor allem die *Strahlenschutzgrundsätze* des § 28 I StrlSchV und die *Dosisgrenzwerte* der §§ 28 III, 44—46, 49, 51 und 52 StrlSchV bei[4]. Daneben wird die Vorsorgepflicht aber auch durch Regelungen des „technisch-organisatorischen Strahlenschutzes"[5] näher ausgeformt. In diesem Zusammenhang sind die Pflichten zur Installation strahlenschützender Dauereinrichtungen (§ 54 StrlSchV)[6], zur Brandbekämpfung (§ 37 StrlSchV) und zur Schadensbekämpfung bei Unfällen und Störfällen (§ 38 I StrlSchV) zu nennen.

Die bezeichneten Schutzvorschriften sind aufgrund der §§ 12 I Nrn. 1 und 2, 54 I 1, II 1 AtG ergangen. Danach können zur Erreichung der in § 1 AtG genannten Zwecke unter anderem Vorsorgemaßnahmen vor-

---

— Verordnung über die Deckungsvorsorge nach dem Atomgesetz (Atomrechtliche Deckungsvorsorge-Verordnung — AtDeckV) v. 25. 1. 1977 (BGBl. I S. 220).
— Verordnung über das Verfahren bei der Genehmigung von Anlagen nach § 7 des Atomgesetzes (Atomrechtliche Verfahrensverordnung — AtVfV) v. 18. 2. 1977 (BGBl. I S. 280).
— Kostenverordnung zum Atomgesetz (AtKostV) v. 17. 12. 1981 (BGBl. I S. 1457).

[3]
— Erste Verordnung über den Schutz vor Schäden durch Strahlen radioaktiver Stoffe (Erste Strahlenschutzverordnung) v. 24. 6. 1960 i. d. F. der Bek. v. 15. 10. 1965 (BGBl. I S. 1653).
— Verordnung über den Schutz vor Schäden ionisierender Strahlen in Schulen (Zweite Strahlenschutzverordnung) v. 18. 7. 1964 (BGBl. I S. 500), geändert durch VO v. 12. 8. 1965 (BGBl. I S. 759).
Zu den Neuerungen gegenüber dem alten Rechtszustand s. Dokumentation der Bundesregierung, S. 252 ff.; *Winters,* DVBl. 1977, S. 331 ff.

[4] Der Dosisgrenzwert des § 50 StrlSchV betrifft dagegen nicht das Planungsstadium und kann deshalb nicht zur Konkretisierung des § 7 II Nr. 3 AtG herangezogen werden; vgl. *Kramer / Zerlett,* D, § 50 Anm. 2.

[5] Der Begriff geht auf *Winters,* Atom- und Strahlenschutzrecht, S. 76, zurück.

[6] *Winters,* DVBl. 1977, S. 331 ff., 339, definiert die Dauereinrichtung als „baulich-apparative Maßnahme, deren Strahlenschutzeffekt auch ohne Benutzung durch die strahlenexponierten Personen eintritt, d. h. von dem Einsatz durch beruflich strahlenexponierte Personen unabhängig ist".

geschrieben (§ 12 I Nr. 1) und Dosisgrenzwerte festgelegt werden (§ 12 I Nr. 2). Die Ermächtigung des § 12 I Nr. 1 AtG geht weiter als die Regelungen der Strahlenschutzverordnung, weil sie sich nicht auf den Strahlenschutz beschränkt. Der gesamte Bereich der Reaktorsicherheit könnte auf dieser Rechtsgrundlage ebenfalls normiert werden. Dementsprechend plante die Bundesregierung bereits 1975 den Erlaß einer *Reaktorsicherheits-Verordnung*[7]. Dennoch ist dieses Sachgebiet bis heute nicht im Verordnungswege geregelt worden[8].

II. Insbesondere: Strahlenschutzgrundsätze und Dosisgrenzwerte

§ 28 I StrlSchV normiert zwei Strahlenschutzgrundsätze: Erstens muß jede unnötige, d. h. zur Erreichung eines angestrebten Zwecks nicht erforderliche Strahlenbelastung unterbleiben. Zweitens ist jede Strahlenbelastung so gering wie möglich zu halten (*Strahlenminimierungsgebot*)[9]. Regelungsadressat ist jeder, der eine nach § 1 StrlSchV unter diese Verordnung fallende Tätigkeit plant oder ausübt. Da die Strahlenschutzgrundsätze bereits im Planungsstadium zu beachten sind, ist ihre Einhaltung auch im Genehmigungsverfahren nach § 7 AtG zu prüfen. Folglich kommt § 28 I StrlSchV insoweit die Funktion zu, die gem. § 7 II Nr. 3 AtG erforderliche Schadensvorsorge zu konkretisieren.

Mit den Strahlenschutzgrundsätzen hat der Verordnungsgeber dem Umstand Rechnung tragen wollen, daß ein Schwellenwert für die Schädlichkeit ionisierender Strahlen nach dem Stand der Wissenschaft zwar nicht ausgeschlossen, aber auch nicht nachweisbar ist[10]. Solange es möglich erscheint, daß eine noch so kleine Strahlendosis Schäden hervorrufen kann, sollen Strahlenbelastungen auf ein realisierbares Minimum reduziert bleiben[11]. § 28 I StrlSchV gewährleistet damit Schutz für einen Fall des Gefahrenverdachts und erweist sich als Ausprägung des in § 7 II Nr. 3 AtG verwurzelten Prinzips der Risikovorsorge. Infolgedessen gel-

---

[7] BT-Dr. VII/3871, S. 28.

[8] Offenbar wird das Vorhaben, eine Reaktorsicherheits-Verordnung zu erlassen, nicht weiterverfolgt. Vgl. Stellungnahme des BMI zu § 7 AtG, ET 1980, S. 361 ff., 362 f., in der betont wird, die Sicherheitsanforderungen dürften im Interesse eines optimalen Schutzes nicht festgeschrieben werden.

[9] Das Strahlenminimierungsgebot wird in den §§ 31 I Nr. 3, 42 II 2, 45 S. 1, 46 I Nr. 2, 53 I StrlSchV (in § 42 II 2 in modifizierter Form) wiederholt.

[10] Vgl. die Amtl. Begründung, BR-Dr. 375/76, S. 34. — Zum Erkenntnisstand über die Wirkungen kleiner Strahlendosen s. o. 1. Kap. A. II.

[11] Die Strahlenschutzverordnung knüpft mit dieser Regelung an die Empfehlungen der Internationalen Strahlenschutzkommission (§§ 45, 52 ICRP-Publication 9; § 20 ICRP-Publication 22), OECD-Grundnormen (Gesetz zum Ratsbeschluß der Organisation für wirtschaftliche Zusammenarbeit und Entwicklung (OECD) v. 18. 12. 1962 i. d. F. der Bekanntmachung v. 20. 4. 1970, BGBl. II S. 208) und Euratom-Grundnormen (Richtlinie des Rates v. 1. 6. 1976, ABl. EG 1976, Nr. L 187) an.

ten für das Strahlenminimierungsgebot die gleichen Einschränkungen wie für das allgemeine Vorsorgegebot[12]. Eine Strahlenverminderung darf also insbesondere nur im Rahmen der technischen Möglichkeiten[13] und unter Beachtung des Verhältnismäßigkeitsgrundsatzes verlangt werden. Letzteres bedeutet, daß der Nutzen[14] einer technisch erreichbaren Verminderung der Strahlenbelastung in einem angemessenen Verhältnis zu dem dafür erforderlichen Kostenaufwand stehen muß[15].

Neben den Strahlenschutzgrundsätzen verwendet die Strahlenschutzverordnung ein differenziertes System von Dosisgrenzwerten, um die Strahlenbelastung zu begrenzen. Für die Bevölkerung und beruflich strahlenexponierte Personen gelten unterschiedliche Werte.

Kernstück der dem Bevölkerungsschutz dienenden Regelung ist § 45 StrlSchV. Während die Erste Strahlenschutzverordnung lediglich Emissionswerte enthielt (§ 34 I und II), beruht die Neuregelung auf einem

---

[12] s. o. 2. Kap. C. V. 2. b)—d).

[13] Nach den zum allgemeinen Vorsorgegebot entwickelten Grundsätzen dürfte die Vorsorge allerdings dann nicht auf das technisch Machbare beschränkt werden, wenn das trotz realisierter Schutzvorkehrungen verbleibende Strahlenrisiko wertungsmäßig einer Gefahr gleichkäme (s. o. 2. Kap. C. V. 2. b)). Entgegen dem Wortlaut des § 28 I Nr. 2 StrlSchV, aber entsprechend dem Schutzzweck des § 1 Nr. 2 AtG, dem die Strahlenschutzverordnung gem. § 12 I AtG zu dienen hat, müßte die Behörde dann die Genehmigung untersagen. Ähnlich, aber noch weitergehend *Winters*, DVBl. 1977, S. 331 ff., 334, der die Begrenzung auf das technisch Machbare schon für den Fall verneint, daß „Forschungen ergeben haben, daß eine Reduzierung von Grenzwerten angezeigt oder nur angeraten ist".

[14] Der Nutzen richtet sich nach dem Ausmaß der Risikominderung. Da die Risikogröße — wie stets in sicherheitsrechtlichen Tatbeständen — von der Anzahl betroffener Personen beeinflußt wird, ist für die Verhältnismäßigkeitsprüfung das *Bevölkerungsrisiko* zu berücksichtigen (OVG Münster, U. v. 20. 2. 1975, ET 1975, S. 220/227; OVG Lüneburg, B. v. 22. 11. 1976, DVBl. 1977, S. 340/344; OVG Lüneburg, U. v. 22. 12. 1978, DVBl. 1979, S. 686/689; für die Relevanz des Bevölkerungsrisikos im Rahmen des § 28 I StrlSchV auch BVerwG, U. v. 22. 12. 1980, NJW 1981, S. 1393/1395). Die gegenteilige Auffassung von *Lukes / Richter* (NJW 1981, S. 1401 ff.) überzeugt nicht. Daß die Grundrechte einer Beachtung des Bevölkerungsrisikos nicht entgegenstehen, wurde schon begründet (s. o. 2. Kap. D. IV. 1.). Aber auch die Auslegung des § 28 I StrlSchV selbst führt zu keinem anderen Ergebnis. Das gilt auch dann, wenn man mit *Lukes / Richter* gegen das BVerwG davon ausgeht, daß § 28 I StrlSchV dem Individualschutz dient und deshalb schon zum Schutz einer einzigen Person eingreift. Auch *Lukes / Richter* räumen nämlich ein, daß eine Strahlenreduzierung unterbleiben darf, die im Hinblick auf die entstehenden Kosten *geringfügig* ist (S. 1406). Ob sie geringfügig ist, kann aber nicht ohne Blick auf die Zahl der Personen entschieden werden, bei denen sich das Risiko einer Strahlenschädigung realisieren könnte. Denn die Wahrscheinlichkeit, daß es sich bei irgendeiner der dem Schutz des Strahlenminimierungsgebots unterfallenden Personen realisiert, ist desto größer, je mehr Menschen der Strahlung ausgesetzt sind. Bei einer großen Zahl strahlenexponierter Personen besteht folglich weniger Anlaß, den Nutzen einer Strahlenverminderung als geringfügig zu bewerten.

[15] Zur Bedeutung der Dosisgrenzwerte für die Verhältnismäßigkeitsprüfung vgl. die nachfolgenden Ausführungen bei Fn. 28.

Immissionsschutzkonzept[16]. Danach darf in der Umgebung kerntechnischer Anlagen an der ungünstigsten Einwirkungsstelle die Strahlenbelastung eines Menschen über Abluft und Abwasser je 30 mrem Ganzkörperdosis pro Jahr nicht übersteigen (30 mrem-Konzept[17]). Bei diesem Grenzwert handelt es sich um einen standortbezogenen Wert, die Belastung durch verschiedene Strahlenquellen ist also zusammenzurechnen. Da ein Wert dieser Größenordnung meßtechnisch nicht erfaßbar ist[18], wird gem. § 45 S. 2 StrlSchV anhand radioökologischer Berechnungen ermittelt, bei welchen Abgaberaten der Grenzwert eingehalten werden kann[19]. § 45 S. 2, 2. HS StrlSchV ermächtigt den Bundesminister des Innern, das Berechnungsverfahren durch Rechtsverordnung zu regeln. Eine solche *Radioökologieverordnung* liegt aber erst im Entwurf vor[20]; derzeit werden die Berechnungen nach einer Richtlinie des Bundesinnenministers durchgeführt[21]. Da ein ermittelter Immissionswert ganz entscheidend von den Einzelheiten des Berechnungsverfahrens abhängt[22], ist die verordnungsrechtliche Grenzwertfestlegung unvollständig, solange das Berechnungsverfahren nicht ebenfalls im Verordnungswege geregelt wird.

Für Störfälle[23] trifft die Strahlenschutzverordnung mit dem sog. *Störfallplanungswert* eine besondere Regelung. Nach § 28 III StrlSchV müssen Kernkraftwerke so geplant werden, daß im ungünstigsten Störfall, gegen den die Anlage ausgelegt ist, Personen aus der Bevölkerung in der Anlagenumgebung keinen höheren Belastungen ausgesetzt werden, als sie für beruflich strahlenexponierte Personen zugelassen sind[24].

---

[16] Das Immissionsschutzkonzept wird allerdings durch die Emissionswerte des § 46 StrlSchV ergänzt.

[17] Zu den das 30 mrem-Konzept tragenden Erwägungen vgl. *Kramer / Zerlett*, D, § 45 Anm. 2.

[18] *Bartholdy*, in: 6. Deutsches Atomrechts-Symposium, S. 93; *Winters*, Atom- und Strahlenschutzrecht, S. 71.

[19] Zu radioökologischen Berechnungsverfahren s. o. 1. Kap. A. III.

[20] Vgl. dazu die Referate zum zweiten Beratungsgegenstand des Sechsten Deutschen Atomrechts-Symposiums, in: 6. Deutsches Atomrechts-Symposium, S. 93 ff. — Mit dem Erlaß der Radioökologieverordnung ist erst im Zusammenhang mit einer Novellierung der Strahlenschutzverordnung zu rechnen, die an die neue „Richtlinie der Europäischen Gemeinschaft über die Grundnormen für den Gesundheitsschutz der Bevölkerung und der Arbeitskräfte gegen die Gefahren ionisierender Strahlungen" (ABl. EG, Nr. L 246 v. 17. 9. 1980, S. 2) angepaßt werden soll (vgl. Äußerung des BMI in Informationsblatt „Umwelt" Nr. 75 v. 21. 3. 1980, S. 39).

[21] Richtlinie des BMI zu § 45 StrlSchV (GMBl. 1979 S. 371, berichtigt und geändert in GMBl. 1982 S. 736).

[22] *Winters*, DVBl. 1977, S. 331 ff., 337.

[23] Zum Begriff s. o. 1. Kap. B. II. 1. mit Fn. 37.

[24] Welche Bedeutung die Bezugnahme auf Sicherheitskriterien und Leitlinien des BMI in § 28 III 4 StrlSchV hat, wird unten, 4. Kap. A. II. 2. und B. I. 2. b) ff) erörtert.

Die Vorschrift gilt nur für die Planung. Stellt sich erst nachträglich heraus, daß der Wert bei einem Störfall nicht einzuhalten wäre, kann die Behörde nicht gestützt auf § 28 III StrlSchV zusätzliche Schutzvorkehrungen verlangen[25].

Ebenso wie die Strahlenschutzgrundsätze müssen auch die Grenzwerte im Genehmigungsverfahren als Prüfungsmaßstab herangezogen werden[26]. Damit stellt sich die Frage nach ihrem Verhältnis zum Strahlenminimierungsgebot. Der Wortlaut der Grenzwertregelungen macht deutlich, daß es sich bei ihnen nicht um Ausprägungen des Strahlenminimierungsgebots, sondern um *Höchstwerte* handelt, die nach Möglichkeit unterschritten werden müssen[27]. Darüber hinaus liefern die Dosisgrenzwerte Orientierungspunkte für die Konkretisierung des § 28 I Nr. 2 StrlSchV. Ob der Nutzen einer weiteren Strahlenverminderung im rechten Verhältnis zu ihren Kosten steht, ist im Hinblick auf die (maximal zumutbaren) Grenzwerte zu bestimmen[28].

Kontrovers wird beurteilt, ob allein die Dosisgrenzwerte oder auch das Strahlenminimierungsgebot dem Individualschutz dienen. Das Bundesverwaltungsgericht[29] hat gegen die bislang einhellige Auffassung der Instanzgerichte[30] die letztgenannte Position eingenommen: Das dem einzelnen zugemutete Restrisiko werde durch die Grenzwerte abgesteckt, die weit unterhalb der in den Euratom-Grundnormen und ICRP-Empfehlungen als zulässig erachteten Dosen liegen. Würde man dem Minimierungsgebot drittschützenden Charakter zuerkennen, wären die Grenzwerte bloße Orientierungswerte. Die mit ihnen verbundene Rechtssicherheit ginge verloren, der Kreis der geschützten Dritten wäre völlig unbestimmt. Im übrigen würde der Rechtsschutz je nach Entfernung vom Kernkraftwerk relativiert.

Eine Norm hat drittschützenden Charakter, wenn sie den objektiv begünstigten Personen nicht nur reflexweise zugute kommt, sondern ihren Schutz bezweckt. Ob dies intendiert ist, muß mit Hilfe der verschiedenen Auslegungsmethoden ermittelt werden.

---

[25] Sie kann dann nur unter den Voraussetzungen des § 17 IV AtG eine niedrigere Strahlenbelastung durchsetzen; vgl. die Amtl. Begründung, BR-Dr. 375/76, S. 35.

[26] Das gilt auch für § 45 StrlSchV; vgl. *Bartholdy*, in: 6. Deutsches Atomrechts-Symposium, S. 93; *Schattke*, ebd., S. 101 ff., 103 f.

[27] Vgl. OVG Münster, U. v. 20. 2. 1975, ET 1975, S. 220/224; *Kramer / Zerlett*, D, § 28 Anm. 13.

[28] OVG Münster (Fn. 27), S. 224; *Basse*, in: 4. Deutsches Atomrechts-Symposium, S. 87 ff., 93.

[29] BVerwG, U. v. 22. 12. 1980, NJW 1981, S. 1393/1395; ihm folgend *Hansmann*, DVBl. 1981, S. 898 ff., 902; vgl. auch *Degenhart*, ET 1981, S. 203 ff., 209.

[30] OVG Münster (Fn. 27), S. 223 f.; OVG Lüneburg, B. v. 17. 10. 1977, DVBl. 1978, S. 67/69; VG Freiburg, U. v. 14. 3. 1977, in: *Albers*, Gerichtsentscheidungen, S. 175 (insoweit in NJW 1977, S. 1645 ff. nicht abgedruckt).

§ 28 I StrlSchV regelt seinem Wortlaut nach die „Strahlenexposition oder Kontamination von Personen, Sachgütern oder der Umwelt". Der Begriff „Umwelt" ersetzt den in § 21 1. SSVO verwendeten Begriff „Allgemeinheit"[31]. Er ist deshalb umfassend zu verstehen und erfaßt jedenfalls auch die Bevölkerung. Indem § 28 I StrlSchV zwischen „Personen" und „Umwelt" differenziert, bringt die Vorschrift schon durch ihren Wortlaut zum Ausdruck, daß Personen nicht nur als Teil der Umwelt, sondern als Individuen am Schutz teilhaben sollen.

Die historische Auslegung weist in die gleiche Richtung. Laut amtlicher Begründung[32] konkretisiert das Strahlenminimierungsgebot den § 1 Nr. 2 AtG, der insbesondere den Schutz der Individualrechtsgüter Leben und Gesundheit bezweckt. In der Begründung heißt es weiter, „optimal geschützt" werden sollten „Menschen und Umwelt"[33]. Auch hier wird deutlich, daß der Verordnungsgeber sich mit dem durch die Grenzwerte gewährleisteten Schutz des einzelnen nicht begnügen, sondern auch den Individualschutz an den technischen Möglichkeiten ausrichten wollte.

Systematische Erwägungen stützen diese Deutung. § 12 I Nr. 1 AtG ermächtigt zu Maßnahmen, die dem „Schutz einzelner und der Allgemeinheit" dienen. Wenn der Verordnungsgeber nur einen Teil der Ermächtigung hätte ausnutzen wollen, wäre zu erwarten gewesen, daß er dies im Wortlaut deutlich zum Ausdruck gebracht hätte. Desgleichen wäre nach der Auslegung des Bundesverwaltungsgerichts nicht verständlich, warum der Verordnungsgeber die Grenzwerte des § 45 StrlSchV unter den Vorbehalt des Minimierungsgebots gestellt hat. Diente nur § 45 StrlSchV dem Individualschutz, § 28 I StrlSchV dagegen ausschließlich dem Bevölkerungsschutz, so hätte sich die Relativierung der Grenzwerte erübrigt.

Besonderes Gewicht für die Auslegung haben Sinn und Zweck einer Norm. § 28 I StrlSchV bezweckt vor allem den Schutz von Leben und Gesundheit[34]. Mit dem Minimierungsgebot soll der Annahme Rechnung getragen werden, daß möglicherweise jede, auch eine denkbar kleine Strahlendosis Schäden verursachen kann[35]. Der Schutzzweck ist unter dieser Voraussetzung nur voll zu erreichen, wenn das Minimierungsgebot jeder betroffenen Person zugute kommt. Nur dann entspricht die Risikoregelung der Strahlenschutzverordnung dem vom Bundesverfas-

---

[31] § 21 1. SSVO diente dem „Schutz einzelner und der Allgemeinheit".

[32] BR-Dr. 375/76, S. 33.

[33] Ausdrücklich bezieht sich diese Aussage nur auf § 28 I Nr. 1 StrlSchV. Sinngemäß gilt sie aber auch für § 28 I Nr. 2 StrlSchV.

[34] Vgl. die vorstehenden Ausführungen zu den Gesetzesmotiven.

[35] s. o. bei Fn. 11.

sungsgericht im Kalkar-Beschluß herausgearbeiteten atomrechtlichen „Grundsatz bestmöglicher Risikovorsorge“[36]. Die Grenzwerte bieten dem einzelnen diesen optimalen Schutz nicht. Zwar liegen sie unter den Werten der Euratom-Grundnormen und ICRP-Empfehlungen[37]. Andererseits können sie weit unterschritten werden, wie die amtlichen Angaben zu den tatsächlichen Dosiswerten in der Umgebung von Kernkraftwerken zeigen[38].

Sämtliche Auslegungsmethoden führen also zu dem Ergebnis, daß § 28 I StrlSchV auch dem Individualschutz dient. Unter diesen Umständen rechtfertigen die vom Bundesverwaltungsgericht aufgezeigten negativen Konsequenzen es nicht, das Minimierungsgebot nur auf den Bevölkerungsschutz zu beziehen. Zwar hat die hier vertretene Auffassung einen Verlust an Rechtssicherheit und Schwierigkeiten bei der Abgrenzung der anfechtungsberechtigten Personen zur Folge. Die Einbuße an Rechtssicherheit ist aber nicht sehr hoch zu veranschlagen. Denn auch nach der Gegenmeinung beschränkt sich die durch die Grenzwerte vermittelte Rechtssicherheit auf den Verwaltungsprozeß. Im Genehmigungsverfahren können die Grenzwerte ohnehin bloß als *Orientierungspunkte* fungieren, die aus Erwägungen des Bevölkerungsschutzes nach § 28 I Nr. 2 StrlSchV unterschritten werden müssen. Daß der Kreis der Anfechtungsberechtigten sich nur schwer abgrenzen läßt, ist ein typisches atomrechtliches Problem. In gleicher Weise tritt es im Bereich der Reaktorsicherheit auf. Läßt die Rechtsordnung eine Technik zu, die Risiken für einen schwer überschaubaren Personenkreis mit sich bringen kann, so sind derartige Abgrenzungsschwierigkeiten vorprogrammiert und müssen in Kauf genommen werden. Die vom Bundesverwaltungsgericht als bedenklich erachtete Relativierung des Rechtsschutzes nach Maßgabe der Entfernung vom Kernkraftwerk zwingt ebenfalls nicht dazu, den drittschützenden Charakter des § 28 I StrlSchV zu verneinen. Daß eine weiter entfernt wohnende Person geringere Strahlenbelastungen zu dulden braucht als ein unmittelbarer Nachbar des Kraftwerks, ist mit Art. 3 I GG vereinbar. Dahinter steht die Überlegung, daß nur ein unvermeidbares Risiko um der damit verbundenen Vorteile willen dem Bürger als sozial adäquate Last zugemutet werden kann. Diese Erwägung ist sachgemäß und rechtfertigt die geschilderte Konsequenz.

---

[36] BVerfG — 2. Sen. —, B. v. 8. 8. 1978, E 49, S. 89/139 u. 143. — Vgl. auch *Götz,* in: 4. Deutsches Atomrechts-Symposium, S. 177 ff., 183 f., dem zufolge ein aus dem Minimierungsgebot abgeleitetes Abwehrrecht einen verfassungsrechtlichen Kern aufweist.

[37] BVerwG, U. v. 22. 12. 1980, NJW 1981, S. 1393/1394; Dokumentation der Bundesregierung, S. 254.

[38] Vgl. etwa Bericht der Bundesregierung über „Umweltradioaktivität und Strahlenbelastung im Jahre 1978“, BT-Dr. VIII/4101 v. 22. 5. 1980, Tab. 17—20.

Deshalb bleibt festzuhalten, daß § 28 I StrlSchV neben dem *Schutz der Bevölkerung* auch dem *Individualschutz* dient. Verstöße gegen die Vorschrift können also im Verwaltungsprozeß geltend gemacht werden, auch wenn die Dosisgrenzwerte eingehalten sind.

B. Behördliche Richtlinien

Die Exekutive hat allgemein gefaßte Regelungen zur Konkretisierung der atomgesetzlichen Genehmigungsvoraussetzungen nicht nur auf dem Verordnungswege, sondern auch in Gestalt *behördlicher Richtlinien* getroffen. Der Bundesminister des Innern verwendet solche Richtlinien als Instrument, um die Genehmigungspraxis der Länderbehörden zu vereinheitlichen[39].

I. Einschlägige Regelungen

Zu den Richtlinien gehören Vorschriften sehr unterschiedlichen Auflösungsgrades[40]. Vorwiegend formulieren sie Sicherheitsziele und Grundanforderungen. Teilweise stellen sie aber auch ins einzelne gehende Konstruktionsanforderungen. Insoweit sind sie — ebenso wie etwa die Regeln des Kerntechnischen Ausschusses[41] — als technische Regeln zu qualifizieren.

Herausragende Bedeutung unter den Richtlinien haben die *„Sicherheitskriterien für Kernkraftwerke"*. Sie wurden 1974 im Länderausschuß für Atomkernenergie, einem Koordinierungsgremium der Genehmigungsbehörden und des für die Bundesaufsicht zuständigen Bundesinnenministers[42] verabschiedet und 1977 vom Bundesinnenminister veröffentlicht[43]. Im selben Jahre erschien die überarbeitete und ergänzte Zweitfassung[44]. Vorläufer der Kriterien waren die schon 1969 aufgestellten Sicherheitskriterien des Instituts für Reaktorsicherheit der Technischen Überwachungsvereine e. V. (IRS)[45], die ihrerseits an die

---

[39] *Matting*, in: Regeln und Richtlinien für die Kerntechnik, S. 292 f. u. 295.

[40] Eine Zusammenstellung der Richtlinien findet sich bei *Schmatz / Nöthlichs*, Bd. VII, S. 5 ff. (Ordnungs-Nr. 8021).

[41] s. dazu unten 3. Kap. D. II.

[42] Die Zuständigkeit des BMI innerhalb der Bundesregierung ergibt sich aus dem Organisationserlaß des Bundeskanzlers v. 15. 12. 1972.

[43] Bekanntmachung des BMI v. 1. 4. 1977, BAnz. Nr. 106 v. 8. 7. 1977, S. 3. — Zuvor hatte bereits das Institut für Reaktorsicherheit die Kriterien herausgegeben.

[44] Bekanntmachung des BMI v. 21. 10. 1977, BAnz. Nr. 206 v. 3. 11. 1977, S. 1.

[45] Sicherheitskriterien für Kernkraftwerke, Bericht IRS-R-2, Schriftenreihe Richtlinien und Empfehlungen des Instituts für Reaktorsicherheit, Köln 1969.

USAEC-General Design Criteria[46] anknüpften[47]. Nach dem Vorwort der Bekanntmachung des Bundesinnenministers dienen die Sicherheitskriterien dazu, die Genehmigungsvoraussetzungen des § 7 II Nr. 3 und 5 AtG zu konkretisieren. Sie gelten in vollem Umfang für Kernkraftwerke mit Leichtwasserreaktoren, für solche mit anderen Reaktortypen dagegen in den anlagenspezifischen Forderungen nur sinngemäß.

Die Sicherheitskriterien weisen einen verhältnismäßig geringen Auflösungsgrad auf. In elf Abschnitten benennen sie Sicherheitsanforderungen. Ihnen liegt die Konzeption zugrunde, das im Atomgesetz normierte Ziel der Schadensvorsorge in eine Reihe spezieller, auf den Anlagentyp zugeschnittener Sicherheitsziele aufzufächern. Die Mittel zur Zielerreichung sollen dagegen nicht festgeschrieben werden; sie zu bestimmen, soll Sache der sich fortentwickelnden Technik sein. Diese Konzeption ist dem Recht der überwachungsbedürftigen Anlagen nach § 24 GewO entlehnt, worin der Verordnungsgeber die Sicherheitsziele festgelegt, die Bestimmung der Mittel aber Verwaltungsvorschriften und technischen Regeln überlassen hat[48].

Allerdings halten die Sicherheitskriterien die Beschränkung auf Sicherheitsziele nicht streng durch. Zwar formulieren sie abstrakt gehaltene Grundsätze für die Auslegung der Gesamtanlage[49]. Außerdem verlangen sie jedoch auch verschiedene Sicherheitseinrichtungen[50] und stellen an diese Einrichtungen bestimmte Anforderungen zur Vermeidung oder Beherrschung von Störfällen[51]. Dadurch determinieren sie auch die Wahl der technischen Mittel[52]. Die gebräuchliche Unterscheidung von Sicherheitskriterien als Festlegung der Sicherheitsziele und technischen Regeln als Beschreibung der Wege dorthin[53] wird dem Inhalt der Kriterien somit nicht voll gerecht[54]. Andererseits muß betont werden, daß die Kriterien auch dort, wo sie Angaben zu den technischen

---

[46] US Code of federal regulations, 10 CFR 50, Appendix A — General design criteria for nuclear power plants.

[47] *K.-H. Berg*, in: 3. Deutsches Atomrechts-Symposium, S. 91 ff., 93, Fn. 3.

[48] s. dazu *Plischka*, S. 36 ff.

[49] z. B. Kriterium 1.1: Grundsätze der Sicherheitsvorsorge.

[50] z. B. Kriterien 4.2 u. 4.3: Systeme zur Nachwärmeabfuhr; Kriterium 6.1: Reaktorschutzsystem.

[51] z. B. Kriterien 4.2 u. 4.3: Redundanzforderung für Systeme zur Nachwärmeabfuhr bei bestimmungsgemäßem Betrieb und nach Kühlmittelverlusten.

[52] Das zeigt sich z. B. auch an der Forderung nach entmaschter Bauweise (Kriterium 1.1 Nr. 2), deren Sicherheitswert international umstritten ist (vgl. *Smidt*, in: 6. Deutsches Atomrechts-Symposium, S. 39 ff., 42).

[53] Vgl. etwa *Birkenstock / Gabriel*, in: 3. Deutsches Atomrechts-Symposium, S. 117 f.; *Kuhnt*, ebd., S. 107 ff., 109; *Marburger*, S. 104 u. 107.

[54] Konsequenterweise müßte diese Sichtweise zu Kriterien führen, die bloße Risikoniveaubeträge enthalten, vgl. *Birkenstock / Gabriel* (Fn. 53), S. 127.

Mitteln enthalten, weit abstrakter als die Regeln technischer Normungsgremien gefaßt sind und Spielräume für die technische Ausgestaltung und Entwicklung lassen.

Die inhaltliche Beschreibung der Sicherheitskriterien zeigt, daß sie in erheblichem Maße von wissenschaftlich-technischen Erkenntnissen und Einschätzungen abhängig sind. Daneben liegen ihnen aber auch Wertentscheidungen über den anzustrebenden Sicherheitsstandard zugrunde, wie beispielsweise an der Forderung dreifacher Redundanz für die Notkühlung (Kriterium 4. 3 Nr. 1) deutlich wird[55]. Für den Rechtsanwender ist allerdings — zumindest ohne sachverständige Beratung — nicht erkennbar, welches Restrisiko bei Beachtung der Sicherheitskriterien verbleibt. Wie noch zu zeigen sein wird[56], kann dieser Umstand für die rechtliche Bedeutung der Sicherheitskriterien (im Verwaltungsverfahren und -prozeß) nicht unbeachtet gelassen werden.

Nach Erlaß der Sicherheitskriterien haben sich für die anwendenden Genehmigungsbehörden Auslegungsprobleme ergeben, weil die bewußt knapp gefaßten Kriterien Interpretationsspielräume lassen[57]. Deshalb veröffentlicht der Bundesminister des Innern seit einigen Jahren *„Interpretationen zu den Sicherheitskriterien für Kernkraftwerke“*[58], die in ihrem Auflösungsgrad nicht wesentlich über die Kriterien hinausgehen sollen[59]. Nach dem Vorwort der Bekanntmachungen haben die Interpretationen „die gleiche Verbindlichkeit“ wie die Sicherheitskriterien selbst.

Ebenfalls an die Sicherheitskriterien knüpfen die *„Beschreibungen der gegenwärtigen Praxis zu den Sicherheitskriterien für Kernkraftwerke“*[60] an. Die von Sachverständigen der Technischen Überwachungsvereine (TÜV) und der Gesellschaft für Reaktorsicherheit (GRS)[61] im

---

[55] Danach muß „das Notkühlsystem auch während Instandhaltungsvorgängen bei gleichzeitigem Auftreten eines Einzelfehlers im System seine sicherheitstechnische Aufgabe erfüllen“ können. Vgl. dazu *Smidt*, in: 6. Deutsches Atomrechts-Symposium, S. 39 ff., 42. Daß die Sicherheitskriterien Aussagen über die Risikoakzeptanz enthalten, betont auch *Degenhart*, Kernenergierecht, S. 140, Fn. 136.

[56] s. u. 4. Kap. B. II. 1. b) bb) und 2.

[57] *K.-H. Berg*, in: Regeln und Richtlinien für die Kerntechnik, S. 16 ff., 20.

[58] Vgl. etwa Bek. des BMI v. 26. 10. 1978 (GMBl. S. 631); Bek. des BMI v. 28. 11. 1979 (GMBl. 1980, S. 90).

[59] *K.-H. Berg* (Fn. 57), S. 20.

[60] Die Praxisbeschreibungen erscheinen als Sonderdrucke der Gesellschaft für Reaktorsicherheit. — Vgl. zu ihnen eingehend *K.-H. Berg* (Fn. 57), S. 21 f.; Dokumentation der Bundesregierung, S. 394.

[61] Die Gesellschaft für Reaktorsicherheit ist eine Sachverständigeneinrichtung, die aufgrund ihrer Satzung den für die Bundesaufsicht über den Vollzug des Atomgesetzes zuständigen BMI in Fragen der kerntechnischen Sicherheit und des Umgebungsschutzes berät und in den atomrechtlichen Ge-

Auftrag des Bundesinnenministers erarbeiteten Praxisbeschreibungen stellen die Verwaltungs- und Sachverständigenpraxis bei der Anwendung der Sicherheitskriterien dar. Es handelt sich bei ihnen nicht um Richtlinien im eigentlichen Sinne, denn sie haben rein deskriptiven Charakter und sollen den Genehmigungsbehörden lediglich zur Orientierung dienen, solange entsprechende technische Regeln fehlen.

Darüber hinaus hat der Bundesminister des Innern eine ganze Reihe weiterer Richtlinien bekanntgemacht, die teils materielle, teils verfahrensmäßige Anforderungen stellen[62]. Durchweg weisen sie einen erheblich höheren Auflösungsgrad auf als die Sicherheitskriterien. Nur wenige unter ihnen konkretisieren den § 7 II Nr. 3 AtG, so beispielsweise die *„Auslegungsrichtlinien und -richtwerte für Jod-Sorptionsfilter zur Abscheidung von gasförmigem Spaltjod in Kernkraftwerken“*[63]. Diese Richtlinie enthält genaue Konstruktionsanforderungen und ist inhaltlich technischen Regelwerken wie den KTA-Regeln oder DIN-Normen vergleichbar.

II. Verfahren der Richtlinienaufstellung

Nach Art. 85 II GG i. V. m. § 24 I 1 AtG kann die Bundesregierung zur Ausführung des Atomgesetzes allgemeine Verwaltungsvorschriften erlassen. Die behördlichen Richtlinien sind jedoch nicht in dem gem. Art. 85 II GG, §§ 76 ff. GGO II[64] für den Erlaß von Verwaltungsvorschriften vorgesehenen Verfahren und insbesondere ohne Zustimmung des Bundesrates ergangen. Folglich sind sie *keine* allgemeinen Verwaltungsvorschriften[65]. Vielmehr werden sie in einem eigentümlichen, die Mitwirkung der Länder auf andere Weise realisierenden Verfahren aufgestellt, das in folgenden Schritten abläuft[66]:

---

nehmigungs- und Aufsichtsverfahren Gutachten erstattet. In ihr sind das Institut für Reaktorsicherheit der TÜV e. V. (IRS) und das Laboratorium für Reaktorregelung und Anlagensicherung der TU München (LRA) zusammengefaßt worden. Die GRS wird vom Bund, den Ländern Bayern und Nordrhein-Westfalen, den TÜV und dem Germanischen Lloyd getragen. Auf Bund und Länder entfallen 53,8 % des Stammkapitals und eine entsprechende Stimmenmehrheit (BMI [Hrsg.]: Bericht der Bundesregierung über die Grundlagen und die Praxis der Sachverständigentätigkeit, S. 30).

[62] Vgl. die oben Fn. 40 zitierte Zusammenstellung.

[63] Bek. des BMI v. 25. 2. 1976 (GMBl. S. 168).

[64] Gemeinsame Geschäftsordnung der Bundesministerien, Besonderer Teil, i. d. F. der Bek. v. 15. 10. 1976 (GMBl. S. 550).

[65] So auch *Winters*, Atom- und Strahlenschutzrecht, S. 99; unzutreffend dagegen *Marburger*, S. 104 mit Fn. 14.

[66] Vgl. BT-Dr. VIII/1389, S. 4. Das Verfahren, das zum Erlaß der Sicherheitskriterien (Erstfassung) führte, ist detailliert beschrieben in: BMI (Hrsg.), Sicherheit kerntechnischer Einrichtungen und Strahlenschutz, S. 75 ff.

Zunächst erarbeitet der Bundesminister des Innern in Abstimmung mit den im Länderausschuß für Atomkernenergie vertretenen Genehmigungs- und Aufsichtsbehörden einen Richtlinienentwurf. Bereits in diesem Stadium konsultiert er sachverständige Gremien wie die Reaktor-Sicherheitskommission (RSK)[67], die Strahlenschutzkommission (SSK)[67] und den KTA[67]. Anschließend wird einem großen Kreis betroffener Stellen — insbesondere den Genehmigungs- und Aufsichtsbehörden, den sachverständigen Beratungsgremien, bestimmten staatlichen Einrichtungen wie dem Bundesgesundheitsamt, den Zentralverbänden der Hersteller und Betreiber sowie den Gewerkschaften — Gelegenheit gegeben, zu dem Entwurf Stellung zu nehmen und Änderungsvorschläge zu unterbreiten. Die endgültige Entwurfsfassung wird sodann im Länderausschuß beraten und gegebenenfalls verabschiedet. Der Beschluß über die Verabschiedung muß *einstimmig* ergehen[68]. Die verabschiedeten Richtlinien veröffentlicht der Bundesinnenminister regelmäßig, zumeist in den amtlichen Publikationsorganen Bundesanzeiger oder Gemeinsames Ministerialblatt[69].

Das beschriebene Verfahren wurde zunächst praktiziert, weil die Zeit für den Erlaß allgemeiner Verwaltungsvorschriften noch nicht reif schien[70]. Wegen Unsicherheiten in Detailfragen sollten weitere Erfahrungen gesammelt und den Genehmigungsbehörden Spielräume für Abweichungen im Einzelfall eingeräumt werden. Auf Dauer war dagegen die Überführung der Richtlinien in Verwaltungsvorschriften geplant. So wurden die Sicherheitskriterien als fachtechnischer Teil einer künftigen allgemeinen Verwaltungsvorschrift konzipiert[71]. Gleichwohl ist das Verfahren bis heute beibehalten worden, obwohl die Sicherheitskriterien und andere Richtlinien zum Teil schon jahrelang ohne wesentliche Änderungen angewandt werden. Diese Praxis zeigt, daß das zunächst als Provisorium gedachte Verfahren nunmehr offenbar als dauerhafter Ersatz für das verfassungsrechtlich vorgesehene

---

[67] Vgl. zur RSK unten 3. Kap. C. I., zur SSK unten 3. Kap. C. II. und zum KTA unten 3. Kap. D.

[68] Das Erfordernis der Einstimmigkeit folgt aus den Vorworten der Bekanntmachungen des BMI, wonach die Verabschiedung durch „Übereinkommen" der Ausschußmitglieder erfolgt; vgl. z. B. die in Fn. 63 zitierte Bekanntmachung.

[69] Kritisch zur Bekanntmachung in inoffiziellen Mitteilungsblättern *Winters*, Atom- und Strahlenschutzrecht, S. 99 f., Fn. 214.

[70] Vgl. BMI (Hrsg.): Bericht der Bundesregierung über die Grundlagen und die Praxis der Sachverständigentätigkeit, S. 24.

[71] Vorwort der zunächst vom IRS herausgegebenen Fassung v. 25. 6. 1974 (vgl. *Birkenstock / Gabriel*, in: 3. Deutsches Atomrechts-Symposium, S. 117 ff., 120). Bezeichnenderweise findet sich dieser Hinweis in den Bek. des BMI v. 1. 4. 1977, BAnz. Nr. 106 v. 8. 7. 1977, S. 3 und v. 21. 10. 1977, BAnz. Nr. 206 v. 3. 11. 1977, nicht mehr.

Aufsichtsinstrument der Verwaltungsvorschriften dienen soll. Ob dieses Verfahren mit Art. 85 II GG vereinbar ist, wird in anderem Zusammenhang noch zu untersuchen sein[72].

C. Empfehlungen ministerieller Beratungsgremien

Vom Einzelfall abstrahierende Empfehlungen zu Problemen der Sicherheit kerntechnischer Anlagen und des Strahlenschutzes werden auch von *Beratungsgremien des Bundesinnenministers* erarbeitet. Derzeit bestehen drei solcher Gremien: die *Reaktor-Sicherheits-Kommission* (RSK), die *Strahlenschutzkommission* (SSK) und die *Sachverständigenkommission Sicherung des Brennstoffkreislaufs* (SSB). Für die Konkretisierung des § 7 II Nr. 3 AtG sind aber nur die Stellungnahmen der RSK und der SSK von Interesse, denn die SSB befaßt sich ausschließlich mit dem Schutz kerntechnischer Einrichtungen vor Einwirkungen und Störmaßnahmen Dritter[73], also mit Fragen, die im Rahmen des § 7 II Nr. 5 AtG eine Rolle spielen.

I. Empfehlungen der RSK

1. Aufgaben, Organisation, Rechtsnatur und Arbeitsweise der RSK

Die 1958 gebildete RSK beruht auf einem ministeriellen Organisationserlaß[74]. Sie ist ein Expertengremium, das ausschließlich den Bundesminister des Innern in Fragen der Reaktorsicherheit und der Sicherheit des Kernbrennstoffkreislaufs berät (§ 2 I d. Bek.). Die Beratung, die sich insbesondere auf die Wahrnehmung der Bundesaufsicht gem. Art. 85 GG erstreckt, soll vorrangig grundsätzliche und neuartige Fragen betreffen[75]. In diesem Rahmen gibt die RSK dem Minister Empfehlungen sowohl zu generellen Problemen der Kerntechnik als auch zu Einzelprojekten. Dagegen wird sie nicht als beauftragter Sachverständiger i. S. d. § 20 AtG tätig.

Die RSK hat ca. 20 Mitglieder (§ 1 S. 2 d. Bek.). Diese sollen insbesondere bestimmten, in § 7 d. Bek. aufgezählten Fachgebieten entstammen. Dagegen sieht die Bekanntmachung die Gesichtspunkte der Interessenrepräsentanz oder der Einstellung zur Kernenergienutzung

[72] s. u. 4. Kap. A. II. 1.

[73] Dokumentation der Bundesregierung, S. 381.

[74] Bek. des BMI über die Bildung einer Reaktor-Sicherheitskommission i. d. F. der Bek. v. 15. 12. 1980, BAnz. Nr. 10 v. 16. 1. 1982, S. 1.

[75] *Birkhofer / Jahns*, atw 1977, S. 191 ff., 192.

nicht als Auswahlkriterien vor[76]. Von den derzeit 19 Mitgliedern der Kommission gehören 14 Wissenschaftler universitären oder anderen vom Staat getragenen Forschungseinrichtungen an, zwei sind Mitarbeiter der TÜV und drei Mitarbeiter kerntechnischer Anlagen[77].

Die Mitgliedschaft in der RSK ist ein Ehrenamt (§ 3 I 1 d. Bek.). Die Mitglieder sind keinen Weisungen unterworfen (§ 3 I 2 d. Bek.). Sie haben ihre persönliche Expertenmeinung zu vertreten, fungieren also nicht als Vertreter der Institutionen, für die sie hauptberuflich tätig sind[78]. Um die Unabhängigkeit der Kommissionsmitglieder von Interessengruppen zu gewährleisten, sieht die Bekanntmachung eine ganze Palette von Einfluß- und Kontrollbefugnissen des Bundesinnenministers vor[79]. So beruft der Minister die Kommissionsmitglieder (§ 3 II 1 d. Bek.), aus besonderen Gründen — allerdings nicht wegen einer fachlichen Ansicht — kann er sie vorzeitig abberufen (§ 3 II 3 und 5 d. Bek.). Die Kommission berät grundsätzlich[80] allein ihn und erhält von ihm die Beratungsaufträge (§ 3 I und II d. Bek.). Vertreter des Ministers haben das Recht, an allen Sitzungen teilzunehmen und angehört zu werden (§ 9 d. Bek.). Die Mitglieder sind verpflichtet, dem Minister ihre Korrespondenz mit Antragstellern in ihrer Funktion als Kommissionsmitglieder anzuzeigen (§ 3 IV d. Bek.). Schließlich werden Kommissionsempfehlungen nur auf Veranlassung des Ministers veröffentlicht (§ 12 IV

---

[76] Die Mehrheit der Enquete-Kommission „Zukünftige Kernenergie-Politik" des Deutschen Bundestages hat demgegenüber unter Hinweis auf den wertenden Charakter der RSK-Empfehlungen eine Besetzung dieses Gremiums mit Fachleuten unterschiedlicher Einstellung zur Nutzung der Kernenergie gefordert (BT-Dr. VIII/4341, S. 144; a. A. die Kommissionsminderheit, ebd., S. 143 f.; der BMI in einer Stellungnahme gegenüber dem Bundesverband Bürgerinitiativen Umweltschutz, ET 1979, S. 108). Dieser Standpunkt überzeugt nicht, weil die von der Kommissionsmehrheit angesprochenen Wertungen (Festlegung des Sicherheitsniveaus technischer Systeme nach Abwägung von Sicherheits- und Wirtschaftlichkeitsgesichtspunkten) nicht abhängig sind von einem „Glaubensbekenntnis" pro oder kontra Kernenergie. Zu fragen ist vielmehr, ob es überhaupt Aufgabe eines Expertengremiums sein darf, derartige Wertungen zu treffen (s. dazu oben 2. Kap. C. II. 1. und unten 4. Kap. B. II. 1. b) bb) und 2.). Unsachgerecht und mit Sinn und Zweck der Bekanntmachung nicht zu vereinbaren wäre es allerdings auch, Experten wegen ihrer kritischen Haltung gegenüber der Kernenergienutzung von der Berufung auszunehmen. Daß die bislang berufenen Fachleute durchweg Befürworter der Kernenergienutzung waren, läßt deshalb Zweifel aufkommen, ob sich die Berufungspraxis ausschließlich am Kriterium der Sachkunde orientiert.

[77] Vgl. Bek. des BMI über die Zusammensetzung der Reaktor-Sicherheitskommission v. 22. 1. 1981, BAnz. Nr. 21 v. 31. 1. 1981, S. 1 sowie die ergänzenden Mitteilungen in atw 1981, S. 119 und ET 1982, S. 194.

[78] Dokumentation der Bundesregierung, S. 381.

[79] Die nachfolgende Aufzählung ist nicht abschließend. Zu weiteren Einflußmöglichkeiten vgl. die §§ 3 III, 6, 8 u. 11 d. Bek.

[80] Ohne seine Zustimmung darf die RSK Dritten keine Empfehlungen oder Auskünfte geben (§ 2 I 2 d. Bek.).

d. Bek.); diesem eröffnet sich damit die Möglichkeit, die Empfehlungen vor Veröffentlichung zu prüfen[81].

Entstehung und Organisation lassen Rückschlüsse auf die rechtliche Stellung der RSK zu: Sie ist nicht in privatautonomer Initiative gegründet, sondern von einem Hoheitsträger durch einseitigen Organisationsakt eingerichtet worden. Deshalb handelt es sich bei ihr um ein öffentlich-rechtliches Gremium[82]. Trotz der aufgezählten Einflußmöglichkeiten des Bundesinnenministers hat die RSK eine relative Eigenständigkeit, die sich besonders in der für eine sachgerechte Aufgabenerfüllung notwendigen Weisungsfreiheit manifestiert. Die Kommission kann daher nicht als Untergliederung des Ministeriums, vielmehr nur als ein dem Ministerium nebengeordneter Ausschuß angesehen werden. Da sie im Rahmen ihrer Aufgabenerfüllung Träger von Rechten und Pflichten ist, fällt sie unter die von *Bachof*[83] in einer Untersuchung über die Technischen Ausschüsse nach § 24 IV GewO entwickelte Kategorie der *„teilrechtsfähigen Verbände des öffentlichen Rechts"*. Zugleich ist sie ein *Beirat* i. S. d. § 62 GGO I[84].

Die Arbeitsweise der RSK ist in den Grundzügen in der zitierten Bekanntmachung und ergänzend in der vom Bundesinnenminister geschaffenen Geschäftsordnung[85] geregelt. Regelmäßig macht die Kommission von der durch § 6 S. 1 d. Bek. eröffneten Möglichkeit Gebrauch, ihre Empfehlungen durch Ausschüsse vorbereiten zu lassen[86]. Bereits in diesem Verfahrensstadium wird allen am Genehmigungsverfahren Beteiligten (Genehmigungsbehörden, Gutachtern, Herstellern und Betreibern) Gelegenheit zur Stellungnahme gegeben[87]. Das Plenum der Kommission berät sodann die Empfehlungsentwürfe und beschließt über sie durch Abstimmung (§ 1 I 1 GeschO). Für Empfehlungen, die nicht einzelprojektbezogen sind, genügt die *einfache Stimmenmehrheit* (§ 12

[81] Laut *Sellner*, BauR 1980, S. 391 ff., 405, macht der Minister von dieser Möglichkeit durchgängig Gebrauch.

[82] Vgl. *Bachof*, AöR 83 (1958), S. 208 ff., 271 f., der für die Zuordnung der Technischen Ausschüsse nach § 24 IV GewO entscheidend auf den Entstehungsakt abstellt; ebenso *Arning*, ArbSch 1959, S. 258 ff., 262, Fn. 34; *Nickusch*, S. 191 m. w. N.

[83] (Fn. 82), insbes. S. 270 ff.

[84] Gemeinsame Geschäftsordnung der Bundesministerien, Allgemeiner Teil. Vgl. *Böckenförde*, S. 253.

[85] Geschäftsordnung der Reaktor-Sicherheitskommission, Bek. des BMI v. 25. 5. 1973, BAnz. Nr. 118 v. 29. 6. 1973, S. 2, geändert durch Bek. des BMI v. 25. 4. 1974, BAnz. Nr. 87 v. 10. 5. 1974, S. 2.

[86] Die Ausschußmitglieder werden vom BMI auf Vorschlag der RSK berufen. — Zu Anzahl und Arbeitsgebiet der Ausschüsse vgl. die Tabelle 1 bei *Birkhofer / Jahns*, atw 1977, S. 191 ff., 192.

[87] *Birkhofer / Jahns* (Fn. 86), S. 192.

III d. Bek.). Die Empfehlungen werden vom Bundesminister des Innern im Bundesanzeiger veröffentlicht (§ 12 IV d. Bek.)[88].

2. *RSK-Leitlinien und andere Empfehlungen*

Von den abstrakt-generellen Empfehlungen der RSK sind an erster Stelle die 1974 verabschiedeten, mittlerweile in überarbeiteter Fassung vorliegenden *Leitlinien für Druckwasserreaktoren*[89] zu nennen. Aufbauend auf den Sicherheitskriterien für Kernkraftwerke beschreiben sie die sicherheitstechnischen Anforderungen, die nach Auffassung der RSK an den Bau und Betrieb von Kernkraftwerken mit Druckwasserreaktoren zu stellen sind. Ihr Auflösungsgrad ist unterschiedlich hoch. Soweit technische Regeln anderer regelerstellender Gremien fehlen, enthalten sie sehr ausführliche Festlegungen, im übrigen verweisen sie auf bereits bestehende Regeln (z. B. KTA-Regeln und ministerielle Richtlinien)[90]. Die Leitlinien dienen ihrem Vorwort zufolge primär der RSK als Grundlage für die Beurteilung von Einzelprojekten. Zusätzliches Gewicht erlangen sie dadurch, daß der Bundesminister des Innern ihre Einhaltung durch Einzelweisungen gegenüber den Genehmigungsbehörden verlangt[91]. Wie sich ebenfalls aus dem Vorwort der Leitlinien ergibt, sieht die RSK zwar die Einhaltung des in ihnen zugrundegelegten Sicherheitsniveaus, nicht aber die Verwendung der dazu empfohlenen Mittel als erforderlich an. Darin zeigt sich deutlich, daß auch die RSK-Leitlinien von Wertungen über den anzustrebenden Sicherheitsstandard beeinflußt werden. Welches Risiko bei Beachtung der gestellten Anforderungen verbleibt und ob es aus wirtschaftlichen Erwägungen oder mangels geeigneter Abwehrmittel in Kauf genommen wird, geht aus den Leitlinien hingegen ebensowenig hervor wie aus den Sicherheitskriterien[92].

---

[88] Die Trennung von Verabschiedungs- und Veröffentlichungskompetenz läßt den Schluß zu, daß der BMI die Empfehlungen vor Veröffentlichung daraufhin überprüfen darf, ob die Kommission ordnungsgemäß besetzt war, das vorgeschriebene Aufstellungsverfahren eingehalten wurde und die gesetzlichen und verordnungsrechtlichen Schutzvorgaben beachtet wurden.

[89] RSK-Leitlinien für Druckwasserreaktoren, 2. Ausgabe v. 24. 1. 1979, Bek. des BMI v. 25. 5. 1979, Beil. z. BAnz. Nr. 167 v. 6. 9. 1979, S. 6 ff. — Die Erstfassung wurde veröffentlicht durch Bek. des BMI v. 1. 7. 1974, BAnz. Nr. 144 v. 7. 8. 1974. — Schon Anfang der 70er Jahre wurde mit der Erarbeitung entsprechender Leitlinien für Siedewasserreaktoren begonnen, ohne daß diese bislang verabschiedet worden sind (vgl. *Birkhofer / Jahns* (Fn. 86), S. 192 f.; *Jahns / Schneider*, in: Regeln und Richtlinien für die Kerntechnik, S. 55 ff., 61 f.; GRS-Jahresbericht 1980, S. 77).

[90] Vgl. etwa die Nrn. 1 und 5.5 der Leitlinien.

[91] Dokumentation der Bundesregierung, S. 378; *Jahns / Schneider* (Fn. 89), S. 57.

[92] Ob bspw. die Leitlinien (Nr. 4) auf einen integralen Berstschutz für den Druckbehälter verzichten, weil er nach dem Grundsatz der Ausgewogenheit

Außer den Leitlinien hat die RSK auch einige andere abstrakt-generelle Empfehlungen zu technischen Detailfragen gegeben[93]. Soweit sie Druckwasserreaktoren betreffen, gehen sie in die jeweiligen Neufassungen der Leitlinien ein[94].

II. Empfehlungen der SSK

Die SSK, die ebenfalls auf einem Organisationserlaß des Bundesinnenministers beruht[95], berät diesen in Fragen des Schutzes vor den Risiken ionisierender Strahlen. Ausgenommen sind die Sachbereiche, die zur Beratungskompetenz der RSK gehören (§ 2 S. 1 und 2 d. Bek.)[96]. Anders als die RSK nimmt die SSK in aller Regel nur zu allgemeinen Problemen, nicht zu Einzelprojekten Stellung. Organisation, Zusammensetzung und Verfahren sind im wesentlichen ähnlich geregelt wie bei der RSK. Im Rahmen ihrer Beratungstätigkeit hat die SSK einige Empfehlungen verabschiedet, die Aussagen zur Konkretisierung der Schadensvorsorge beim Bau und Betrieb kerntechnischer Anlagen enthalten[97]. Anzahl und Umfang dieser Empfehlungen bleiben hinter denen der RSK aber weit zurück.

als ungeeignet zur Risikominderung angesehen wird oder weil das verbleibende Restrisiko im Hinblick auf die Mehrkosten dieser Schutzeinrichtung als vernachlässigbar gering bewertet wird, ist nicht erkennbar. — Vgl. insoweit aber die Stellungnahme der RSK v. 10. 11. 1976, Bek. des BMI v. 6. 4. 1977, BAnz. Nr. 110 v. 16. 6. 1977, S. 4: „Insbesondere muß festgestellt werden, daß ein Einbau des integralen Berstschutzes, selbst wenn dies Stand der Technik wäre, bei Anlagen, für die Genehmigungsanträge zur Zeit gestellt sind oder vorbereitet werden, Aufwendungen erfordern würde, die in keinem vernünftigen Verhältnis zu der erzielbaren Verminderung des ohnehin geringen Restrisikos stünden".

[93] z. B. Empfehlung v. 15. 9. 1976 „Auslegungsbedingungen und Anforderungen an den Werkstoff und seine Verarbeitung bei Sicherheitsbehältern aus Stahl für Leichtwasserreaktoren", Bek. des BMI v. 8. 12. 1976, BAnz. Nr. 2 v. 5. 1. 1977, S. 4; Empfehlung v. 29. 4. 1981, Bek. des BMI v. 16. 7. 1981, BAnz. Nr. 140 v. 1. 8. 1981, S. 2 (Core-catcher nicht erforderlich).

[94] Vgl. Dokumentation der Bundesregierung, S. 394.

[95] Bek. des BMI über die Bildung einer Strahlenschutzkommission v. 19. 4. 1974, BAnz. Nr. 92 v. 17. 5. 1974, S. 1. Die Geschäftsordnung der SSK ist gem. Bek. des BMI v. 23. 1. 1975 veröffentlicht worden in BAnz. Nr. 34 v. 19. 2. 1975, S. 1.

[96] Die Beratung der RSK in Fragen des Strahlenschutzes erstreckt sich im wesentlichen auf technische Probleme der Störfallanalysen; vgl. Empfehlung der RSK v. 20. 6. 1979, Bek. des BMI v. 5. 10. 1979, BAnz. Nr. 16 v. 24. 1. 1980, S. 3.

[97] z. B. Empfehlung v. 26. 6. 1975 „Abtrennung von 85-Krypton aus den Abgasen von Wiederaufarbeitungsanlagen", Bek. des BMI v. 2. 7. 1975, BAnz. Nr. 132 v. 23. 7. 1975, S. 1; Empfehlung v. 24. 6. 1976 „Anwendung einer Summenformel für die Abgabe radioaktiver Stoffe mit der Abluft über verschiedene Emissionswege einer kerntechnischen Anlage", Bek. des BMI v. 10. 12. 1976, BAnz. Nr. 8 v. 13. 1. 1977, S. 2. Die Empfehlung v. 11. 12. 1975

D. Regeln des KTA

I. Aufgabe, Organisation, Rechtsnatur und Arbeitsweise des KTA

Wichtigstes regelaufstellendes Gremium im Bereich der Kerntechnik ist der *Kerntechnische Ausschuß* (KTA)[97a]. Er wurde 1972 durch Bekanntmachung des Bundesministers für Bildung und Wissenschaft gebildet[98] und 1974 in die Zuständigkeit des Bundesministers des Innern übernommen[99]. Während die RSK und die SSK abstrakt-generelle Empfehlungen nur im Rahmen einer übergreifenden Beratungstätigkeit abgeben, wurde der KTA eigens zu dem Zweck eingerichtet, durch Aufstellung kerntechnischer Regeln die „nach dem Stand von Wissenschaft und Technik erforderliche Vorsorge gegen Schäden" (§ 7 II Nr. 3 AtG) und die Anforderungen an den technischen Objektschutz (§ 7 II Nr. 5 AtG) zu konkretisieren[100]. § 2 d. Bek. weist ihm die Aufgabe zu, „auf Gebieten der Kerntechnik, bei denen sich auf Grund von Erfahrungen eine einheitliche Meinung von Fachleuten der Hersteller, Ersteller und Betreiber von Atomanlagen, der Gutachter und der Behörden abzeichnet, für die Aufstellung sicherheitstechnischer Regeln zu sorgen und deren Anwendung zu fördern". Die Aufgabe des KTA ist danach in zweifacher Hinsicht beschränkt. Zum einen stellt der Ausschuß nur Regeln mit *sicherheits*technischem Bezug auf, bloße Rationalisierungsnormen[101] fallen nicht in seinen Zuständigkeitsbereich. Das schließt selbstverständlich nicht aus, daß die Regeln neben ihrer Sicherheitsfunktion auch eine Vereinheitlichungsfunktion ausüben; im Gegenteil soll durch die Konkretisierung der gesetzlichen Sicherheitsanforderungen auch eine Vereinheitlichung der Genehmigungspraxis und infolge-

---

„Auslegungsrichtlinien und -richtwerte für Jod-Sorptionsfilter zur Abscheidung von gasförmigem Spaltjod aus Kernkraftwerken", Bek. des BMI v. 10. 12. 1976, BAnz. Nr. 8 v. 13. 1. 1977, S. 1, wurde wortgleich als Richtlinie des Länderausschusses für Atomkernenergie übernommen (vgl. oben 3. Kap. B. I. mit Fn. 63).

97a Zum KTA und seinem Regelwerk eingehend *Vieweg*, passim.

98 Bek. über die Bildung eines Kerntechnischen Ausschusses v. 1. 9. 1972, BAnz. Nr. 172 v. 13. 9. 1972, S. 3, zuletzt geändert durch Bek. des BMI v. 8. 5. 1979, BAnz. Nr. 102 v. 2. 6. 1979, S. 1.

99 Bek. über die Übernahme des Kerntechnischen Ausschusses in die Zuständigkeit des Bundesministers des Innern v. 27. 9. 1974, BAnz. Nr. 193 v. 15. 10. 1974, S. 2.

100 Staatssekretär *Hartkopf* vom Bundesinnenministerium in einer Rede anläßlich der 25. Sitzung des KTA am 21. 10. 1980, ET 1981, S. 70 f., 71; *Marburger*, S. 107; *Schwarzer*, in: Regeln und Richtlinien für die Kerntechnik, S. 78 ff., 81.

101 Vgl. dazu *Marburger*, S. 46 f. — Eine Klassifizierung technischer Normen nach ihrem Inhalt enthält die DIN-Norm 820, Teil 3: „Normungsarbeit; Begriffe", S. 5, abgedr. in: DIN (Hrsg.), Grundlagen der Normungsarbeit des DIN, S. 109.

dessen der kerntechnischen Anlagen selbst erreicht werden[102]. Zum anderen muß für den Bereich eines Normungsvorhabens ein fachlicher Konsens der beteiligten Kreise in Sicht sein. Der KTA soll die wissenschaftlich-technische Entwicklung also nicht selbst gestalten, sondern den ohne sein Zutun sich herausbildenden Stand von Wissenschaft und Technik in seinem Regelwerk einfangen.

§ 3 d. Bek. regelt die Zusammensetzung des KTA. Dieser hat 50 Mitglieder. Davon entfallen je zehn Vertreter auf

— Hersteller und Ersteller von Atomanlagen
— Betreiber von Atomanlagen
— mit dem Vollzug des Atomgesetzes befaßte Landesbehörden (sieben Vertreter) und das als Aufsichtsbehörde zuständige Bundesinnenministerium (drei Vertreter)
— Gutachter- und Beratungsorganisationen sowie
— andere Behörden (fünf Vertreter) und verschiedene Organisationen (z. B. DIN, Gewerkschaften).

Die Mitglieder und ihre Stellvertreter werden für jeweils vier Jahre von den repräsentierten Gruppen oder Stellen benannt und vom Bundesinnenminister berufen. Sie handeln als Vertreter ihrer Gruppe oder Stelle. Die Regelung des § 3 d. Bek. läßt erkennen, daß der KTA im Gegensatz zur RSK und SSK nicht allein nach dem Kriterium der *Sachkunde* zusammengesetzt ist. Zwar spielt die Sachkunde eine wesentliche Rolle, weil der ganz überwiegende Teil der Kernenergieexperten den aufgezählten Gruppen und Stellen angehört. Daneben zielt der Verteilungsschlüssel aber deutlich auf eine *Repräsentanz* und den Ausgleich der beteiligten — teils gegenläufigen — Interessen ab. Allerdings sind Umweltschutzverbände überhaupt nicht, die Gruppe der Beschäftigten kerntechnischer Anlagen nur durch einen Gewerkschaftsvertreter im KTA repräsentiert[103].

Der Ausschuß besitzt eine *Geschäftsstelle,* die organisatorisch der Gesellschaft für Reaktorsicherheit[104] angegliedert ist (§ 5 d. Bek.). Sie übt zum einen organisatorische Funktionen aus, dient dem Ausschuß daneben aber auch als wissenschaftlich-technisches Sekretariat. Als solches sammelt sie Grundlagenmaterial für Regelvorhaben und führt

[102] *Marburger,* S. 107 m. w. N.

[103] Kritik an der Unterrepräsentanz der Arbeitnehmerseite übt die Mehrheit der Enquete-Kommission „Zukünftige Kernenergie-Politik“, BT-Dr. VIII/4341, S. 143. Zu den Schwierigkeiten, eine ausreichende Repräsentation der Belange Drittbetroffener zu gewährleisten, vgl. unten 4. Kap. B. II. 1. b) aa).

[104] Zur GRS vgl. oben Fn. 61.

für jede Regel eine Akte, in der die Grundlagen und der Ablauf der Regelerarbeitung in Einzelheiten dokumentiert werden[105]. Die Geschäftsstelle wird von einem *Geschäftsführer* nach Weisungen des aus vier Mitgliedern bestehenden *Präsidiums* geleitet (§ 5 I d. Bek.), von denen je eines durch die Anlagenhersteller und -ersteller, die Anlagenbetreiber, die Behörden sowie die Gutachter- und Beratungsorganisationen benannt wird (§ 4 II d. Bek.). Nach Bedarf bildet der KTA *Unterausschüsse* (§ 8 I 1 d. Bek.)[106]. Ihre Mitglieder brauchen nicht dem KTA anzugehören (§ 8 I 3 d. Bek.).

Der KTA ist ein *öffentlich-rechtliches* Gremium[107]. Zwar kann dieser Schluß nicht aus seiner Tätigkeit gezogen werden. Denn technische Regeln werden auch — und zwar überwiegend — von privatrechtlichen Gremien wie dem DIN Deutsches Institut für Normung e. V. und dem Verein Deutscher Ingenieure e. V. (VDI) aufgestellt. Der öffentlich-rechtliche Charakter des KTA folgt aber aus der Art seiner Entstehung[108]. Ebenso wie die RSK und die SSK beruht er nicht auf einer privatautonomen Gründungsvereinbarung, sondern auf einem staatlichen Hoheitsakt. Seine Auflösung könnte ebenfalls nur durch einen Hoheitsakt als actus contrarius, nicht durch einen Mitgliederbeschluß erreicht werden[109]. Schließlich entspricht die Zuordnung zum öffentlichen Recht auch dem erklärten Willen des für die Bildung des Ausschusses verantwortlichen Ministers[110]. Von den denkbaren öffentlich-rechtlichen Organisationsformen — juristische Person, Behörde, Behör-

---

[105] *Rittstieg*, S. 89; *Schwarzer*, in: Regeln und Richtlinien für die Kerntechnik, S. 78 ff., 86.

[106] Drei Arten von Unterausschüssen können unterschieden werden:
- Unterausschüsse mit allgemeinen Aufgaben (z. B. der Programmunterausschuß, der dem KTA Normungsthemen vorschlägt);
- projektbegleitende Unterausschüsse, die von beauftragten externen Arbeitsgremien erarbeitete Regelvorschläge prüfen;
- regelerarbeitende Unterausschüsse, die selbst Regelvorschläge erarbeiten.

Vgl. *Schwarzer* (Fn. 100), S. 85 f.; zur Zusammensetzung der Unterausschüsse s. *Orth*, in: Regeln und Richtlinien für die Kerntechnik, S. 184 ff., 200 u. 201 (Abb. 7 u. 8).

[107] *Fürst*, atw 1981, S. 66 ff., 68; *Marburger*, S. 106; *Vieweg*, S. 55 ff.

[108] Vgl. die Nachweise in Fn. 82.

[109] Vergleichbar argumentiert *Marburger*, S. 65 m. w. N. für die Technischen Ausschüsse gem. § 24 IV GewO.

[110] Vgl. die Äußerung des damaligen Bundesministers für Bildung und Wissenschaft *v. Dohnanyi* auf der konstituierenden Sitzung des KTA, zit. nach *Schwarzer* (Fn. 100), S. 80 f. — Der Bildung des Ausschusses ging ein mehrjähriger Streit voraus, ob ein kerntechnisches Normungsgremium öffentlich-rechtlich (nach dem Vorbild der Technischen Ausschüsse gem. § 24 IV GewO) oder privatrechtlich (nach dem Vorbild des Vereins Deutscher Elektrotechniker e. V. [VDE]) organisiert werden sollte. Die interessierten Wirtschaftskreise favorisierten das privatrechtliche Modell; vgl. *Kuhnt*, ET 1972, S. 220 ff., 222; *Vieweg*, S. 24 m. w. N.

denteil (eingegliederter Ausschuß) oder nebengeordneter Ausschuß — trifft im Ergebnis die letztgenannte auf den KTA zu. Juristische Person könnte er nur in der Form der bundesunmittelbaren Körperschaft[111], Behörde nur in der Form der Bundesoberbehörde sein, weil seine Normungstätigkeit sich auf das gesamte Bundesgebiet erstreckt. Beide dürfen aber nach Art. 87 III 1 GG nur durch Gesetz errichtet werden[112]. Die organisatorische Eigenständigkeit des KTA gegenüber dem Ministerium läßt den Schluß zu, daß er ein nebengeordneter, kein eingegliederter Ausschuß ist[113]. Nach § 1 d. Bek. wird er „bei dem Bundesminister des Innern", folglich nicht als dessen Untergliederung errichtet. Die Mehrzahl seiner Mitglieder sind behördenexterne Fachleute. Geleitet wird der Ausschuß von einem Präsidium, dessen Vorsitz nicht ständig bei einem Ministerialbeamten liegt, sondern zwischen den Vertretern der im Präsidium repräsentierten Gruppen wechselt (§ 4 I d. Bek.). Die Geschäftsstelle ist nicht beim Bundesinnenminister, sondern bei der GRS eingerichtet. Darüber hinaus wäre ein eingegliederter Ausschuß kaum in der Lage, die gestellte Aufgabe zu bewältigen. Denn die Aufstellung sicherheitstechnischer Regeln nach dem Kooperationsprinzip verlangt eine weitgehende Unabhängigkeit von staatlicher Einflußnahme. Als nebengeordneter, mit selbständigen Rechten ausgestatteter Ausschuß ist der KTA — auch insofern der RSK und der SSK vergleichbar[114] — den *teilrechtsfähigen Verbänden des öffentlichen Rechts* zuzurechnen.

Die Arbeitsweise des KTA[114a] richtet sich nach der ministeriellen *Bekanntmachung*, ergänzend nach der vom KTA mit Zustimmung des Bundesinnenministers beschlossenen *Geschäftsordnung*[115] und der vom KTA verabschiedeten *„Verfahrensordnung für die Erarbeitung sicherheitstechnischer Regeln des KTA"* (Fassung 2/79). Das Regelaufstellungsverfahren[116] wird eingeleitet durch einen Beschluß des Ausschusses, ein bestimmtes Regelvorhaben in Angriff zu nehmen (§ 7 I d. Bek.). Zugleich beschließt der Ausschuß, welche Stelle den Regelentwurf vor-

[111] Eine andere Form der juristischen Person öffentlichen Rechts scheidet schon wegen der körperschaftlichen Struktur des KTA aus.

[112] Ebenso *Bachof*, AöR 83 (1958), S. 208 ff., 252 u. 254; *Nickusch*, S. 192 für die Technischen Ausschüsse gem. § 24 IV GewO. — Einer Körperschaft muß im übrigen durch den zugrunde liegenden Hoheitsakt eindeutig die Rechtspersönlichkeit verliehen sein (*Bachof*, S. 252), woran es beim KTA fehlt.

[113] Ebenso *Marburger*, S. 106 mit Fn. 29; vgl. auch *Vieweg*, S. 109, der dem KTA außerdem (S. 114 f.) die Qualität eines Organteils zuspricht.

[114] s. o. 3. Kap. C. I. 1. und II.

[114a] Vgl. ausführlich *Vieweg*, S. 44 ff.

[115] Geschäftsordnung des Kerntechnischen Ausschusses (KTA) bei dem Bundesminister des Innern i. d. F. der Bek. v. 27. 9. 1974, BAnz Nr. 193 v. 15. 10. 1974, S. 3, zuletzt geändert durch Beschl. des KTA v. 26. 2. 1980.

[116] Das Regeländerungsverfahren läuft entsprechend ab (§ 7 V d. Bek.).

bereiten soll (§ 7 II 1 d. Bek.). Mit der Vorbereitung können Unterausschüsse, aber auch externe Stellen beauftragt werden[117]. Die beauftragte Stelle erarbeitet im Kontakt mit dem KTA[118] einen Entwurfsvorschlag, über den der KTA beschließt (§ 7 III 1 d. Bek.). Der Bundesinnenminister veröffentlicht sodann die Überschrift und eine Inhaltsangabe des Regelentwurfs unter Angabe der Bezugsquelle im Bundesanzeiger (§ 7 II 3 d. Bek.). Durch die Veröffentlichung wird eine dreimonatige Frist in Gang gesetzt, während deren jedermann dem Ausschuß Änderungsvorschläge unterbreiten kann (§ 7 III 3 d. Bek.). Nach Beratung der eingegangenen Änderungsvorschläge beschließt der KTA über die Regel (§ 7 IV 1 d. Bek.). Die im Verlauf des Aufstellungsverfahrens ergehenden Beschlüsse des Ausschusses und seiner Unterausschüsse werden mit einer *Mehrheit von fünf Sechsteln der Mitglieder* gefaßt (§ 6 III 1 d. Bek.). Keine Mitgliedergruppe kann deshalb überstimmt werden, wenn sie geschlossen votiert. Die verabschiedete Regel veröffentlicht der Bundesinnenminister mit ihrem vollen Wortlaut im Bundesanzeiger (§ 7 IV 2 d. Bek.). Ob und in welcher Hinsicht der Minister die Regel vor Veröffentlichung überprüfen darf, regelt die Bekanntmachung nicht ausdrücklich. Aus der Trennung von Verabschiedungs- und Veröffentlichungskompetenz wird man aber schließen müssen, daß dem Minister ein Prüfungsrecht zusteht. Tatsächlich nimmt er eine solche Prüfung auch vor[119]. Sinnvollerweise kann sich das Prüfungsrecht nur auf die ordnungsgemäße Ausschußbesetzung, die Einhaltung des vorgeschriebenen Verfahrens sowie die Beachtung der gesetzlichen und verordnungsrechtlichen Bestimmungen richten; eine darüber hinausgehende materielle Prüfung auf wissenschaftlich-technische Richtigkeit und Angemessenheit wäre hingegen mit der angestrebten Unabhängigkeit des Ausschusses nicht vereinbar[119a].

II. Das Regelwerk

Nach Anlaufschwierigkeiten in den ersten Jahren seines Bestehens[120] kommt der KTA mit seiner Arbeit nunmehr zügig voran[121]. Bis Ende

---

[117] Dokumentation der Bundesregierung, S. 393.

[118] Den Kontakt zu externen Arbeitsgremien stellen die projektbegleitenden Unterausschüsse her; vgl. *Schwarzer* (Fn. 100), S. 88.

[119] *Lukes*, Diskussionsbeitrag, in: Regeln und Richtlinien für die Kerntechnik, S. 167; *Orth / Stubbe*, in: Technische Normung und Recht, S. 141 ff., 152; *Sellner*, BauR 1980, S. 391 ff., 405.

[119a] Weitergehend offenbar *Vieweg*, S. 122.

[120] Vgl. *Orth*, in: Regeln und Richtlinien für die Kerntechnik, S. 184 ff., 190 ff.

[121] *Keller / Belda*, atw 1981, S. 157 ff., 160. — Zum Normungsprogramm des Ausschusses vgl. *Freund / Riedel*, in: Regeln und Richtlinien für die Kerntechnik, S. 91 ff.

1980 wurden 26 Regeln veröffentlicht[122]. Die bislang verabschiedeten Regeln sind überwiegend von externen Stellen vorbereitet worden. Insbesondere der Normenausschuß Kerntechnik im DIN (NKe) und die Arbeitsgemeinschaft Druckbehälter (AD)[123], aber auch andere Normungsgremien und selbst einzelne Firmen mit besonderer Erfahrung auf Spezialgebieten arbeiten im Auftrag des KTA Regelvorschläge aus[124].

Die KTA-Regeln sind technische Regeln im eigentlichen Sinne. Als solche beschränken sie sich nicht auf die Festlegung von Sicherheitszielen; vielmehr beschreiben sie detailliert Lösungen technischer Probleme[125]. Oft enthalten sie keine abschließende Regelung, sondern nehmen ergänzend Bezug auf bestimmte Fassungen anderer Regelwerke[126]. Für die KTA-Regeln gilt ebenso wie für die Sicherheitskriterien und RSK-Leitlinien, daß ihr Inhalt von dem angestrebten Sicherheitsniveau und damit von Wertungen abhängt[127].

[122] Mitteilung in atw 1981, S. 638; vgl. auch Staatssekretär *Schwarzkopf* vom Bundesinnenministerium in einer Rede anläßlich der 25. Sitzung des KTA am 21. 10. 1980, ET 1981, S. 70 f., 71.

[123] Zur AD s. u. 3. Kap. E. I.

[124] *Schwarzer* (Fn. 100), S. 88. — Etwa ein Drittel aller KTA-Regeln werden allein vom NKe vorbereitet (*Becker*, DIN-Mitt. 1978, S. 690 ff., 695; *Orth / Stubbe* [Fn. 119], S. 149).

[125] Vgl. etwa KTA 3401.2 „Reaktorsicherheitsbehälter aus Stahl, Teil: Auslegung, Konstruktion und Berechnung", Bek. des BMI v. 3. 7. 1980, Beil. z. BAnz. Nr. 188 v. 8. 10. 1980. — Mitunter bieten sie auch mehrere als gleichwertig erachtete Lösungen eines technischen Problems an, so z. B. Z. 4.1 der Regel KTA 3702.1 „Notstromerzeugungsanlagen mit Dieselaggregaten in Kernkraftwerken, Teil 1: Auslegung", Bek. des BMI v. 3. 7. 1980, Beil. z. BAnz. Nr. 185 v. 3. 10. 1980.

[126] So verweist KTA 3401.2 (Fn. 125) auf eine Reihe nach Titel und Erscheinungsdatum genau bezeichneter DIN-Normen. — Bezugnahmen auf Regelwerke in ihrer jeweils geltenden Fassung (dynamische Verweisungen) enthalten die KTA-Regeln nicht.

[127] Ebenso *K.-H. Berg*, in: 3. Deutsches Atomrechts-Symposium, S. 91 ff., 97. Nach dem vom KTA am 23. 10. 1979 verabschiedeten „Merkblatt über Inhalt, Aufbau und äußere Form von sicherheitstechnischen Regeln des Kerntechnischen Ausschusses (KTA)" (KTA-Dok.-Nr. GS/79/14) müssen KTA-Regeln die durch Gesetze, Rechtsverordnungen und sonstige Regelungen (z. B. Sicherheitskriterien) vorgegebenen Schutzziele benennen (Abschnitt 2 I). Diesem Erfordernis werden die Regeln nicht immer voll gerecht; z. B. enthält KTA 3902, Fass. 6/78 (Bek. des BMI v. 12. 7. 1978, Beil. z. BAnz. Nr. 189 a v. 6. 10. 1978, S. 26 ff., 27) nur ungenaue Angaben über die einschlägigen Bestimmungen.

E. Technische Normen

I. Überblick

Neben den Regeln und Richtlinien öffentlicher Stellen[128] gibt es eine Reihe durch *private* Organisationen aufgestellter technischer Normen, die für den Bau und Betrieb kerntechnischer Anlagen Bedeutung besitzen. Teils handelt es sich um spezifisch kerntechnische Normen, teils um konventionelle Normen über Einrichtungen, die auch in kerntechnischen Anlagen Verwendung finden. Letztere dürfen allerdings erst herangezogen werden, nachdem im Einzelfall festgestellt ist, daß kerntechnische Besonderheiten keine spezielle Regelung erfordern.

Zu den relevanten Normen[129] gehören die AD-Merkblätter der *Arbeitsgemeinschaft Druckbehälter* (AD), die Normen der *Deutschen Elektrotechnischen Kommission* (DKE) und die Normen des *Normenausschusses Kerntechnik im DIN* (NKe)[130]. Mitglieder der AD sind die VdTÜV und fünf industrielle Fachverbände[131]. Die AD-Merkblätter ent-

---

[128] Dazu zählen neben den hier behandelten Richtlinien und Regeln auch die Technischen Regeln für Dampfkessel (TRD) des gem. §§ 24 IV GewO, 31 DampfkV gebildeten Deutschen Dampfkesselausschusses — DDA — (vgl. zum DDA und den TRD *Marburger,* S. 62 ff. m. w. N.) und die gem. § 708 RVO von den Berufsgenossenschaften erlassenen und vom Hauptverband der Berufsgenossenschaften herausgegebenen Unfallverhütungsvorschriften „Druckbehälter" — VGB 17 — (vgl. allgemein zu den UVV *Lukes,* BG 1973, S. 429 ff.; *Nickusch,* S. 62 ff., jeweils m. w. N.). Als konventionelle technische Regeln für Dampfkessel bzw. Druckbehälter sind sie prinzipiell auch auf den Reaktordruckbehälter wassergekühlter Reaktoren anwendbar (*Quirrenbach,* in: 3. Deutsches Atomrechts-Symposium, S. 129 ff.).

[129] Keine technischen Normen im eigentlichen Sinne, aber trotzdem von erheblicher praktischer Bedeutung für die Festlegung sicherheitstechnischer Anforderungen sind die Weisungsbeschlüsse der TÜV-Leitstelle Kerntechnik (ausführlich zu diesem Gremium *Thoenes,* in: Regeln und Richtlinien für die Kerntechnik, S. 63 ff.; *ders.,* TÜ 1975, S. 369 ff., 370 ff.; *Quirrenbach,* TÜ 1981, S. 233 ff., 235 f.). Die Leitstelle ist 1975 von sieben der elf TÜV mit der GRS zu dem Zweck gebildet worden, die Aktivitäten der einzelnen TÜV und der GRS auf dem Gebiet der Kerntechnik zu koordinieren und die Begutachtung von Anlagen i. S. d. § 7 AtG zu vereinheitlichen (§ 1 der Geschäftsordnung, abgedruckt in: *Hoffmann,* Die Organisation der Technischen Überwachung in der Bundesrepublik, Düsseldorf 1980, S. 151). Diesem Zweck entsprechend richten sich die Weisungsbeschlüsse (§ 7 d. GeschO) zwar — anders als technische Normen — unmittelbar nur an die in der Leitstelle vertretenen Organisationen. Daneben entfalten sie aber eine mittelbare Außenwirkung, da sie veröffentlicht werden (im Maximilianverlag, Herford) und den Beteiligten der atomrechtlichen Genehmigungsverfahren Anhaltspunkte für die voraussichtliche Beurteilung durch die Gutachterorganisationen liefern. Werden zu einem bestimmten Problem KTA-Regeln aufgestellt, so zieht die Leitstelle zu diesem Problem gefaßte Weisungsbeschlüsse zurück (*Thoenes,* in: Regeln und Richtlinien für die Kerntechnik, S. 63 ff., 69).

[130] Außer dem NKe wirken auch die Normenausschüsse Armaturen, Bauwesen, Ergonomie, Maschinenbau, Rohrleitungen und Schweißtechnik an kerntechnisch relevanten Normungsvorhaben mit (*Reihlen,* in: Regeln und Richtlinien für die Kerntechnik, S. 108 ff., 123).

[131] Einzelheiten zur AD bei *Hanning,* S. 122; *Hoffmann,* TÜ 1977, S. 229 ff.

halten Festlegungen für Druckbehälter. Sie werden von der VdTÜV herausgegeben. Die DKE wurde 1970 durch einen Vertrag zwischen dem Deutschen Normenausschuß, dem heutigen DIN, und dem Verband Deutscher Elektrotechniker e. V. (VDE) gegründet[132]. Sie fungiert gleichzeitig als Ausschuß des DIN und des VDE. Ihre Hauptaufgabe ist es, elektrotechnische Normen aufzustellen. Kerntechnische Normungsarbeit leistet ihr Fachbereich 9 „Messen, Steuern, Regeln“[133]. Die Bestimmungen der DKE erscheinen als DIN-Normen; haben sie einen sicherheitstechnischen Bezug, werden sie zusätzlich in das VDE-Vorschriftenwerk aufgenommen. Den zahlenmäßig größten Anteil an den kerntechnischen Normen stellen die vom NKe aufgestellten DIN-Normen[134]. Deshalb sollen Organisation und Verfahren der NKe-Normung nachfolgend in den Grundzügen dargestellt werden.

II. DIN-NKe-Normen

Das *DIN Deutsches Institut für Normung e. V.*, dessen Geschichte bis auf den 1917 gegründeten „Normalienausschuß für den allgemeinen Maschinenbau beim VDI“ zurückreicht[135], ist die größte deutsche Normungsorganisation. Seine ausschließliche Aufgabe besteht darin, in Zusammenarbeit der interessierten Kreise technische Normen aufzustellen und ihre Anwendung zu fördern (§ 1 II der Satzung[136]). Die Mitgliedschaft im DIN können nur „Unternehmen und juristische Personen“ erwerben (§ 2 I der Satzung). Deshalb überrascht es nicht, daß etwa zwei Drittel der Mitglieder des Präsidiums, des zentralen Lenkungsorgans des DIN[137], der Wirtschaft zuzurechnen sind[138]. Die eigent-

---

[132] Angaben zur Organisation der DKE bei *Marburger*, S. 209 f.

[133] Eingehend zu den Aktivitäten dieses Fachbereichs auf kerntechnischem Gebiet *Gebauer*, in: Regeln und Richtlinien für die Kerntechnik, S. 145 ff.

[134] 1980 bestanden 92 DIN-NKe-Normen (Tätigkeitsbericht des DIN 1980/1981, S. 34 f.).

[135] Vgl. zur Geschichte des DIN *Marburger*, S. 197 m. w. N.

[136] Abgedruckt in: DIN (Hrsg.), Grundlagen der Normungsarbeit des DIN, Normenheft 10, Berlin — Köln — Frankfurt a. M. 1975. — § 1 II der Satzung bestimmt: „Das DIN verfolgt ausschließlich und unmittelbar gemeinnützige Zwecke ..., indem es durch Gemeinschaftsarbeit der interessierten Kreise zum Nutzen der Allgemeinheit Deutsche Normen oder andere Arbeitsergebnisse, die der Rationalisierung, der Qualitätssicherung, der Sicherheit und der Verständigung in Wirtschaft, Technik, Wissenschaft, Verwaltung und Öffentlichkeit dienen, aufstellt, sie veröffentlicht und ihre Anwendung fördert“. Nach § 1 III der Satzung vertritt das DIN „die Deutsche Normung im In- und Ausland“.

[137] Weitere Organe sind nach § 4 der Satzung die Mitgliederversammlung, der Präsident, der Direktor und die Normenausschüsse.

[138] Vgl. Tätigkeitsbericht 1980/81 des DIN, S. 33. Den dominierenden Einfluß wirtschaftlicher, insbes. industrieller Interessen betonen auch *Backherms*, S. 54; *Marburger*, S. 198, jeweils m. w. N.

liche Normungsarbeit wird in den „*Normenausschüssen*", in denen mehrere Arbeitsausschüsse zusammengefaßt sind, und in „*selbständigen Arbeitsausschüssen*" geleistet[139]. Derzeit bestehen etwa 120 solcher Ausschüsse[140], in denen über 40 000 ehrenamtliche Mitarbeiter tätig sind.

Der 1958 gebildete NKe gliedert sich in vier Fachbereiche, denen eine verschieden hohe Zahl von Arbeitsausschüssen angehört[141]. Oberstes Lenkungsgremium ist der Beirat. Zusätzlich besitzt jeder Fachbereich ein eigenes Lenkungsgremium[142]. Die Geschäftsstelle des NKe wird von einem hauptamtlichen Geschäftsführer geleitet. Über die Geschäftsstelle können sowohl Präsidium und Geschäftsführung des DIN als auch Vorsitzender und Beirat des NKe Einfluß auf die Arbeit in den Fachbereichen nehmen[143]. Finanziert wird der Ausschuß zu 70 % durch Förderbeiträge der Industrie, zu 22 % durch Zuschüsse des DIN und zu 8 % aus Vergütungen für Sonderleistungen gegenüber dem Bundesinnenministerium und der EG[144].

Das Normungsverfahren ist in DIN 820 Bl. 1 und 4 geregelt. Bis zur Fertigstellung durchläuft eine Norm die vier Entstehungsstufen Norm-Vorschlag, Norm-Vorlage, Norm-Entwurf, Norm. Die Aufstellung einer DIN-Norm kann jedermann beantragen (DIN 820 Bl. 1 Nr. 5.1), dem Antrag soll möglichst ein Norm-Vorschlag beigefügt sein (DIN 820 Bl. 4 Nr. 2.1.1). Über die Annahme des Antrags entscheidet der zuständige Normenausschuß. Wird der Antrag abgelehnt, kann der Antragsteller die DIN-Geschäftsleitung und gegen deren Entscheidung das Präsidium anrufen (DIN 820 Bl. 4 Nr. 2.1.3). Im Fall der Annahme werden in dem befaßten Arbeitsausschuß eine oder — soweit nötig — mehrere aufeinander folgende Norm-Vorlagen gefertigt (DIN 820 Bl. 4 Nr. 2.2.1). Ist die Arbeit bis zur Veröffentlichungsreife gediehen, verabschiedet der Arbeitsausschuß die Vorlage (DIN 820 Bl. 4 Nr. 2.3.1). Nach formeller Prüfung durch die Innere Normenprüfstelle (DIN 820 Bl. 4 Nr. 2.3.2) wird das Manuskript als Normenentwurf durch den DIN-eigenen Beuth-

---

[139] § 9 der Satzung; Nr. 1.1 der Richtlinien für Normenausschüsse (abgedruckt in DIN-Normenheft 10).

[140] Zur rechtlichen Stellung der Ausschüsse vgl. *Marburger*, S. 199 f. m.w.N., der sie als nicht rechtsfähige Vereine und zugleich als Organe des DIN qualifiziert.

[141] Einzelheiten bei *Becker*, in: Regeln und Richtlinien für die Kerntechnik, S. 128 ff., 132 ff. — Neben den Arbeitsausschüssen gibt es Gemeinschaftsausschüsse, die zusammen mit anderen Normungsverbänden gebildet werden (*Becker*, S. 132).

[142] *Becker* (Fn. 141), S. 132. — Neben anderen Fachleuten gehören die Obleute der dem Fachbereich zugehörigen Arbeitsausschüsse den Lenkungsgremien an. Die Lenkungsgremien entscheiden über die Reihenfolge von Normungsprojekten und setzen neue Arbeitsausschüsse ein.

[143] *Becker* (Fn. 141), S. 130.

[144] Mitteilung in IKN 4/1979, S. 2.

Verlag publiziert und im Normenanzeiger der DIN-Mitteilungen angezeigt (DIN 820 Bl. 4 Nr. 2.4.1, DIN 820 Bl. 1 Nr. 5.3). Die Anzeige setzt eine i. d. R. viermonatige Frist in Gang, in der jedermann zu dem Entwurf Einsprüche erheben kann (DIN 820 Bl. 4 Nr. 2.4.3.). Zugleich nehmen das Präsidium und die Normenprüfstelle[145] zu dem Entwurf Stellung (DIN 820 Bl. 4 Nr. 2.4.4). Nach Ablauf der Einspruchsfrist berät der Arbeitsausschuß die eingegangenen Stellungnahmen (DIN 820 Bl. 4 Nr. 2.4.5). Gegen abschlägige Entscheidungen des Arbeitsausschusses kann der Stellungnehmende ein Schlichtungsverfahren und, falls er darin ohne Erfolg bleibt, ein Schiedsverfahren beantragen (DIN 820 Bl. 4 Nr. 2.4.7). Nach Erledigung aller Stellungnahmen verabschiedet der Arbeitsausschuß die endgültige Fassung der Norm (DIN 820 Bl. 4 Nr. 2.5.1) und leitet sie an die Geschäftsstelle der Normenprüfstelle weiter, die nach erneuter Prüfung des Verfahrensganges die Norm in das „Deutsche Normenwerk" aufnimmt (DIN 820 Bl. 4 Nrn. 2.5.2, 2.5.3, 2.6.1). Auf das Erscheinen der Norm wird im Normenanzeiger hingewiesen; die Norm ist von diesem Zeitpunkt an bei dem Beuth-Verlag erhältlich (DIN 820 Bl. 4 Nr. 8).

Die fachliche Arbeit leisten im NKe wie in allen Normenausschüssen Fachleute aus den interessierten Kreisen (unter anderem Hersteller, Behörden, Sachverständige) als ehrenamtliche Mitarbeiter. Diese müssen von den entsendenden Stellen autorisiert und entscheidungsbefugt sein (DIN 820 Bl. 1 Nr. 3.4). Die Arbeitsausschüsse bestimmen selbst über ihre Zusammensetzung (Richtlinien für Normenausschüsse Nr. 10.2). Dabei haben sie dem Grundsatz ausgewogener *Interessenrepräsentanz* Rechnung zu tragen; in Streitfällen entscheidet letztverbindlich das Präsidium (DIN 820 Bl. 1 Nr. 3.4).

Zur Einhaltung der geschilderten Verfahrensgrundsätze hat sich das DIN in einem 1975 mit der Bundesrepublik Deutschland geschlossenen Vertrag[146] verpflichtet. Dieser Vertrag bekräftigt die in § 1 II der Satzung des DIN verankerte Ausrichtung der DIN-Normung auf das Allgemeinwohl. In ihm erkennt die Bundesregierung das DIN als zuständige Normenorganisation für das Bundesgebiet und Westberlin und als Repräsentant der deutschen Normung in nichtstaatlichen internationalen Normenorganisationen an (§ 1 I). Im Gegenzug verpflichtet sich das DIN, bei seiner Normungsarbeit das öffentliche Interesse zu berücksichtigen (§ 1 II) und die Regelungen der DIN 820 einzuhalten. § 2 des Ver-

---

[145] Die Normenprüfstelle ist ein Organ des Präsidiums (Geschäftsordnung des Präsidiums, Nr. 4.2.1, abgedruckt in DIN-Normenheft 10).

[146] Vertrag zwischen der Bundesrepublik Deutschland, vertreten durch den Bundesminister für Wirtschaft, und dem DIN Deutsches Institut für Normung e. V., vertreten durch dessen Präsidenten, v. 5. 6. 1975 (abgedruckt in Beil. z. BAnz. Nr. 114 v. 27. 6. 1975 und in DIN-Normenheft 10).

trages gewährleistet der Bundesregierung Sitze in den Lenkungsgremien der Normenausschüsse; die interessierten behördlichen Stellen müssen an der fachlichen Arbeit beteiligt werden. Durch diesen Vertrag ist ein wichtiger Schritt getan, um ein Gegengewicht zu dem dominierenden Einfluß der interessierten Wirtschaftskreise in den verschiedenen Gremien des DIN zu schaffen[147].

Als DIN-Normen sind die vom NKe aufgestellten Regeln Bestandteil des *Deutschen Normenwerkes*[148], das über 22 000 Normen umfaßt[149]. Überwiegend sind sie weniger komplex als die KTA-Regeln[150]. Obgleich Sicherheitsaspekte bei ihnen durchweg nicht im Vordergrund stehen, werden sicherheitstechnisch relevante Probleme nicht völlig aus der Normungsarbeit ausgeklammert[151]. Auch DIN-Normen kommen deshalb von ihrem Aussagegehalt her für die Konkretisierung der atomrechtlichen Schadensvorsorge in Betracht.

F. Überblick über internationale und regionale Normungsaktivitäten

Nicht nur im innerstaatlichen Bereich, sondern auch auf internationaler und regionaler (europäischer) Ebene sind in den letzten Jahren verstärkt Projekte zur Erarbeitung kerntechnischer Richtlinien und Regeln angelaufen. Träger dieser Initiativen sind ganz verschiedenartige, zum Teil von den Staaten getragene, zum Teil private Organisationen. Genannt seien die Internationale Atomenergie-Organisation (IAEO), die International Organization for Standardization (ISO), die International Elektrotechnical Commission (IEC), die bereits erwähnte[152] International Commission on Radiological Protection (ICRP) und die EG-Kommission[153]. Die IAEO, eine Unterorganisation der UNO, erarbeitet in ihrem NUSS (Nuclear Safety Standards)-Programm „Codes of Practice", die ähnlich den deutschen Sicherheitskriterien Zielanforderungen stellen, und „Safety Guides", die technische Regeln enthalten[154].

---

[147] Zur genaueren Bewertung des Vertrages vgl. *Backherms*, S. 59 ff. u. 93 ff.; *Marburger*, S. 203 ff., 606 f.; vgl. auch *Böttger*, in: Technische Normung und Recht, S. 31 ff. Die Vereinbarkeit des Vertrages mit dem Grundgesetz untersucht *Backherms*, S. 94 ff.

[148] Beispiele für die verschiedenen im Deutschen Normenwerk vertretenen Normenarten bei *Zemlin*, S. 4 ff.

[149] Vgl. Tätigkeitsbericht 1979/80, S. 19.

[150] *Becker*, DIN-Mitt. 1978, S. 690 ff., 695.

[151] *Becker* (Fn. 150), S. 695, der darauf hinweist, daß rein sicherheitstechnische Vorhaben nur im Benehmen mit dem KTA durchgeführt werden.

[152] s. o. 1. Kap. A. II. mit Fn. 14.

[153] Diese Aufzählung ist nicht abschließend; vgl. *Becker* (Fn. 150), S. 694.

[154] Nähere Angaben zu dem NUSS-Programm in Bek. des BMI v. 23. 12. 1976, BAnz. Nr. 5 v. 5. 1. 1977, S. 1; vgl. außerdem *Becker* (Fn. 150), S. 692 f.;

Die Arbeitsergebnisse haben den Charakter von Empfehlungen. Von deutscher Seite wirkt der Bundesinnenminister über die Gesellschaft für Reaktorsicherheit an dem Programm mit. Die ISO und die IEC sind private Organisationen, in denen die zuständigen nationalen Normenorganisationen zusammengeschlossen sind[155]. In der ISO arbeitet das DIN, in der IEC die DKE mit. Während die IEC sich ausschließlich der elektrotechnischen Normung widmet, ist der Arbeitsbereich der ISO mit Ausnahme der Elektrotechnik umfassend. Beide Organisationen haben sich das Ziel gesetzt, durch ihre Normungsarbeit technische Anforderungen international zu harmonisieren und auf diese Weise Handelshemmnisse abzubauen. Für die kerntechnische Normung sind die Arbeitsgremien ISO/TC 85 und IEC/SC 45 zuständig[156]. Ihre Arbeitsergebnisse werden als DIN-Normen in das Deutsche Normenwerk, die IEC-Normen außerdem in das VDE-Vorschriftenwerk übernommen. Die EG-Kommission hat bislang eigene Normen nur auf dem Gebiet des Strahlenschutzes aufgestellt. Diese sog. Grundnormen sind ebenso wie die ICRP-Empfehlungen Grundlage für die nationalen Strahlenschutzverordnungen geworden. Auf dem Gebiet der Sicherheitstechnik beschränkt sich die Kommission darauf, zur Harmonisierung der Sicherheitsnormen in den Mitgliedsstaaten vergleichende Analysen anzufertigen[157].

G. Regelsystem oder Regelwirrwarr?

Die vielfältigen Bemühungen um eine Konkretisierung der Anforderungen an kerntechnische Anlagen werfen die Frage auf, in welchem Verhältnis die Vorschriften, Richtlinien, technischen Regeln und Normen zueinander stehen. Bilden sie ein System oder handelt es sich um einen Regelwirrwarr?

Die Antwort liegt zwischen diesen beiden Polen. Einerseits haben die verschiedenen Stellen ihre Konkretisierungsbemühungen nicht nach einem abgestimmten Gesamtplan aufgenommen. Infolge der stürmischen Entwicklung der Kerntechnik entstand auf verschiedenen Ebenen — bei den Behörden, den Gutachter- und Beratungsorganisationen sowie auf Seiten der Hersteller und Betreiber — ein starkes Bedürfnis nach technischen Regeln. Da divergierende Interessen eine schnelle

---

Dokumentation der Bundesregierung, S. 396; *Andres / Franzen,* in: Regeln und Richtlinien für die Kerntechnik, S. 259 ff.

[155] Zur ISO und zur IEC vgl. *Marburger,* S. 236 ff. u. 239 ff.

[156] Speziell zur kerntechnischen Normung von ISO und IEC vgl. *Becker* (Fn. 150), S. 693.

[157] Zu den Aktivitäten der EG-Kommission vgl. *Becker* (Fn. 150), S. 693 f. — Der Erlaß der Grundnormen beruht auf Art. 30 des Vertrages zur Gründung der Europäischen Atomgemeinschaft (Euratom) v. 25. 3. 1957 (BGBl. II S. 1014).

Einigung auf einen gemeinschaftlichen Organisationsrahmen verhinderten[158], ergriff jede Seite von sich aus die Initiative. So ist es erklärlich, daß der Länderausschuß für Atomkernenergie, die RSK und die SSK, die TÜV-Leitstelle Kerntechnik und private Normungsgremien Regeln aufgestellt haben, die sich nach ihrem Auflösungsgrad nicht wesentlich unterscheiden. Die Bildung des KTA hat diese Situation zunächst nicht erheblich verändert. Vor allem der schwerfällige Abstimmungsmodus (5/6-Mehrheit) machte es unmöglich, in kurzer Zeit ein geschlossenes KTA-Regelwerk zu schaffen, das die Regeln anderer Gremien hätte ersetzen können. Von einem Regelwirrwarr kann dennoch nicht gesprochen werden. Denn die betroffenen Stellen haben sich mit zunehmendem Erfolg bemüht, ihre unkoordiniert begonnenen Regelungsaktivitäten aufeinander abzustimmen. So hat das Bundesinnenministerium die Absicht bekundet, behördliche Richtlinien zu technischen Detailfragen nur zu verabschieden, soweit nicht andere Gremien entsprechende sachgerechte Regeln aufstellen[159]. Die RSK und die TÜV-Leitstelle verzichten in ihren Leitlinien bzw. Weisungsbeschlüssen zunehmend auf eigene Regelungen zugunsten von Verweisungen auf KTA-Regeln[160]. Das Verhältnis der KTA-Arbeit zur Normung der AD und des NKe ist sogar vertraglich geregelt. Die AD verzichtet in einer Vereinbarung mit dem KTA gänzlich auf die Aufstellung spezifisch kerntechnischer Normen[161]. In der Vereinbarung zwischen dem KTA und dem DIN ist ein solcher Verzicht nicht enthalten, jedoch führt der NKe sicherheitstechnische Normungsvorhaben nur im Benehmen mit dem KTA durch[162]. Darüber hinaus finden regelmäßig Konsultationen zwischen den Geschäftsführern beider Gremien statt[163]. Insgesamt stellen sich die untergesetzlichen Festlegungen deshalb als ein Regelgefüge dar, das zwar nicht aus einem Guß geformt, aber durch Koordinierungsmaßnahmen so abgestimmt ist, daß Doppelarbeit gering gehalten werden kann.

Ob die einzelnen Regelwerke auch hinsichtlich des angestrebten Sicherheitsniveaus harmonisiert sind, kann der Rechtsanwender i. d. R. ohne sachverständige Beratung nicht erkennen, denn die Regelwerke

---

158 Die Bemühungen um die Bildung des KTA zogen sich über fünf Jahre hin (vgl. *Kuhnt*, ET 1972, S. 220).

159 *Matting*, in: Regeln und Richtlinien für die Kerntechnik, S. 292 ff., 293.

160 Vgl. für die RSK *Birkhofer / Jahns*, atw 1977, S. 191 ff., 193; *Jahns / Schneider*, in: Regeln und Richtlinien für die Kerntechnik, S. 55 ff., 62; für die TÜV-Leitstelle oben Fn. 129.

161 Mitteilung der VdTÜV-Geschäftsstelle an den Verfasser.

162 Zum Inhalt dieser Vereinbarung s. *Becker* (Fn. 150), S. 695; *Orth / Stubbe*, in: Technische Normung und Recht, S. 141 ff., 150. — Damit scheint die Phase anfänglicher Rivalität zwischen beiden Gremien überwunden (vgl. *Schwarz*, in: Regeln und Richtlinien für die Kerntechnik, S. 202 ff., 210).

163 *Becker*, in: Regeln und Richtlinien für die Kerntechnik, S. 128 ff., 138.

enthalten keine Angaben über die einfließenden Wertungen. Weder die Organisationserlasse, auf denen die öffentlich-rechtlichen Gremien beruhen, noch die vereinsinternen Bestimmungen der privaten Normungsorganisationen schreiben vor, die in Gesetzen, Rechtsverordnungen oder Sicherheitskriterien niedergelegten Schutzziele zu beachten. Lediglich das vom KTA verabschiedete „*Merkblatt über Inhalt, Aufbau und äußere Form von sicherheitstechnischen Regeln des Kerntechnischen Ausschusses*“[164] stellt eine solche Forderung auf. Deshalb bestehen Bedenken, die Festlegungen der technischen Regelwerke unbesehen zur Konkretisierung der atomrechtlichen Sicherheitsanforderungen heranzuziehen.

---

[164] s. o. Fn. 127.

Viertes Kapitel

Die rechtliche Bedeutung der untergesetzlichen Regelungen

Ob das im 3. Kapitel beschriebene untergesetzliche Regelungsgefüge zur Konkretisierung des § 7 II Nr. 3 AtG beitragen kann, hängt entscheidend von der rechtlichen Bedeutung der zugehörigen Bestimmungen ab. Sind sie für die Genehmigungsbehörden und Gerichte rechtlich irrelevant, können Antragsteller und betroffene Dritte ihre Anwendung nicht vorhersehen. Der Rechtssicherheit dienen sie deshalb nur, falls die rechtsanwendenden Stellen eine Rechtspflicht trifft, sie zu beachten.

A. Rechtsnormative Verbindlichkeit

Verbindlich können Sicherheitsanforderungen durch Rechtsnormen konkretisiert werden. Die Prüfung der rechtlichen Relevanz des untergesetzlichen Regelungsgefüges muß daher bei der Frage ansetzen, ob die betreffenden Verordnungen, Richtlinien und Regeln gültige *Rechtsnormen* sind oder doch ihr Inhalt durch Rechtsnormen verbindlich gemacht wird.

I. Strahlenschutzverordnung

1. Konkretisierungsfunktion trotz Vorrangs des Gesetzes

Die *Strahlenschutzverordnung* hat als Rechtsverordnung Rechtsnormcharakter. Somit ist sie grundsätzlich geeignet, verbindliche Aussagen über die erforderliche Schadensvorsorge zu treffen. Da es sich bei der Verordnungsgebung um Rechtsetzung durch die vollziehende Gewalt handelt, gilt für sie allerdings der *Vorrang des Gesetzes* (Art. 20 III GG)[1]; die Vorschriften der Strahlenschutzverordnung können also nur insoweit Geltung beanspruchen, wie sie im Einklang mit dem formellen Gesetz, insbesondere mit § 7 II Nr. 3 AtG stehen. Aus diesem Grunde scheint die Konkretisierungsfunktion der Strahlenschutzverordnung in Frage gestellt: Müßte der Rechtsanwender in jedem Einzelfall ermitteln, welche Anforderungen sich unmittelbar aus § 7 II Nr. 3 AtG ergeben, um

[1] Zum Inhalt des Vorrangs des Gesetzes vgl. *Maunz*, in: Maunz / Dürig / Herzog / Scholz, Art. 80 Rdnr. 4.

daran die Regelungen der Strahlenschutzverordnung zu messen[2], so würde nichts an Rechtssicherheit gewonnen. Letztlich käme es allein auf die Auslegung des § 7 II Nr. 3 AtG an; dem Verordnungsgeber bliebe kein Spielraum verbindlicher Entscheidung.

Diese Sichtweise ist mit Sinn und Zweck der Ermächtigung in § 12 I Nrn. 1 und 2 AtG nicht in Einklang zu bringen. Die Ermächtigungsnorm soll es der Exekutive ermöglichen, das Regelungsdefizit der atomgesetzlichen Schutzvorschriften durch untergesetzliche Rechtsetzung zu verringern. Dieser Intention widerspräche es, wenn der Rechtsanwender die konkretisierende Entscheidung des Verordnungsgebers voll überprüfen und durch eine eigene Entscheidung ersetzen dürfte. Zu Recht ist darauf hingewiesen worden, daß eine Verordnungsermächtigung, die dem Adressaten keinerlei Gestaltungsspielraum ließe, paradox wäre, weil sie die erstrebte Konkretisierung unmöglich machen würde[3]. Das bedeutet nicht, daß sich der Verordnungsgeber über § 7 II Nr. 3 AtG hinwegsetzen dürfte. Er hat bei seinen Entscheidungen die Gesichtspunkte zu beachten, die im 2. Kapitel als wesentlich für die Schadensvorsorge herausgearbeitet worden sind, muß also insbesondere neben der Abwehr von Gefahren eine Risikovorsorge gewährleisten und die Schadensvorsorge am Stand von Wissenschaft und Technik ausrichten. Auch bei Berücksichtigung dieser Kriterien bleibt aber ein beachtlicher, in der Unbestimmtheit des § 7 II Nr. 3 AtG wurzelnder *Wertungsspielraum*[4]. Ihn letztverantwortlich dem Verordnungsgeber zur Ausfüllung zu überlassen, ist mit dem Vorrang des Gesetzes vereinbar. Denn insoweit fehlt es an einer gesetzlichen Determination, die eine Bindung i. S. des Art. 20 III GG auslösen könnte; auch der Rechtsanwender — sei es die Genehmigungsbehörde oder das Verwaltungsgericht — müßte einen Rest von Dezision aufwenden, um zu einer konkretisierenden Entscheidung zu gelangen.

2. *Zulässigkeit der Festlegung von Grenzwerten durch den Verordnungsgeber*

Ist die Strahlenschutzverordnung somit grundsätzlich geeignet, die Sicherheitsanforderungen an kerntechnische Anlagen zu konkretisieren, so ergeben sich doch besondere Probleme für die in den §§ 28 III, 44 ff. StrlSchV enthaltenen Grenzwertregelungen. Die Verordnung relativiert

---

[2] So *Kramer / Zerlett*, C, Anm. II 1 c cc (S. 29 f.); im Ergebnis ebenso OVG Lüneburg, B. v. 22. 11. 1976, DVBl. 1977, S. 340/342 f.

[3] So *Breuer*, DVBl. 1978, S. 598 ff., 601; *ders.*, NJW 1979, S. 1862 ff., 1869.

[4] s. o. 2. Kap. C. VI. — Das gilt sowohl für die zentrale Frage der Gefahrenabwehr, welche Wahrscheinlichkeit ein Risiko als Gefahr erscheinen läßt, als auch für die im Rahmen der Risikovorsorge wichtige Frage, welche technischen Möglichkeiten als unverhältnismäßig außer Betracht bleiben.

die Dosisgrenzwerte selbst durch das Strahlenminimierungsgebot; die Grenzwerte dürfen also nur ausgeschöpft werden, wenn eine weitere Strahlenverminderung technisch nicht realisierbar oder unverhältnismäßig ist. Nicht einmal eine derart begrenzte Konkretisierungsfunktion könnten die Grenzwerte allerdings dann ausüben, wenn die Ansicht des OVG Lüneburg[5] zuträfe, daß Dosisgrenzwerte wegen ihrer großen Bedeutung für die Grundrechte aus Art. 2 II GG nur vom Gesetzgeber verbindlich festgelegt werden dürfen. Konsequenterweise sieht das Gericht die betreffenden Vorschriften der Strahlenschutzverordnung nur als unverbindliche, durch den atomgesetzlichen Gefahrenbegriff relativierte Orientierungen an. Ob diese der Rechtssicherheit wenig dienliche Auslegung verfassungsrechtlich geboten ist, bedarf näherer Untersuchung. Prüfungsmaßstäbe sind Art. 2 II 3 GG und Art. 80 I GG.

a) Vereinbarkeit mit Art. 2 II 3 GG

Nach Art. 2 II 3 GG darf in die Rechte auf Leben und körperliche Unversehrtheit „nur auf Grund eines Gesetzes eingegriffen werden“, wobei ein Gesetz im Sinne der Vorschrift nach h. M.[6] ausschließlich das formelle Gesetz ist. Der Gesetzesvorbehalt des Art. 2 II 3 GG betrifft also lediglich *Eingriffe* in die genannten Grundrechte. Die Festlegung von Dosisgrenzwerten stellt keinen solchen Eingriff dar[7]. Zwar markieren die Grenzwerte nicht eine Schwelle, unterhalb deren Gesundheitsrisiken völlig ausgeschlossen sind[8]. Wie der Zusammenhang mit Art. 1 III GG zeigt, bezieht sich Art. 2 II 3 GG jedoch nur auf *staatliche* Eingriffe. Die mit der Strahlenbelastung verbundenen Risiken werden demgegenüber von den Betreibern kerntechnischer Anlagen verursacht. Daran ändern auch Dosisgrenzwerte nichts. Sie haben die Funktion, die

---

[5] OVG Lüneburg, B. v. 22. 11. 1976, DVBl. 1977, S. 340/341 f.; ebenso *Roßnagel*, S. 85. Bedenken gegen die Verfassungsmäßigkeit der Dosisgrenzwerte macht auch *Hinz*, in: 4. Deutsches Atomrechts-Symposium, S. 165 ff., 167 ff., geltend.

[6] *v. Mangoldt / Klein*, Art. 2 Anm. VII 1; *Niemöhlmann*, in: v. Münch, Art. 2 Rdnr. 55; *Wernicke*, in: Bonner Kommentar, Art. 2 Anm. II 2 f. Demgegenüber zieht *Dürig*, in: Maunz / Dürig / Herzog / Scholz, Art. 2 II Rdnr. 7 aus Art. 104 I 1 GG den Gegenschluß, es reiche aus, wenn die grundsätzliche Zulässigkeit eines Eingriffs in einem Parlamentsgesetz vorgesehen sei; die Einzelheiten dürften hingegen in Rechtsverordnungen geregelt werden.

[7] *Götz*, in: 4. Deutsches Atomrechts-Symposium, S. 177 ff., 178; a. A. *Hinz* (Fn. 5), S. 168; vgl. auch *Schwabe*, S. 213 ff.

[8] s. o. 3. Kap. A. II (bei Fn. 37). — Entgegen der Meinung von *Hinz* (Fn. 5), S. 169, kann auch nicht angenommen werden, daß der Atomgesetzgeber nur zur Festlegung solcher Schwellenwerte ermächtigen wollte. Denn bei Erlaß des Atomgesetzes hatte sich die Theorie der linearen Dosis-Wirkungs-Beziehung bereits weitgehend durchgesetzt und Eingang in ICRP-Empfehlungen und EG-Grundnormen gefunden (vgl. OVG Münster, U. v. 20. 2. 1975, S. 220/224).

grundrechtlich geschützten Freiheitsbereiche der Anlagenbetreiber[9] und Betroffenen gegeneinander abzugrenzen, bewirken dagegen nicht, daß die Strahlenbelastung den Charakter eines staatlichen Eingriffs erhält. Auch eine entsprechende Anwendung des Art. 2 II 3 GG ist nicht geboten, weil Grenzwertregelungen Eingriffen wertungsmäßig nicht gleichstehen. Anders als diese schränken sie Grundrechte nicht ein, sondern dienen primär dem Schutz der individuellen Freiheitssphäre vor Dritten. Eine Entscheidung des Gesetzgebers als Garant grundrechtlicher Freiheit ist deshalb weniger dringlich. Außerdem fällt der Gewaltenteilungsaspekt, der dem Gesetzesvorbehalt des Art. 2 II 3 GG zugrunde liegt, nicht in die Waagschale, denn nicht Eingriffe der Exekutive, sondern Handlungen privater Personen werden begrenzt. Mit Art. 2 II 3 GG ist die Festlegung von Grenzwerten durch den Verordnungsgeber somit vereinbar.

b) Vereinbarkeit mit Art. 80 I GG

Art. 80 I 1 GG unterstellt die exekutivische Rechtsetzung ausnahmslos dem Vorbehalt des formellen Gesetzes. Hingegen sieht die Vorschrift keine Beschränkung der Materien vor, die der Regelung im Verordnungswege überlassen werden können. Folglich scheint der Verordnungsgeber Grenzwerte festlegen zu dürfen, vorausgesetzt die gesetzliche Ermächtigung entspricht den Anforderungen des Art. 80 I 2 GG. Wäre die These des OVG Lüneburg richtig, daß verbindliche Grenzwertfestlegungen dem Gesetzgeber vorbehalten seien, würde ein bestimmter Sachkomplex bis ins Detail der verordnungsrechtlichen Regelung entzogen — ein mit dem Wortlaut des Art. 80 I 1 GG schwerlich zu vereinbarendes Ergebnis. Bezeichnenderweise hat sich das Gericht mit Art. 80 I GG überhaupt nicht auseinandergesetzt. Statt dessen knüpft es unausgesprochen an die *Wesentlichkeitstheorie* an, die vom Bundesverfassungsgericht[10] entwickelt worden ist, um den Geltungsbereich des aus Art. 20 III GG hergeleiteten allgemeinen Gesetzesvorbehalts abzustecken. Nach dieser Theorie muß der Gesetzgeber in grundlegenden normativen Bereichen die wesentlichen Entscheidungen selbst treffen[11]. Die Wesentlichkeitstheorie wird jedoch überdehnt, wenn sämtliche Regelungen eines solchen grundlegenden Bereichs als wesentlich eingestuft werden, wie es das OVG Lüneburg für die Festlegung von Dosisgrenzwerten annimmt.

---

[9] Zur Grundrechtsträgerschaft der Anlagenbetreiber s. o. 2. Kap. C. IV. 2. mit Fn. 129.

[10] BVerfG — 1. Sen. —, U. v. 6. 12. 1972, S. 165/192 f.; BVerfG — 2. Sen. —, B. v. 28. 10. 1975, E 40, S. 237/249; BVerfG — 1. Sen. —, B. v. 27. 1. 1976, E 41, S. 251/259 f.; BVerfG — 2. Sen. —, B. v. 8. 8. 1978, E 49, S. 89/126. Aus der Literatur vgl. *Kisker*, NJW 1977, S. 1313 ff., 1317 ff.; *Rengeling*, NJW 1978, S. 2217 ff., 2219, jeweils m. w. N.

[11] BVerfG — 2. Sen. —, B. v. 8. 8. 1978, E 49, S. 89/126.

Richtig gestellt lautet die hier interessierende Frage daher nicht, ob der Verordnungsgeber überhaupt Dosisgrenzwerte festlegen darf, sondern ob die Ermächtigungsnorm des § 12 I Nr. 2 AtG den Bestimmtheitsanforderungen des Art. 80 I 2 GG genügt. Danach „müssen Inhalt, Zweck und Ausmaß der erteilten Ermächtigung im Gesetze bestimmt werden". Die Ermächtigungsnorm muß erkennen lassen, welche Materie geregelt werden soll (Inhalt), in welchem Rahmen sich die Regelung bewegen muß (Ausmaß) und welchem Zweck sie dient[12]. Welcher Bestimmtheitsgrad ausreicht, läßt sich nicht allgemein sagen. Formulierungen des Bundesverfassungsgerichts wie die, daß dem Ermächtigungsadressaten ein Programm vorgegeben sein müsse (Programmformel)[13] und daß voraussehbar sein müsse, in welchen Fällen und mit welcher Tendenz von ihr Gebrauch gemacht werden könne (Vorhersehbarkeitsformel)[14], haben keinen wesentlichen Konkretisierungswert. Deshalb kann nur von Fall zu Fall entschieden werden, wie bestimmt die Ermächtigungsnorm zu sein hat[15]. Das entspricht auch der Tendenz des Bundesverfassungsgerichts, die Bestimmtheitsanforderungen flexibel nach den Eigenarten der jeweiligen Regelungsmaterie auszurichten[16].

Gesichtspunkte für die Einzelfallentscheidung lassen sich aus der bereits erwähnten, zum allgemeinen Gesetzesvorbehalt entwickelten Wesentlichkeitstheorie gewinnen. Zwar geht es wegen Art. 80 I 1 GG nicht an, als grundlegend qualifizierte Materien mit dem OVG Lüneburg in ihrer Gesamtheit formellgesetzlicher Regelung vorzubehalten. Wie genau der Gesetzgeber die verordnungsrechtliche Regelung determinieren muß, hängt dagegen maßgeblich von der Bedeutung der geregelten Materie ab. So hat das Bundesverfassungsgericht[17] für Eingriffsbestimmungen, insbesondere solche strafrechtlicher Art, strenge gesetzliche Vorgaben verlangt. Die Übernahme des Wesentlichkeitskriteriums für die Auslegung des Art. 80 I 2 GG rechtfertigt sich im übrigen aus der engen Verwandtschaft von Gesetzesvorbehalt und Bestimmtheitsgebot. Beide Grundsätze wurzeln im Rechtsstaats- und im Demokratieprinzip[18], beide bestimmen sie die Kompetenzverteilung zwi-

---

[12] *Maunz*, in: Maunz / Dürig / Herzog / Scholz, Art. 80 Rdnr. 27.

[13] BVerfG — 1. Sen. —, B. v. 13. 6. 1956, E 5, S. 71/77; BVerfG — 1. Sen. —, B. v. 17. 7. 1974, E 38, S. 61/84.

[14] BVerfG — 1. Sen. —, B. v. 17. 7. 1974, E 38, S. 61/83 m. w. N.

[15] *Bryde*, in: v. Münch, Art. 80 Rdnr. 21; vgl. dort auch zur Kritik der vorgenannten Formeln.

[16] Besonders deutlich BVerfG — 2. Sen. —, B. v. 30. 1. 1968, E 23, S. 62/73; vgl. im übrigen die Nachweise bei *Bryde* (Fn. 15), Rdnr. 21; *Maunz* (Rdnr. 1), Rdnr. 30.

[17] BVerfG — 2. Sen. —, U. v. 3. 7. 1962, E 14, S. 174/185 m. w. N.

[18] *Rengeling* (Fn. 10), S. 2221 m. w. N.

schen erster und zweiter Gewalt[19], wobei der Gesetzesvorbehalt das Grobraster bereitstellt und das Bestimmtheitsgebot die „Feineinstellung“[20] übernimmt.

Allerdings ist das Wesentlichkeitskriterium für sich gesehen nicht sehr aussagekräftig. Rechtsprechung und Lehre haben jedoch einen Katalog präzisierender *Entscheidungstopoi* entwickelt. Ob eine Regelung wesentlich ist, soll sich danach richten,

— ob sie Grundrechte — nicht notwendig als Eingriff — tangiert[21],

— wie groß ihre Regelungsintensität ist[22],

— welche Bedeutung sie für die Allgemeinheit hat[23]

— und ob sie politisch kontroverse Fragen betrifft[24].

Bei den drei erstgenannten topoi handelt es sich um brauchbare Kriterien. Das gilt vor allem für den Aspekt der Grundrechtsrelevanz, weil die besondere Bedeutung der Grundrechte durch die Verfassung selbst unterstrichen wird. Das Merkmal des „politisch Kontroversen“ ist demgegenüber ungeeignet, die Wesentlichkeit einer Regelungsmaterie zu begründen[25]. An welchen Fragen sich politische Kontroversen entzünden, hängt oft von Zufälligkeiten ab und kann sich ständig ändern. Die Verfassungsmäßigkeit einer Ermächtigungsnorm darf aber nicht von tagespolitischen Entwicklungen beeinflußt werden; anderenfalls könnte die Dauer ihrer Gültigkeit nicht vorausgesehen werden.

Außer dem Wesentlichkeitskriterium können auch andere Besonderheiten der Regelungsmaterie den erforderlichen Bestimmtheitsgrad der Ermächtigung beeinflussen. Insbesondere vielgestaltige und in raschem Wandel begriffene Sachverhalte führen dazu, einen geringen Bestimmtheitsgrad genügen zu lassen[26].

Wendet man die genannten Kriterien auf die Ermächtigung zu verordnungsrechtlichen Dosisgrenzwerten an, so zeigen sich zwei gegenläufige Tendenzen: Für hohe Bestimmtheitsanforderungen spricht, daß

---

[19] *Ossenbühl*, DÖV 1981, S. 1 ff., 2; *Rengeling* (Fn. 10), S. 2221.

[20] *Ossenbühl* (Fn. 19), S. 2.

[21] BVerfG — 2. Sen. —, B. v. 8. 8. 1978, E 49, S. 89/127; OVG Münster, B. v. 18. 8. 1977, S. 439/440; *Kisker* (Fn. 10), S. 1317; *Listl*, DVBl. 1978, S. 10; *Rengeling* (Fn. 10), S. 2219; *Wagner / Nobbe*, NJW 1978, S. 1028 ff., 1030.

[22] BVerfG (Fn. 21), S. 127; OVG Münster (Fn. 21), S. 440; *Kisker* (Fn. 10), S. 1317; *Listl* (Fn. 21), S. 10; *Wagner / Nobbe* (Fn. 21), S. 1030; zurückhaltender *Rengeling* (Fn. 10), S. 2219.

[23] OVG Münster (Fn. 21), S. 440; *Listl* (Fn. 21), S. 10; *Rengeling* (Fn. 10), S. 2219.

[24] OVG Münster (Fn. 21), S. 440; *Kisker* (Fn. 10), S. 1318; *Listl* (Fn. 21), S. 10.

[25] Ebenso *Rengeling* (Fn. 10), S. 2219; *Wagner / Nobbe* (Fn. 21), S. 1030; wohl auch BVerfG (Fn. 21), S. 126.

[26] BVerfG (Fn. 21), S. 133.

die Grenzwerte Grundrechte der Antragsteller bzw. Betreiber und der in der Umgebung der Anlage befindlichen Personen betreffen. Denn sie legen fest, in welchem (Mindest-)Umfang die in Art. 2 II 1 GG gewährleisteten Rechtsgüter Schutz gegen Strahlenbelastungen genießen und inwieweit Risiken für diese Rechtsgüter zugunsten der durch Art. 12 und 14 GG geschützten Rechte der Antragsteller bzw. Betreiber (maximal) toleriert werden. Darüber hinaus haben die Dosisgrenzwerte auch für die Allgemeinheit Bedeutung, weil sie die Energiekosten als wesentlicher Faktor beeinflussen.

Andererseits gibt es Aspekte, die einen eher geringen Bestimmtheitsgrad zu fordern scheinen. So wird die Bedeutung der Grenzwertregelungen für die Grundrechte und das Allgemeininteresse durch das Strahlenminimierungsgebot erheblich relativiert[27]. Stärker noch fällt ins Gewicht, daß es sich bei dem Strahlenschutz um eine Materie handelt, in der jederzeit neue Entwicklungen eintreten können. Die Einflüsse kleiner Strahlendosen auf den menschlichen Organismus sind nicht voll erforscht[28]. Infolge neuer Erkenntnisse kann sich die Risikoeinschätzung unvermittelt ändern. Dann kommt es darauf an, Grenzwerte schnell dem geänderten Erkenntnisstand anzupassen. Zu raschen, flexiblen Reaktionen ist der Verordnungsgeber aber nur in der Lage, wenn er nicht durch zu detaillierte gesetzliche Vorgaben behindert wird. Im Regelfall mag der Schutz der Grundrechte am besten beim Gesetzgeber aufgehoben sein. Der schwerfällige Gang des Gesetzgebungsverfahrens würde jedoch die Anpassung an neue Erkenntnisse verzögern[29]; in der Zwischenzeit wären die Grundrechte aus Art. 2 II 1 GG nicht optimal geschützt. Das Erfordernis eines *„dynamischen Grundrechtsschutzes“*[30] spricht deshalb dagegen, strenge Anforderungen an die Bestimmtheit der gesetzlichen Ermächtigung zu stellen.

Werden diese Gesichtspunkte berücksichtigt, ist ein Verstoß des § 12 I Nr. 2 AtG gegen Art. 80 I 2 GG zu verneinen[31]. Welche Materie im Verordnungswege geregelt werden soll *(Inhalt)*, hat § 12 I Nr. 2 AtG selbst festgelegt. Zwar ermächtigt die Vorschrift ausdrücklich nur dazu, die Vorsorgemaßnahmen zu bezeichnen, welche die Überschreitung „bestimmter Strahlendosen und Konzentrationen“ ausschließen. Da im Atomgesetz keine Grenzwerte enthalten sind, ergibt sich daraus sinngemäß aber auch die Ermächtigung, die betreffenden Dosen und Kon-

[27] So auch *Kramer / Zerlett*, D, Anm. III vor §§ 44 ff.

[28] s. o. 1. Kap. A. II.

[29] s. u. 5. Kap. B. I. 1. a).

[30] BVerfG (Fn. 21), S. 137.

[31] Ebenso BVerfG (Fn. 21), S. 139; *Degenhart*, Kernenergierecht, S. 208 f.; *Kramer / Zerlett*, D, Anm. III vor §§ 44 ff.; *Lecheler*, ZRP 1977, S. 241 ff., 243; *Winters*, Atom- und Strahlenschutzrecht, S. 71.

zentrationen in der Rechtsverordnung festzulegen[32]. Ebenso bestimmt § 12 AtG durch die Bezugnahme auf § 1 AtG die *Zwecke*, denen die Verordnung dienen soll. Einer gesetzlichen Regelung des Rangverhältnisses von Schutzzweck und Förderungszweck bedarf es gegenwärtig jedenfalls nicht mehr, denn dieses Verhältnis ist durch die Wertentscheidungen des Grundgesetzes und die höchstrichterliche Rechtsprechung[33] genügend klargestellt. Das *Ausmaß* der verordnungsrechtlichen Regelung braucht nach dem Gesagten nicht bis in die Einzelheiten gesetzlich vorgeschrieben zu sein. Wegen der Ungewißheiten über die Entwicklung der Strahlenforschung war der Atomgesetzgeber beispielsweise nicht verpflichtet, dem Verordnungsgeber die Theorie der linearen Dosis-Wirkungs-Beziehung als konstante Beurteilungsgröße vorzugeben. Stattdessen reicht es, wenn die von wissenschaftlichen Entwicklungen unabhängigen Wertungsgesichtspunkte aus dem Gesetz ermittelt werden können. Neben der Ermächtigungsnorm darf dazu auch deren Kontext herangezogen werden[34]. Aus den §§ 1 und 7 II Nr. 3 AtG ergeben sich durch Auslegung eine ganze Reihe solcher Gesichtspunkte, die nicht nur die Konkretisierung der Schadensvorsorge im Einzelfall, sondern auch im Verordnungswege zu steuern vermögen. Diese Kriterien sind im 2. Kapitel behandelt worden, sie brauchen deshalb hier nicht noch einmal aufgezählt zu werden.

Da Inhalt, Zweck und Ausmaß der Ermächtigung somit im Gesetz hinreichend bestimmt sind, verstößt § 12 I Nr. 2 AtG nicht gegen Art. 80 I GG. Auch die Grenzwertregelungen der Strahlenschutzverordnung können folglich zur verbindlichen Konkretisierung des § 7 II Nr. 3 AtG herangezogen werden.

II. Ministerielle Richtlinien

Ebenso wie für die Strahlenschutzverordnung stellt sich für *ministerielle Richtlinien* die Frage nach der Verbindlichkeit ihres Inhalts: Entfalten sie kraft ihrer Natur eine rechtliche Bindungswirkung oder sind sie nur unverbindliche Empfehlungen? Wird gegebenenfalls ihr Inhalt durch rechtliche Bezugnahme mit Bindungswirkung ausgestattet?

---

[32] Inhalt, Zweck und Ausmaß brauchen in der Ermächtigungsnorm nicht ausdrücklich bestimmt zu sein. Es reicht, daß sie im Wege der Auslegung ermittelt werden können (BVerfG — 2. Sen. —, B. v. 12. 11. 1958, E 8, S. 274/307).

[33] s. o. 2. Kap. C. IV. 2. mit Fn. 124.

[34] BVerfG (Fn. 32), S. 307.

1. *Empfehlungscharakter der Richtlinien*

Eine *umfassende* Verbindlichkeit, die nicht nur die Genehmigungs- und Aufsichtsbehörden, sondern auch Antragsteller, Betroffene und Gerichte einbezieht, kommt lediglich Gesetzen, Rechtsverordnungen, Satzungen und Gewohnheitsrecht zu. Die vom Länderausschuß für Atomkernenergie aufgestellten ministeriellen Richtlinien fallen unter keine dieser Kategorien. Insbesondere sind sie keine Rechtsverordnungen, denn sie werden weder von einem der in Art. 80 I 1 GG genannten Ermächtigungsadressaten[35] noch mit der nach Art. 80 II, 87 c GG i. V. m. § 24 I 1 AtG erforderlichen Zustimmung des Bundesrates noch unter der in Art. 80 I 3 GG vorgeschriebenen Angabe der Rechtsgrundlage erlassen. Eine unmittelbare[36] rechtliche Außenwirkung können die Richtlinien deshalb sicherlich nicht erzeugen.

Weniger leicht läßt sich die Frage beantworten, ob die Richtlinien eine verwaltungsinterne Bindungswirkung erzeugen. Zwei Gründe sind dafür verantwortlich: Zum einen bestehen Zweifel, ob die Richtlinien überhaupt einen Verbindlichkeitsanspruch erheben oder bloßen Empfehlungscharakter haben, zum anderen werden Bedenken gegen die Verfassungsmäßigkeit des Aufstellungsverfahrens geltend gemacht[37].

Wie bereits festgestellt wurde, sind die Richtlinien keine allgemeinen Verwaltungsvorschriften[38], in denen die Bundesregierung[39] gem. Art. 85 II GG i. V. m. § 24 I 1 AtG die Regelung des § 7 II Nr. 3 AtG für die Genehmigungsbehörden verbindlich konkretisieren könnte. Statt dessen werden sie im Länderausschuß für Atomkernenergie von Vertretern des Bundesinnenministeriums und der Genehmigungsbehörden der Länder nach dem Einstimmigkeitsprinzip aufgestellt. Sie enthalten somit nicht einseitige bundesrechtliche Regelungen, sondern sind *Übereinkommen* zwischen Bundes- und Länderbehörden. Die Rechtsverbindlichkeit solcher Übereinkommen kann häufig zweifelhaft sein, weil es sich bei einem Großteil von ihnen lediglich um gleichlautende Absichts-

---

[35] Der BMI macht die Richtlinien nur bekannt, stellt sie aber nicht auf. An einer Unterermächtigung des Länderausschusses für Atomkernenergie gem. Art. 80 I 4 GG fehlt es; sie ist im übrigen in den §§ 12 I Nr. 1, 54 AtG nicht vorgesehen und deshalb nach Art. 80 I 4 GG unzulässig.

[36] Ob sie über eine Selbstbindung der Verwaltung eine *mittelbare* Außenwirkung erzeugen, wird unten, 4. Kap. B. I., untersucht.

[37] Vgl. *Winters*, Atom- und Strahlenschutzrecht, S. 99 f.

[38] s. o. 3. Kap. B. II.

[39] „Bundesregierung" i. S. d. Art. 85 II 1 GG ist das aus dem Bundeskanzler und den Bundesministern bestehende Kollegialorgan (BVerfG — 2. Sen. —, B. v. 15. 7. 1969, E 26, S. 338/395 ff.). Zwar kann durch ein mit Zustimmung des Bundesrates ergangenes Gesetz auch ein Bundesminister zum Erlaß allgemeiner Verwaltungsvorschriften ermächtigt werden (BVerfG a.a.O.), doch fehlt es hier an einer solchen Regelung.

erklärungen mit nur politischer Bindungswirkung handelt[40]. Ihr Bedeutungsgehalt ist durch Auslegung zu ermitteln, wobei äußerer Form, Wortlaut und den Motiven der beteiligten Behörden gleichermaßen Gewicht zukommt.

Die äußere Form der Richtlinien deutet auf deren Verbindlichkeit hin. Sie sind in Abschnitte und Unterabschnitte gegliedert, werden von einem dauerhaft eingerichteten Ausschuß verabschiedet und überwiegend in amtlichen Mitteilungsblättern veröffentlicht — alles Umstände, die ihre Bedeutung unterstreichen und für Übereinkommen mit nur politischer Bindungswirkung atypisch sind. Der Wortlaut der Richtlinien spricht ebenfalls für den Rechtsbindungswillen der beteiligten Behörden. Zwar ist der Begriff der „Richtlinie“ mehrdeutig[41]. Jedoch sind die einzelnen Festlegungen weitgehend als „Muß-Vorschriften“ formuliert; Hinweise, daß sie den Genehmigungsbehörden nur Empfehlungen geben, fehlen im Wortlaut völlig. Für die Sicherheitskriterien kommt hinzu, daß sie nach der Bekanntmachung des Bundesinnenministers[42] für Kernkraftwerke mit Leichtwasserreaktoren *„gelten“*, wodurch nach üblichem Sprachgebrauch ebenfalls die Verbindlichkeit einer Regelung zum Ausdruck gebracht wird.

Die Stringenz dieser Indizien wird allerdings durch Gesichtspunkte in Frage gestellt, die umgekehrt gegen eine Bindungswirkung sprechen. So sind vom Länderausschuß für Immissionsschutz vergleichbare Richtlinien aufgestellt worden, die trotz ihrer Formulierung als „Muß-Vorschriften“ eindeutig Empfehlungscharakter haben[43]. Das folgt aus den Bekanntmachungen dieser Richtlinien. Darin „empfiehlt“ der Bundesinnenminister den obersten Landesbehörden, den Richtlinien entsprechende Verwaltungsvorschriften zu erlassen. In den Bekanntmachungen der Richtlinien zu § 7 II AtG fehlt zwar ein solcher Hinweis. Daraus dürfen aber keine unterschiedlichen Schlüsse für das Problem der Bindungswirkung gezogen werden, denn der zusätzliche Erlaß von Verwaltungsvorschriften durch die obersten Landesbehörden kommt im Atomrecht wegen deren Identität mit den Genehmigungsbehörden (§ 24 II 1 AtG) nicht in Betracht. Gegen eine Bindungswirkung lassen sich auch die Motive ins Feld führen, die den Bundesinnenminister veranlaßt haben, dem Erlaß von Verwaltungsvorschriften die einvernehmliche Aufstellung der Richtlinien vorzuziehen. Dieser Verabschiedungs-

[40] Vgl. *Grawert*, S. 60 f.; *Kölble*, DÖV 1960, S. 650 ff., 651.

[41] *Bettermann*, DAR 1962, S. 100 ff., 101; *Möhl*, DAR 1962, S. 116.

[42] Bek. d. BMI v. 21. 10. 1977, BAnz. Nr. 206 v. 3. 11. 1977, S. 1.

[43] z. B. die „Richtlinien über die Auswertung laufend aufzeichnender Emissionsmessungen“, Rundschreiben des BMI v. 21. 7. 1980 (GMBl. 1980 S. 346 Nr. 1). — Vgl. im übrigen die bei *Feldhaus*, Bd. 1, Ordnungsziffer 3.1.1. abgedruckten Richtlinien.

modus wurde gewählt, weil dem Minister die Zeit für Verwaltungsvorschriften noch nicht reif schien. Erst nach praktischen Erfahrungen mit den Richtlinien sollten diese in Verwaltungsvorschriften überführt werden[44]. Der Minister sah es also offenbar als verfrüht an, Sicherheitsanforderungen im Erlaßwege verbindlich festzuschreiben. Dementsprechend haben Beamte des Bundesinnenministeriums in literarischen Äußerungen eine Bindungswirkung der Richtlinien durchgängig verneint[45]. Für die Sicherheitskriterien ist zusätzlich auf § 28 III 4 StrlSchV hinzuweisen, der es der Genehmigungsbehörde freistellt, die Kriterien anzuwenden oder eine Einzelfallprüfung vorzunehmen[46].

Zusätzliches Gewicht kommt einer verfassungsrechtlichen Erwägung zu. Erweist sich der Vorwurf als richtig, daß die Richtlinien als verbindliche Bestimmungen gegen die grundgesetzlichen Vorschriften über die Einflußnahme der Bundesexekutive auf die Auftragsverwaltung der Länder (Art. 85 II GG) verstießen, müssen sie *verfassungskonform* als Empfehlungen ausgelegt werden[47]. Art. 85 II GG ermächtigt die Bundesregierung als Kollegialorgan[48], mit Zustimmung des Bundesrates allgemeine Verwaltungsvorschriften für die Auftragsverwaltung zu erlassen. Die ministeriellen Richtlinien stellt demgegenüber ein Bund-Länder-Gremium auf, ohne daß die Bundesregierung als Ganze oder der Bundesrat mitwirken. Bedenken erweckt dieses Verfahren nicht so sehr, weil die Bundesregierung an ihm nicht beteiligt ist. Denn Art. 85 II GG macht der Bundesregierung den Erlaß von Verwaltungsvorschriften nicht zur Pflicht; sie kann also auch untätig bleiben[49]. Umgangen wird hingegen das Erfordernis der Mitwirkung des Bundesrates. Zwar können die Länder über die in ihren Ressorts betroffenen Minister Einfluß auf den Richtlinieninhalt nehmen. Diese Art der Einflußnahme ist aber trotz des Einstimmigkeitsprinzips der Mitwirkung des Bundes-

---

[44] Bericht der Bundesregierung über Grundlagen und Praxis der Sachverständigentätigkeit, S. 24.

[45] Vgl. *K.-H. Berg*, in: Regeln und Richtlinien für die Kerntechnik, S. 16 ff., 36; *Kramer / Zerlett*, C, Anm. III 3 b (S. 36); *Matting*, in: Regeln und Richtlinien für die Kerntechnik, S. 292 ff., 294; *Winters*, Atom- und Strahlenschutzrecht, S. 99.

[46] s. dazu ausführlich unten 4. Kap. A. II. 2.

[47] Der Auffassung *Bettermanns* (DAR 1962, S. 100 ff., 103; ebenso offenbar *Winters*, Atom- und Strahlenschutzrecht, S. 99 f.), selbst Empfehlungen von Bund-Länder-Gremien seien verfassungswidrig, muß widersprochen werden. Sein Vorwurf, die verfassungsrechtliche Zuständigkeitsordnung zur Regelung der Ausführung von Bundesgesetzen werde umgangen, verkennt, daß Empfehlungen gerade keine Regelung treffen und mit einseitig verpflichtenden Verwaltungsvorschriften nicht vergleichbar sind (vgl. auch *Möhl*, DAR 1962, S. 116).

[48] s. o. 4. Kap. A. II. 1. mit Fn. 39.

[49] *Grawert*, S. 221.

rates nicht gleichwertig[50]. Die Mitglieder des Bundesrates vertreten nicht die jeweils zuständigen Fachminister, sondern die Landesregierungen. Sie sind in ihrem Abstimmungsverhalten an die Weisungen des Kollegialorgans gebunden. Die Minister leiten hingegen — unbeschadet der Richtlinienkompetenz der Ministerpräsidenten — ihren Geschäftsbereich selbständig und eigenverantwortlich. Es ist daher nicht gewährleistet, daß ihre Entscheidungen im Länderausschuß von den Kabinetten beeinflußt werden können. Außerdem steht das Abstimmungsverhalten der Länderregierungen im Bundesrat weit stärker im Blickpunkt öffentlicher und parlamentarischer Aufmerksamkeit als das Verhalten von Ministern in Fachgremien. Die parlamentarische Kontrolle ist insoweit viel intensiver. Könnten verbindliche Richtlinien in Bund-Länder-Ausschüssen aufgestellt werden, entstände die Gefahr, daß Entscheidungen entgegen dem Verfassungswillen den zuständigen Verfassungsorganen entzogen und auf eine niedrigere Ebene mit entsprechend geringerer Publizität verlagert würden.

Überdies verstieße die Aufstellung verbindlicher Richtlinien gegen das verfassungsrechtliche *Verbot einer Mischverwaltung* zwischen Bund und Ländern[51]. Aus der Verteilung der Verwaltungskompetenzen durch das Grundgesetz ergibt sich, daß Bundesverwaltung und Landesverwaltung — von ausdrücklich in der Verfassung bestimmten Ausnahmen abgesehen — voneinander getrennt sind[52]. Verbindliche Richtlinien eines Bund-Länder-Gremiums würden die Entscheidungen der Genehmigungsbehörden bindend vorformen. Damit würde ohne grundgesetzliche Regelung eine Verwaltungsaufgabe einem Kondominium von Bund und Ländern überantwortet.

Nur das Verständnis der Richtlinien als Empfehlungen steht nach dem Gesagten mit dem Grundgesetz in Einklang. Die Auslegung ergibt somit, daß die Richtlinien als solche *keine rechtliche Bindungswirkung* entfalten.

2. Normative Rezeption des Richtlinieninhalts?

Der Richtlinien*inhalt* wäre dennoch rechtsverbindlich, wenn eine Rechtsnorm die Anwendung der Richtlinien vorschriebe. An einer derartigen normativen Rezeption fehlt es jedoch.

---

[50] Vgl. auch *Verweyen*, DAR 1962, S. 120 ff., 122; a. A. *Grawert*, S. 221 f.; für die Zulässigkeit von Verwaltungsabkommen anstelle der Ausübung förmlicher Ingerenzrechte durch die Bundesverwaltung auch *Kölble*, DÖV 1960, S. 650 ff., 658.

[51] Vgl. auch *Bettermann* (Fn. 47), S. 102.

[52] Zum verfassungsrechtlichen Verbot einer Mischverwaltung vgl. BVerfG — 2. Sen. —, B. v. 21. 10. 1971, E 32, S. 145/156; BVerfG — 2. Sen. —, U. v. 4. 3. 1975, E 39, S. 96/120; *Stern* I, S. 517 m. w. N.

Sie kann insbesondere nicht in der Bezugnahme des § 7 II Nr. 3 AtG auf den „Stand von Wissenschaft und Technik" gesehen werden. Die Richtlinien sind mit dem Stand von Wissenschaft und Technik nicht identisch[53]. Zwar wird es zutreffen, daß aktueller wissenschaftlicher Erkenntnisstand und technischer Entwicklungsstand regelmäßig in die Richtlinien einfließen. Wegen der stetig voranschreitenden wissenschaftlich-technischen Entwicklung besteht aber permanent die Möglichkeit, daß die Aussagen der Richtlinien überholt werden[54]. Darüber hinaus gibt es häufig mehrere gleichwertige Lösungen für dasselbe technische Problem. In diesen Fällen entspricht die in den Richtlinien fixierte Lösung zwar dem Stand von Wissenschaft und Technik, sie entspricht ihm aber nicht allein und ist folglich nicht mit ihm identisch[55]. Hinzu kommt, daß jede — also auch die in ministeriellen Richtlinien enthaltene — sicherheitstechnische Regel außer von wissenschaftlich-technischen Erkenntnissen noch von anderen Einflußgrößen abhängt: Welchen Sicherheitsaufwand eine Regel fordert, bestimmen wirtschaftliche Erwägungen und Wertentscheidungen über das akzeptable Sicherheitsrisiko maßgeblich mit[56]. Diese Entscheidungen zu fällen, obliegt nach der gesetzlichen Kompetenzordnung den rechtsetzenden und rechtsanwendenden Organen des Staates. Der Verweisung auf den Stand von Wissenschaft und Technik in § 7 II Nr. 3 AtG kann nicht der Wille des Gesetzgebers entnommen werden, derartige Entscheidungskompetenzen auf Gremien wie den Bund-Länder-Ausschuß zu verlagern[57].

Die in § 28 III 4 StrlSchV enthaltene Bezugnahme auf die Sicherheitskriterien für Kernkraftwerke verschafft deren Inhalt ebenfalls keine rechtsnormative Verbindlichkeit[58]. Gemäß der genannten Vorschrift kann die Genehmigungsbehörde die zur Einhaltung der Störfallplanungsdosis des § 28 III 1 StrlSchV nach dem Stand von Wissenschaft und Technik erforderliche „Vorsorge insbesondere dann als getroffen ansehen, wenn der Antragsteller bei der Auslegung der Anlage die

---

[53] Das entspricht der für das Verhältnis technischer Regelwerke zu den gesetzlichen Maßstabsformeln („allgemein anerkannte Regeln der Technik" usw.) allgemein vertretenen Meinung. Vgl. *Backherms*, S. 74 f.; *Breuer*, AöR 101 (1976), S. 46 ff., 68; *Hanning*, S. 67; *Lukes*, in: Regeln der Technik und Schadensersatz, S. 22 ff., 30; *Marburger*, S. 155; *Schäfer*, S. 60 (dort auch Hinweise auf die früher vertretene Gegenmeinung); *Strecker*, in: Technische Normung und Recht, S. 43 ff., 46; ebenso wohl auch BGH, U. v. 11. 12. 1979, NJW 1980, S. 1219/1220.

[54] Vgl. die in Fn. 53 Genannten.

[55] *Lukes*, in: Regeln der Technik und Schadensersatz, S. 22 ff., 30.

[56] s. o. 3. Kap. B. I., C. I. 2., D. II.

[57] Vgl. bereits oben 2. Kap. C. II. 1.

[58] Ebenso *Kramer / Zerlett*, D, § 28 Anm. 21; *Lukes*, in: 6. Deutsches Atomrechts-Symposium, S. 49 ff., 67; *Schattke*, ebd., S. 101 ff., 123 f.

Störfälle zugrunde gelegt hat, die nach den ... Sicherheitskriterien und Leitlinien[59] für Kernkraftwerke die Auslegung eines Kraftwerkes bestimmen müssen". Die Genehmigungsbehörde darf also zur Bestimmung der maßgeblichen Störfälle auf die Sicherheitskriterien zurückgreifen. Da § 28 III 4 StrlSchV eine *„Kann-Vorschrift"* ist, braucht sie dies aber nicht zu tun, sondern kann statt dessen selbständig prüfen, welche Störfälle die Vorsorge bestimmen müssen[60].

Der Inhalt der ministeriellen Richtlinien ist somit weder unmittelbar noch mittelbar infolge gesetzlicher Bezugnahme rechtsverbindlich.

III. Kerntechnische Regeln außerbehördlicher Stellen

Schließlich ist die Frage nach der rechtsnormativen Verbindlichkeit auch für kerntechnische Regeln außerbehördlicher Stellen zu beantworten. Gemeint sind die von ministeriellen Beratungsgremien sowie öffentlich-rechtlichen und privaten Regelaufstellungsgremien erarbeiteten Festlegungen[61].

1. Fehlender Rechtscharakter

Technische Regeln — vielfach auch als Regeln der Technik bezeichnet — enthalten Anweisungen zur Lösung technischer Probleme, d. h. sie stellen Anforderungen an die Beschaffenheit von Gegenständen und den Ablauf technischer Verfahren, damit diese vorgegebenen Zwecken gerecht werden[62]. Sie erschöpfen sich nicht darin, technische Regelmäßigkeiten und Erfahrungssätze zu beschreiben. Vielmehr steht hinter ihnen die Aufforderung, sich regelkonform zu verhalten[63]. Nur so

---

[59] Gemeint sind nicht die RSK-Leitlinien, wie *Schattke,* in: 6. Deutsches Atomrechts-Symposium, S. 101 ff., 121 mit Fn. 77, annimmt. Leitlinien zur Ausfüllung des § 28 III 4 StrlSchV werden vielmehr zur Zeit erst von einem Arbeitskreis erarbeitet, dem Vertreter des Bundesinnenministeriums, der Ersteller und Betreiber sowie der Sachverständigenorganisationen angehören, und sollen im Länderausschuß für Atomkernenergie verabschiedet werden (*Matting,* in: Regeln und Richtlinien für die Kerntechnik, S. 292 ff., 296 f.; vgl. auch GRS-Jahresbericht 1980, S. 78; *Kramer / Zerlett,* D, § 28 Anm. 21.

[60] Vgl. zur Auslegung des § 28 III 4 StrlSchV außerdem unten 4. Kap. B. I. 2. b) ff).

[61] s. o. 3. Kap. C.—F. — Der Begriff der „technischen Regel" ist weiter. Technische Regeln, verstanden als Aussagen über technische Problemlösungen, finden sich auch in Rechtsverordnungen (z. B. Verordnung über die technischen Anforderungen an Getränkeschankanlagen v. 15. 3. 1966, BAnz. Nr. 56 v. 22. 3. 1966, S. 1), in Unfallverhütungsvorschriften, den soeben genannten ministeriellen Richtlinien und ferner in Lehrbüchern der betreffenden Fachwissenschaften. Zum Teil sind sie überhaupt nicht schriftlich fixiert. — Vgl. *Marburger,* S. 47 f.

[62] Vgl. *Lukes,* Urheberrechtsfragen, S. 7; ausführlich zum Begriff der Regeln der Technik *Marburger,* S. 24 ff.

[63] *Marburger,* S. 290 f. gegen *Herschel,* NJW 1968, S. 617 f.

kann die Vereinheitlichung herbeigeführt werden, die Ziel jeder Normung ist[64]. Ebenso wie Rechtsnormen sind technische Regeln daher *Sollenssätze*[65]. Trotz dieser strukturmäßigen Gemeinsamkeit lassen sich die kerntechnischen Regeln außerbehördlicher Stellen nicht als Rechtsnormen qualifizieren[66]. Ihnen fehlt die *Allgemeinverbindlichkeit,* die ausschließlich Rechtsquellen erzeugen können[67]. Denn die genannten Regeln können keiner der anerkannten Rechtsquellen zugeordnet werden. Das ist — zumeist bezogen auf die technischen Regeln privater Normungsverbände — in der einschlägigen Literatur wiederholt dargelegt worden[68], die maßgeblichen Gründe sollen hier deshalb nur kurz wiedergegeben werden.

a) Gesetze

Daß technische Regeln als solche keine formellen Gesetze sind[69], liegt auf der Hand. Sie sind weder von einer legislativen Körperschaft noch im vorgeschriebenen Gesetzgebungsverfahren erlassen worden, zudem fehlt es an der für Gesetze vorgesehenen Verkündungsform[70].

---

[64] Dazu *Marburger,* S. 42.

[65] *Lukes,* in: Regeln der Technik und Schadensersatz, S. 22 ff., 26, Fn. 12; *Marburger,* S. 291 m. w. N.

[66] Für technische Normen ist dies heute ganz überwiegend anerkannt; vgl. BVerwG, U. v. 29. 8. 1961, NJW 1962, S. 506/507; BGH, U. v. 25. 9. 1968, NJW 1968, S. 2238/2240; U. v. 4. 10. 1972, Z 59, S. 303/308 f.; *Backherms,* S. 62 ff. (für DIN-Normen); *Breuer,* AöR 101 (1976), S. 46 ff., 63 f.; *Hanning,* S. 61 ff.; *Lukes,* Urheberrechtsfragen, S. 8; *Marburger,* S. 330 ff.; *Plischka,* S. 42 ff.; *Zemlin,* S. 112. — Die gegenteilige Auffassung wird praktisch nur für die von § 1 II der 2. DVO/EnWG in Bezug genommenen VDE-Vorschriften vertreten (vgl. BGH, U. v. 17. 2. 1959, BB 1959, S. 473; OLG Celle, U. v. 26. 6. 1961, VersR 1961, S. 818/820; OLG Hamm, U. v. 20. 1. 1971, VersR 1971, S. 805; *Forsthoff,* Verwaltungsrecht, S. 76) und beruht auf einer Fehlinterpretation dieser Vorschrift; s. dazu *Marburger,* S. 395 ff. — Den Rechtsnormcharakter technischer Regelwerke der öffentlich-rechtlichen Gremien (RSK, SSK, KTA) verneint deutlich VG Schleswig, U. v. 17. 3. 1980, NJW 1980, S. 1296/1297 f.; ebenso für KTA-Regeln *Fürst,* atw 1981, S. 66 ff., 68; *Kuhnt,* in: 3. Deutsches Atomrechts-Symposium, S. 107 ff., 108. Demgegenüber hält *Marburger,* S. 68 u. 330 die Regeln der öffentlich-rechtlichen Gremien aufgrund ihrer Bekanntmachung durch eine Behörde für Verwaltungsvorschriften; s. dazu unten 4. Kap. A. III. 1. f).

[67] Nur die Unfallverhütungsvorschriften der Berufsgenossenschaften, autonomer Körperschaften des öffentlichen Rechts, werden als Satzungen erlassen (BVerfG — 1. Sen. —, B. v. 18. 12. 1951, E 1, S. 91/94; *Nickusch,* S. 63; *Schäfer,* S. 97; *Karpen,* S. 132).

[68] Vgl. etwa *Backherms,* S. 62 ff.; *Hanning,* S. 61 ff.; *Marburger,* S. 330 ff.

[69] Das schließt selbstverständlich nicht aus, daß der Gesetzgeber eine technische Regel rezipiert und in Gesetzesform erläßt (sog. technische Rechtsnorm).

[70] Vgl. die Art. 76 ff., 82 GG. — Ebenso *Backherms,* S. 62; *Hanning,* S. 61 f.

b) Rechtsverordnungen

Kerntechnische Regeln außerbehördlicher Stellen sind auch keine Rechtsverordnungen. Da ihr Anwendungsbereich sich auf das ganze Bundesgebiet erstreckt, müßten sie den Anforderungen des Art. 80 GG genügen. Es fehlt jedoch schon an der gem. Art. 80 I GG erforderlichen formellgesetzlichen[71] Ermächtigung. Eine Unterermächtigung, die gem. Art. 80 I 4 GG in Form einer gesetzlich vorgesehenen Rechtsverordnung ergehen könnte, ist ebenfalls nicht ersichtlich.

Darüber hinaus gehören die regelaufstellenden Gremien nicht zu den Stellen, die nach Art. 80 I 1 GG Adressaten einer Verordnungsermächtigung sein können. Das gilt auch für die öffentlich-rechtlichen Gremien KTA, RSK und SSK, denn diese sind gegenüber dem Bundesinnenminister organisatorisch verselbständigt[72]. Allenfalls ließe sich an die Möglichkeit einer Subdelegation denken, weil deren potentieller Adressatenkreis in Art. 80 I 4 GG nicht ausdrücklich beschränkt wird. Zumindest private Gremien können aber nicht unterermächtigt werden[73]. Die Entstehungsgeschichte des Art. 80 GG zeigt, daß der Gesetzgeber an eine Ermächtigung Privater nicht gedacht hat[74]. Außerdem liegt der Bestimmung der — letztlich auf den Grundsatz der Gewaltenteilung und das Demokratieprinzip rückführbare[75] — Gedanke zugrunde, die Ermächtigung zur Rechtsetzung im Verordnungswege nur für die parlamentarisch verantwortliche und (mittelbar) demokratisch legitimierte Exekutive zuzulassen[76]. Nach diesem Gedanken scheiden auch die regelaufstellenden Gremien öffentlichen Rechts als Subdelegatare aus, denn sie stehen gleichfalls außerhalb der parlamentarisch verantwortlichen Behördenhierarchie.

c) Autonome Satzungen

Die Satzungsautonomie ist ebenfalls keine originäre, sondern eine vom Staat abgeleitete Rechtsetzungsmacht[77]. Allerdings unterliegt ihre Verleihung nicht den Grenzen des Art. 80 GG[78]. Ob auch private Orga-

---

[71] *Maunz,* in: Maunz / Dürig / Herzog / Scholz, Art. 80 Rdnr. 14.

[72] s. o. 3. Kap. C. I. 1., D. I.

[73] *Breuer,* AöR 101 (1976), S. 46 ff., 63; *Hanning,* S. 62; *Karpen,* S. 130; *Marburger,* S. 333; *Nickusch,* S. 158; *Peters / Ossenbühl,* S. 58 ff.; a. A. *Huber,* Wirtschaftsverwaltungsrecht I, S. 538; *Wilke,* in: v. Mangoldt / Klein, Art. 80 Anm. VIII 3.

[74] *Füßlein,* in: v. Doemming / Füßlein / Matz, JöR n. F. 1 (1951), S. 1 ff., 587 ff.

[75] Vgl. *Backherms,* S. 63 m. w. N.; *Marburger,* S. 333 f.

[76] *Backherms,* S. 63; *Karpen,* S. 130; *Marburger,* S. 334.

[77] Vgl. BVerfG — 1. Sen. —, B. v. 18. 12. 1951, E 1, S. 91/94 f.

[78] h. M. Vgl. etwa BVerfG — 1. Sen. —, B. v. 9. 5. 1972, E 33, S. 125/157 f.; *Maunz,* in: Maunz / Dürig / Herzog / Scholz, Art. 80 Rdnr. 47, jeweils m. w. N.; a. A. *Hamann,* Autonome Satzungen, S. 65 ff., 74 ff.

nisationen satzungsbefugt sein können, ist streitig[79], bedarf hier aber keiner Entscheidung. Denn den Gremien, die kerntechnische Regeln aufstellen, muß die Satzungsautonomie schon aus anderen Gründen abgesprochen werden: Die Autonomieverleihung erfolgt durch ausdrückliche rechtssatzmäßige Regelung. Eine solche Regelung fehlt gleichermaßen für die öffentlich-rechtlichen[80] und privaten[81] Gremien. Außerdem ist die Befugnis autonomer Körperschaften, im Satzungswege Regelungen zu treffen, auf den Kreis eigener Angelegenheiten beschränkt; rechtliche Regelungen, die Nichtmitglieder betreffen, sind hingegen staatlicher Rechtsetzung vorbehalten[82]. Technische Regeln richten sich demgegenüber an jedermann, der das betreffende technische Problem zu lösen hat. Wie sich vor allem an fehlerhaften Regeln zeigt, können sie zudem gravierende Auswirkungen auf die Sicherheit Außenstehender hervorrufen. Auch aus diesem Grund verbietet es sich, sie als Satzungen zu qualifizieren. Für die privaten Normungsverbände kommt schließlich hinzu, daß sie nicht einer staatsaufsichtlichen Kontrolle unterliegen, der autonome Körperschaften notwendig unterworfen sind[83, 84].

---

[79] Bejahend: *Huber*, Wirtschaftsverwaltungsrecht I, S. 538; *Marburger*, S. 335; *Nickusch*, S. 139 u. 157 f.; verneinend: BGH, U. v. 14. 7. 1954, BB 1954, S. 1043/1044; *Hamann*, Autonome Satzungen, S. 28; *Hammer*, MDR 1966, S. 977 f.; *Wolff / Bachof* II, § 104 I b.

[80] Selbst wenn die Satzungsautonomie auch durch bloßen Organisationserlaß verliehen werden könnte, reichten die Bekanntmachungen, durch die KTA, RSK und SSK gebildet worden sind, dafür nicht aus. RSK und SSK wird in den zugrundeliegenden Bekanntmachungen nur die Befugnis eingeräumt, Stellungnahmen und Empfehlungen auszusprechen (§ 12 der Bek. des BMI über die Bildung einer RSK i. d. F. v. 15. 12. 1980, BAnz. Nr. 241 v. 30. 12. 1980, S. 2; § 2 III der Bek. des BMI über die Bildung einer SSK v. 19. 4. 1974, BAnz. Nr. 92 v. 17. 5. 1974, S. 1). Der KTA hat nach § 2 der Bek. des BMI v. 27. 9. 1974 (BAnz. Nr. 193 v. 15. 10. 1974, S. 2) die Aufgabe, die Anwendung der aufgestellten Regeln zu fördern. Diese Aufgabe wäre überflüssig, wenn die KTA-Regeln Bindungswirkung entfalteten.

[81] Der Vertrag zwischen der Bundesrepublik Deutschland und dem DIN v. 5. 6. 1975 ersetzt keine rechtssatzmäßige Verleihung, zumal nach dem Willen der Vertragsparteien durch ihn keine hoheitsrechtlichen Befugnisse übertragen werden sollten (so die amtliche Erläuterung zu § 1 des Vertrages, DIN-Normenheft 10, S. 180). Wie hier auch *Marburger*, S. 336, Fn. 35. — Zu dem Vertrag vgl. bereits oben 3. Kap. E. II.

[82] Grundlegend BVerfG — 1. Sen. —, B. v. 9. 5. 1972, E 33, S. 125/160; ebenso BVerfG — 1. Sen. —, U. v. 18. 7. 1972, E 33, S. 303/346; *Breuer*, AöR 101 (1976), S. 46 ff., 64 f.; *Marburger*, S. 336 f.; *Nickusch*, S. 131; a. A. *Forsthoff*, Verwaltungsrecht, S. 480; *Wolff / Bachof* I, § 25 IX b.

[83] Vgl. *Breuer*, AöR 101 (1976), S. 46 ff., 64; *Forsthoff*, Verwaltungsrecht, S. 490; *Marburger*, S. 336; *Nickusch*, S. 143 f. — Auch der erwähnte Vertrag zwischen der Bundesrepublik Deutschland und dem DIN unterstellt das DIN keiner Staatsaufsicht (so auch *Marburger*, S. 336).

[84] Dagegen stehen dem BMI gegenüber den öffentlich-rechtlichen Gremien Einflußrechte zu, die dem Erfordernis der Staatsaufsicht genügen würden. Zwar sind die Mitglieder dieser Gremien mit Ausnahme der Vertreter des BMI im KTA keinen Weisungen des BMI unterworfen. Da die Veröffentlichung der KTA-Regeln sowie der RSK- und SSK-Empfehlungen

d) Gewohnheitsrecht

Gewohnheitsrecht setzt eine langdauernde Übung voraus, die auf der allgemeinen Überzeugung beruht, daß das geübte Verhalten rechtlich geboten ist[85]. Regelmäßig werden technische Regeln schon dem Erfordernis der langdauernden Übung nicht genügen[86]. Die fortschreitende technische Entwicklung läßt die Regeln zumeist schnell veralten. So erreichen DIN-Normen ein durchschnittliches Alter von etwa acht Jahren[87]. In solch kurzer Zeitspanne kann sich eine hinreichend langdauernde Übung nicht herausbilden[88]. Auf jeden Fall fehlt es aber an dem zusätzlichen Merkmal des allgemeinen Rechtsgeltungswillens[89]. Zwar ist in den Kreisen der Techniker die Vorstellung verbreitet, die Festlegungen der regelaufstellenden Gremien entfalteten eine rechtliche Verbindlichkeit[90]. Jedoch bezieht sich diese Überzeugung nicht auf den Inhalt einzelner Regeln als solcher, sondern auf die generelle Befugnis der Gremien, Recht zu setzen. Ließe man diese Vorstellung als Rechtsgeltungswillen ausreichen, würde man der Sache nach eine gewohnheitsrechtliche Übertragung von Rechtsetzungsbefugnissen anerkennen[91]. Das verstieße gegen das aus dem Demokratie- und Gewaltenteilungsprinzip ableitbare Postulat, daß Rechtsetzungsbefugnisse nur durch ausdrückliche positivrechtliche Regelung übertragen werden können[92]. Außerdem haben die Gerichte ganz überwiegend den Rechtsnormcharakter technischer Regeln verneint[93]; gegen die Rechtsprechung aber kann sich Gewohnheitsrecht anerkanntermaßen nicht entwickeln[94].

---

nur auf Veranlassung des BMI erfolgt, kann dieser jedoch deren ordnungsgemäßes Zustandekommen kontrollieren (s. o. 3. Kap. C. I. 1., Fn. 88 und D. I.).

85 *Forsthoff*, Verwaltungsrecht, S. 146; *Wolff / Bachof* I, § 25 III a.

86 *Backherms*, S. 64; *Hanning*, S. 62; *Marburger*, S. 337 ff.; *Plischka*, S. 44.

87 *Backherms*, S. 64.

88 Vgl. *Backherms*, S. 64, unter Hinweis auf BVerwG, U. v. 26. 5. 1959, E 8, S. 317/322, das einen Zeitraum von 20 Jahren für zu kurz hält.

89 *Backherms*, S. 64 f.; *Hanning*, S. 62; *Marburger*, S. 339 f.; *Plischka*, S. 44; *Zemlin*, S. 113; a. A. *Herschel*, NJW 1968, S. 617 ff., 621 f.; zurückhaltender *Hammer*, MDR 1966, S. 977 ff., 978.

90 Nachweise bei *Lukes*, in: Wettbewerb als Aufgabe, S. 147 ff., 174, Fn. 90; *Marburger*, S. 275, Fn. 44.

91 *Marburger*, S. 339.

92 Vgl. auch *Hanning*, S. 63; *Marburger*, S. 339; *Nickusch*, S. 150, Fn. 4; *Plischka*, S. 44; zweifelnd *Schäfer*, S. 119.

93 Vgl. die Nachweise oben Fn. 66.

94 BGH, U. v. 15. 12. 1960, NJW 1961, S. 313/315. — Schon aus diesem Grund kommt auch die Geltung technischer Regeln als Richterrecht nicht in Betracht. — Vgl. zur Qualifizierung des Richterrechts als Rechtsquelle *Marburger*, S. 341 ff.

e) Verbindlicherklärung

In der Zeit des Zweiten Weltkriegs sind aufgrund der Verordnung über die verbindliche Einführung von Normen, Geschäfts- und Lieferbedingungen sowie von Güte- und Bezeichnungsvorschriften vom 8. 9. 1939[95] ca. 2000 technische Normen für verbindlich erklärt worden und haben dadurch Rechtsnormcharakter erlangt[96]. Kerntechnische Regeln existierten zu jener Zeit noch nicht und gehören deshalb nicht zu den für verbindlich erklärten Normen. Da die Verordnung speziell auf die Kriegsverhältnisse zugeschnitten war, ist sie bei Kriegsende erloschen[97]. Sie kann deshalb nicht als Grundlage für die Verbindlicherklärung technischer Regeln dienen.

f) Verwaltungsvorschriften

Allgemeine Verwaltungsvorschriften werden heute zu Recht überwiegend als Rechtssätze qualifiziert[98]. Marburger[99] vertritt die Ansicht, die technischen Regeln öffentlich-rechtlicher Gremien[100] würden durch die ministerielle Bekanntmachung zu allgemeinen Verwaltungsvorschriften erhoben. Träfe diese Auffassung zu, könnten die Regeln von KTA, RSK und SSK eine (auf die Genehmigungsbehörden) begrenzte Rechtsverbindlichkeit erzeugen.

Schon die Einstufung der Bekanntmachungen als allgemeine Verwaltungsvorschriften überzeugt jedoch nicht. Adressaten von Verwaltungsvorschriften können nachgeordnete Organe und Organwalter, dagegen nicht Privatpersonen sein[101]. Die ministeriellen Bekanntmachun-

[95] RGBl. I S. 1745.

[96] Diese Verbindlicherklärung ist nicht mit der Allgemeinverbindlicherklärung von Tarifverträgen vergleichbar, denn es ging dabei nicht um die Ausdehnung einer schon vorhandenen Rechtsgeltung, sondern um die *Schaffung* einer Rechtsnorm (*Schäfer*, S. 115).

[97] Ausführlicher *Marburger*, S. 360 f. unter Hinweis auf *Holtkotten*, in: BK, Art. 123 Anm. II 8, Art. 129 Anm. II A 1, der ausführt, daß Rechtsnormen außer Kraft treten, die vernünftigerweise nur für eine bestimmte staatspolitische Ausnahmesituation Geltung beanspruchen können. Für Ungültigkeit der NormenVO auch, jedoch mit unzutreffender Begründung, *Backherms*, S. 67; *Nickusch*, S. 46, Fn. 2.

[98] So neben anderen *Breuer*, AöR 101 (1976), S. 46 ff., 70; *Böckenförde*, S. 70 ff.; *Ossenbühl*, Verwaltungsvorschriften und Grundgesetz, S. 154 ff. m. zahlreichen weiteren Nachweisen S. 135, Fn. 149; *Wolff / Bachof* I, § 24 II d 2 aa.

[99] S. 67 f., 340.

[100] Ausdrücklich beziehen sich die Ausführungen *Marburgers* nur auf die Technischen Regeln der gem. § 24 IV GewO gebildeten technischen Ausschüsse. Es ist aber kein Grund ersichtlich, der eine unterschiedliche Beurteilung dieser Regeln und der Festlegungen von KTA, RSK und SSK rechtfertigen könnte. So betont *Marburger*, S. 106, denn auch selbst, daß der rechtliche Status des KTA dem der technischen Ausschüsse im Recht der überwachungsbedürftigen Anlagen nachgebildet sei.

[101] *Ossenbühl*, Verwaltungsvorschriften und Grundgesetz, S. 481 ff.

gen von KTA-Regeln und RSK- bzw. SSK-Empfehlungen richten sich nicht (nur) an die Genehmigungsbehörden, sondern an jedermann, der mit den in der betreffenden Regel behandelten technischen Fragen befaßt ist. Dazu gehören außer den Behörden auch „verwaltungsfremde" Personen wie Hersteller, Betreiber und Sachverständige. Außerdem ist unerklärlich, wieso die Bekanntmachungen, verbunden mit einer vorhergehenden ministeriellen Prüfung, aus den Regeln der Gremien Verwaltungsvorschriften des Ministers machen sollten. In den Bekanntmachungen werden als Urheber der Regeln deutlich die verabschiedenden Gremien genannt; Hinweise, daß der Minister sie sich zueigen machen will, fehlen völlig. Ferner dürften Verwaltungsvorschriften an die Genehmigungsbehörden gem. Art. 85 II GG nur von der Bundesregierung als Kollegialorgan und mit Zustimmung des Bundesrates erlassen werden. Als Verwaltungsvorschriften wären die kerntechnischen Regeln der öffentlich-rechtlichen Gremien also sämtlich ungültig.

Die kerntechnischen Regeln außerbehördlicher Gremien lassen sich somit nicht als Rechtssätze qualifizieren. Aus eigener Kraft können sie deshalb weder Behörden und Gerichte noch betroffene Private binden[102].

2. *Normative Rezeption des Regelinhalts?*

Zur rechtlichen Regelung technischer Sachverhalte bedient sich der Normgeber bisweilen der Methode, in Rechtsnormen ergänzend auf technische Regeln zu verweisen[103]. Dadurch wird die in Bezug genommene Regel nicht zur Rechtsnorm erhoben, doch rezipiert die verweisende Norm den Regelinhalt[104]. Indes fehlen im Atomrecht bisher Verweisungen auf technische Regeln, die dem Regelinhalt Verbindlichkeit verschaffen könnten. Schließlich gelingt auch über § 7 II Nr. 3 AtG keine normative Rezeption des Regelinhalts, weil die kerntechnischen Regeln außerbehördlicher Gremien ebensowenig wie ministerielle Richtlinien mit dem Stand von Wissenschaft und Technik identisch sind[105].

---

[102] Unerfindlich ist, welche Art von Bindungswirkung *Degenhart*, Kernenergierecht, S. 227 m. Fn. 158, im Auge hat, wenn er ausführt, die Regelwerke öffentlich-rechtlicher Gremien seien infolge ministerieller Bekanntmachung „als im Grundsatz verbindliche Feststellung der seitens der Exekutive vorgenommenen Konkretisierung der Schutzanforderungen des Atomgesetzes zu werten". Die Bekanntmachung ändert nichts am Empfehlungscharakter der Regeln; ihr kann nicht entnommen werden, daß die Exekutive deren Aussagen und Bewertungen vollinhaltlich übernimmt.

[103] Vgl. zu dieser Rezeptionsmethode unten 5. Kap. B. II. 1.

[104] *Hanning*, S. 65; *Marburger*, S. 388.

[105] s. o. 4. Kap. A. II. 2. mit Fn. 53.

B. Bedeutung auf der Ebene der Rechtsanwendung

Entfalten die untergesetzlichen Regelungen mit Ausnahme von Rechtsverordnungen keine rechtsnormative Verbindlichkeit, so ist doch weiter zu prüfen, ob sie wenigstens auf der Ebene der Rechtsanwendung einen Beitrag zur Konkretisierung der gesetzlichen Anforderungen leisten können. Das Hauptaugenmerk hat dabei der Frage zu gelten, ob die genannten Regelungen, auch ohne Rechtsnormen zu sein, von den rechtsanwendenden Organen des Staates beachtet werden müssen.

I. Selbstbindung der Verwaltung

Eine Beachtenspflicht erscheint denkbar unter dem Aspekt der Selbstbindung der Verwaltung[106]. Entwickelt sich bei der Rechtsanwendung eine einheitliche Verwaltungsübung, kann es der Behörde nach Art. 3 I GG verwehrt sein, in gleichgelagerten Fällen ohne sachlichen Grund anders zu entscheiden. Durch ihr gleichmäßiges Verhalten bindet sich die Behörde für die Zukunft selbst. Die der Verwaltungsübung zugrunde liegenden Entscheidungsmaßstäbe entfalten dann eine Außenwirkung: Betroffene können Gleichbehandlung verlangen, die Gerichte sind verpflichtet, bei der Rechtskontrolle von ihnen auszugehen. Diese Grundsätze sind von der Anwendung allgemeiner Verwaltungsvorschriften her geläufig. Sie gelten in gleicher Weise, wenn die Behörde statt auf Verwaltungsvorschriften auf andere Regelungen als Maßstab zurückgreift. Da es keine Gleichheit im Unrecht gibt[107], können Selbstbindungen der Verwaltung allerdings keine Rechtsbindungen überspielen. Nur soweit das Recht der Exekutive Entscheidungsspielräume läßt, darf sie sich selbst binden[108]. Die Anwendung kerntechnischer Richtlinien und Regeln durch die Genehmigungsbehörde kann deshalb eine Bindungswirkung nur entfalten, wenn und soweit die Behörde bei der Konkretisierung des § 7 II Nr. 3 AtG über Spielräume verfügt, die sie letztverbindlich ausfüllen darf.

1. *Versagungsermessen*

Liegen die tatbestandlichen Voraussetzungen des § 7 II AtG vor, steht es gleichwohl im Ermessen der Behörde, die Genehmigung zu versagen[109]. § 7 II AtG räumt der Behörde also auf der Rechtsfolgeseite

---

[106] Vgl. *Breuer*, AöR 101 (1976), S. 46 ff., 69; zur Figur der „Außenwirkung kraft Selbstbindung" vgl. statt vieler *Ossenbühl*, Verwaltungsvorschriften und Grundgesetz, S. 514 ff., mit zahlr. Nachweisen der Rechtsprechung.

[107] BVerwG, U. v. 10. 12. 1969, E 34, S. 278/282 ff.; *Dürig*, in: Maunz / Dürig / Herzog / Scholz, Art. 3 I Rdnr. 179 ff., 437 ff.

[108] *Breuer*, AöR 101 (1976), S. 46 ff., 69 f.; *Ossenbühl*, Verwaltungsvorschriften und Grundgesetz, S. 544.

[109] s. o. 2. Kap. A. mit Fn. 5.

einen Entscheidungsspielraum ein. Dennoch spielen technische Richtlinien und Regeln als Direktiven des Versagungsermessens keine Rolle. Die Frage der technischen Ordnungsmäßigkeit wird nämlich bereits auf der Tatbestandsseite der Norm relevant. Der Behörde ist ein Ermessen erst eröffnet, wenn — neben den anderen Genehmigungsvoraussetzungen — die nach dem Stand von Wissenschaft und Technik erforderliche Schadensvorsorge gewährleistet ist.

2. *Entscheidungsspielraum auf der Tatbestandsseite*

Die tatbestandlichen Voraussetzungen des § 7 II AtG hält die herrschende Meinung, insbesondere der ganz überwiegende Teil der Gerichte, für voll justiziabel[110]. Zunehmend werden aber Gegenstimmen laut, die mit unterschiedlicher Begründung einen Entscheidungsspielraum der Genehmigungsbehörde bejahen[111].

a) Grundsatz voller Justiziabilität

Rechtsprechung[112] und ein Teil der Lehre[113] halten fest am Grundsatz voller Justiziabilität unbestimmter Rechtsbegriffe auf der Tatbestandsseite einer Norm. Der Forderung, für wertende, nicht völlig objektivierbare Entscheidungen durchgängig einen Beurteilungsspielraum der Verwaltung anzuerkennen[114] oder in sog. Grenzfällen die gerichtliche Kontrolle auf eine Vertretbarkeitsprüfung zu beschränken[115], haben sie nicht nachgegeben[116]. Spielräume für autonome Verwaltungsentscheidungen und als Konsequenz davon die Möglichkeit einer Selbstbindung

---

[110] Vgl. OVG Münster, U. v. 20. 2. 1975, ET 1975, S. 220 ff.; OVG Lüneburg, B. v. 17. 10. 1977, DVBl. 1978, S. 67/69; VG Freiburg, U. v. 14. 3. 1977, NJW 1977, S. 1645/1646 ff.; VG Würzburg, U. v. 25. 3. 1977, NJW 1977, S. 1649/1650; VG Hannover, B. v. 2. 6. 1977, ET 1977, S. 177 ff.; *Breuer*, AöR 101 (1976), S. 46 ff., 75 ff.; *Czajka*, ET 1981, S. 537 ff., 540; *Hanning / Schmieder*, DB, Beil. Nr. 14/1977, S. 1 ff., 12; *Winters*, Atom- und Strahlenschutzrecht, S. 105.

[111] VG Schleswig, U. v. 17. 3. 1980, NJW 1980, S. 1296/1297 f.; *Degenhart*, Kernenergierecht, S. 233 ff.; *ders.*, ET 1981, S. 203 ff., 207 f.; *Grimm*, in: Richterliches Handeln und technisches Risiko, S. 25 ff.; *Mahlmann*, in: 1. Deutsches Atomrechts-Symposium, S. 269 ff., 275 ff.; *Rittstieg*, S. 188 ff.; *Schmitt Glaeser*, Der Landkreis 1976, S. 442 ff., 448; *Sellner*, BauR 1980, S. 391 ff., 404 ff.

[112] BVerwG, U. v. 22. 4. 1966, E 24, S. 60/64; Vorlagebeschl. v. 13. 2. 1970, E 35, S. 69/73 f., jeweils mit zahlr. weiteren Nachweisen der Rechtsprechung.

[113] So etwa *Breuer*, DVBl. 1978, S. 28 ff., 33, m. w. N.; *Czermak*, JuS 1968, S. 399 ff.; *Forsthoff*, Verwaltungsrecht, S. 90; *Jesch*, AöR 82 (1957), S. 163 ff.; *Kellner*, NJW 1966, S. 857 ff.

[114] So *Bachof*, JZ 1955, S. 97 ff.

[115] So *Ule*, in: Jellinek-Gedächtnisschrift, S. 309 ff., 325 ff.

[116] Auch das sog. GjS-Urteil des Bundesverwaltungsgerichts v. 16. 12. 1971 (E 39, S. 197 ff.) hat diesen Grundsatz entgegen anders lautenden Stellungnahmen im Schrifttum (vgl. etwa *Schmidt*, NJW 1975, S. 1753 ff., 1755) nicht aufgegeben. Zum Aussagegehalt dieses Urteils s. u. 4. Kap. B. I. 2. b) bb).

der Verwaltung kann es danach bei der Entscheidung über den Normtatbestand im Prinzip nicht geben.

Gegenüber der herrschenden Meinung liegt der Einwand nahe, die Anwendung unbestimmter Rechtsbegriffe auf den Einzelfall erfolge nicht in einem logischen Schlußverfahren; oftmals seien deshalb nach dem Gesetz mehrere Entscheidungen vertretbar und damit rechtmäßig[117]. Unbestritten erschöpft sich die Konkretisierung unbestimmter Rechtsbegriffe nicht in einem mechanischen Subsumtionsakt, sondern enthält neben kognitiven auch wertende und volitive Elemente[118]. Mithin ist die Entscheidung über das Vorliegen der tatbestandlichen Voraussetzungen im Einzelfall häufig nicht voll durch das Gesetz determiniert[119]. Diese methodische Erkenntnis reicht aber nicht aus, um der Exekutive durchweg einen gerichtlich nicht überprüfbaren Beurteilungsspielraum zuzubilligen. Mögen normtheoretisch auch mehrere Entscheidungen möglich sein, so ist damit nicht gesagt, wer letztverbindlich entscheiden darf. Ob das Letztentscheidungsrecht der zweiten oder dritten Gewalt zusteht, ist keine normtheoretische, sondern eine *Kompetenzfrage*[120].

Das Grundgesetz hat diese Frage nicht abschließend geregelt. Insbesondere lassen sich die Kompetenzen von Exekutive und Judikative nicht anhand des Gewaltenteilungsprinzips klar voneinander abgrenzen[121]. Den einzelnen Staatsgewalten ist kein fest umrissener, unveränderlicher Bestand von Funktionen zugewiesen; lediglich Übergriffe in ihren Kernbereich wären verfassungswidrig[122]. Zum justiziellen Kernbereich mag die klassische Funktion der Rechtsprechung, die Beurteilung von Sachverhalten anhand gesetzlich vorgegebener Maßstäbe gehören. Die Ergänzung unvollständiger gesetzgeberischer Entscheidungen, wie sie für die Konkretisierung unbestimmter Rechtsbegriffe in Grenzfällen typisch ist, zählt jedoch gewiß nicht dazu. Der enge, durch fließende Übergänge gekennzeichnete Konnex zwischen beiden Tätigkeiten verbietet es andererseits, letztere dem Kernbereich der Exekutive zuzurechnen.

---

[117] Vgl. *Ule*, in: Jellinek-Gedächtnisschrift, S. 309 ff., 325 f.

[118] BVerfG — 1. Sen. —, B. v. 14. 2. 1973, E 34, S. 269/287 f.; *Bachof*, JZ 1972, S. 208; *Horn*, DVBl. 1977, S. 13 ff., 15; *Meyn*, JA 1980, S. 327 ff., 329; *Ossenbühl*, DÖV 1972, S. 401 ff., 403 f.; *ders.*, DVBl. 1978, S. 1 ff., 8; *Papier*, Die Stellung der Verwaltungsgerichtsbarkeit, S. 16 f.; *Tettinger*, S. 81; *Ule*, in: Jellinek-Gedächtnisschrift, S. 309 ff., 325.

[119] *Ossenbühl*, DVBl. 1978, S. 1 ff., 8, spricht von einer „Fiktion rechtlicher Totalbindung und Totaldeterminierung der Verwaltung".

[120] *Ossenbühl*, DÖV 1972, S. 401 ff., 402; *ders.*, DVBl. 1974, S. 309 ff., 310; *Schmidt*, Gesetzesvollziehung, S. 142 f.

[121] Im Ergebnis ebenso *Czajka*, ET 1981, S. 537 ff., 540; *Meyn*, JA 1980, S. 327 ff., 329.

[122] BVerfG — 2. Sen. —, B. v. 26. 7. 1972, E 34, S. 48/59 m. w. N.

Auch Art. 19 IV GG bestimmt nicht abschließend die richterliche Kontrolldichte. Der Rechtsweg ist eröffnet zum Schutz subjektiver Rechte, die Rechtsweggarantie reicht also nur so weit, wie eine rechtliche Bindung der Exekutive besteht. In der Einräumung von Beurteilungsspielräumen durch das Gesetz kann daher nicht generell ein Verstoß gegen Art. 19 IV GG erblickt werden[123]. Immerhin wäre es im Hinblick auf die Rechtsweggarantie bedenklich, die volle Justiziabilität unbestimmter Rechtsbegriffe auch als Grundsatz zu verneinen. Art. 19 IV GG gebietet einen *effektiven* Rechtsschutz[124]. Könnte der Gesetzgeber der Exekutive durchgängig Entscheidungsprärogativen verschaffen, liefe die Rechtsweggarantie partiell leer, die Effektivität des Rechtsschutzes wäre gefährdet. Deshalb bedarf es stets besonderer sachlicher Gründe, falls der Gesetzgeber der Verwaltung Letztentscheidungsbefugnisse einräumen will[125]. Art. 19 IV GG verbietet es somit, den Grundsatz voller Justiziabilität unbestimmter Rechtsbegriffe aufzugeben.

Hinzu kommt, daß mit der Aufnahme unbestimmter Rechtsbegriffe in den gesetzlichen Tatbestand in der Regel gar keine justiziellen Kontrollrestriktionen beabsichtigt sind[126]. Macht das Gesetz eine Rechtsfolge von tatbestandlichen Voraussetzungen abhängig, intendiert es eine rechtliche Bindung der Verwaltung. Diese Bindung wird stark relativiert, wenn die Verwaltung selbst endgültig über das Vorliegen der Voraussetzungen entscheiden kann. Daß eine derart abgeschwächte Bindung dem Gesetzeswillen entspricht, darf nicht ohne besondere Anhaltspunkte unterstellt werden[127].

---

[123] Vgl. BVerwG, U. v. 13. 12. 1979, GewA 1980, S. 172; OVG Münster, U. v. 27. 6. 1974, GewA 1975, S. 243/245; *Bettermann*, AöR 96 (1971), S. 528 ff., 559; *Ossenbühl*, Gutachten B z. 50. DJT 1974, S. 170; *ders.*, DVBl. 1978, S. 1 ff., 9; *Papier*, Die Stellung der Verwaltungsgerichtsbarkeit, S. 33 f.; *ders.*, in: Bitburger Gespräche, S. 81 ff., 97.

[124] BVerfG — 1. Sen. —, B. v. 18. 7. 1973, E 35, S. 382/401; BVerfG — 2. Sen. —, B. v. 29. 10. 1975, E 40, S. 272/275; *Dürig*, in: Maunz / Dürig / Herzog / Scholz, Art. 19 IV Rdnr. 12 m. w. N.

[125] Vgl. *Bettermann*, AöR 96 (1971), S. 528 ff., 559; *Tettinger*, S. 428.

[126] Vgl. *Tettinger*, S. 99 m. w. N.

[127] Eine regelmäßige Kontrollrestriktion kann deshalb auch nicht mit dem Argument begründet werden, der Verwaltungsrichter wende das Recht nicht originär an, sondern kontrolliere — anders als der Zivil- und Strafrichter — die bereits durch die Verwaltung erfolgte Rechtsanwendung; daher dürfe er, soweit eindeutige rechtliche Maßstäbe fehlten, nicht seine Entscheidung an die Stelle der Verwaltungsentscheidung setzen (vgl. *Bachof*, JZ 1955, S. 97 ff., 99; *Ule*, in: Jellinek-Gedächtnisschrift, S. 309 ff., 325). Intendiert das Gesetz eine Bindung der Verwaltung, so weist es damit zugleich dem zur Kontrolle berufenen Richter die Funktion zu, unvollständige gesetzliche Kontrollmaßstäbe zu vervollständigen.

b) Ausnahmen

Ausnahmen vom Grundsatz voller Justiziabilität müssen deshalb vom Gesetz selbst eingeräumt sein[128]. Ob ausreichende Anhaltspunkte für gesetzlich beabsichtigte Spielräume der Verwaltung bei der Konkretisierung eines Normtatbestandes bestehen, ist durch Auslegung zu ermitteln[129].

Der Wortlaut des § 7 II Nr. 3 AtG gibt keinen Aufschluß über das Maß richterlicher Kontrolldichte. Als ergiebiger erweisen sich in dieser Hinsicht die Gesetzesmaterialien. In der Begründung zum zweiten Regierungsentwurf eines Atomgesetzes[130] heißt es lapidar, die im Tatbestand des § 7 II AtG enthaltenen unbestimmten Rechtsbegriffe unterlägen voller gerichtlicher Kontrolle. Zwar wurde § 7 AtG auf Betreiben des Bundesrats anschließend als Ermessensvorschrift ausgestaltet[131]. Diese Änderung betraf aber nur die Rechtsfolgeseite der Norm. Nach dem Willen des historischen Gesetzgebers sollten die unbestimmten Rechtsbegriffe des § 7 II Nr. 3 AtG der Exekutive also keinen Entscheidungsspielraum eröffnen.

Um den maßgeblichen objektiven Gesetzeswillen zu ermitteln, muß zusätzlich auch nach Sinn und Zweck des Gesetzes gefragt werden[132]. Rechtsprechung und Lehre haben Kriterien herausgearbeitet, die Hinweise geben sollen, wann exekutivische Entscheidungsspielräume dem Gesetzeszweck entsprechen. Nachfolgend wird untersucht, ob diese — teils anerkannten (sub aa—cc), teils umstrittenen (sub dd und ee) Merkmale auf § 7 II Nr. 3 AtG zutreffen.

aa) Unwiederholbare Entscheidungen

Eine Ausnahme vom Grundsatz voller Justiziabilität erkennt die Rechtsprechung seit langem für Prüfungsentscheidungen sowie schul- und beamtenrechtliche Beurteilungen an[133]. Derartige Entscheidungen sind wesentlich von höchstpersönlichen, nur beschränkt objektivierbaren Wertungen bestimmt und beruhen auf nicht reproduzierbaren Ent-

---

[128] Vgl. BVerwG, U. v. 26. 8. 1976, E 51, S. 104/110; U. v. 13. 12. 1979, GewA 1980, S. 172.

[129] Ebenso *Marburger*, S. 420; *Richter*, ET 1982, S. 140 ff., 141; vgl. auch BVerwG, U. v. 29. 6. 1957, E 5, S. 153/162 f.; U. v. 13. 12. 1979, GewA 1980, S. 172; BGH, B. v. 22. 12. 1981, NJW 1982, S. 1057/1058; VG Berlin, U. v. 25. 10. 1972, DVBl. 1974, S. 375/376 f.

[130] BT-Dr. III/759, S. 24.

[131] s. o. 2. Kap. A. mit Fn. 5.

[132] Vgl. BVerfG — 2. Sen. —, B. v. 17. 5. 1960, E 11, S. 126/130; BVerfG — 1. Sen. —, B. v. 19. 6. 1973, E 35, S. 263/279.

[133] Vgl. BVerwG, U. v. 29. 6. 1957, E 5, S. 153/162 f.; U. v. 26. 1. 1961, E 12, S. 29/34; weitere Nachweise der Rechtsprechung bei *Tettinger*, S. 422, Fn. 4 u. S. 424, Fn. 18.

scheidungssituationen[134]. Ein Gericht wäre daher außerstande, sie in vollem Umfang nachzuvollziehen; sie sind unvertretbar[135]. Ermächtigt ein Gesetz die Exekutive zu einer solchen Entscheidung, so hat das nur einen Sinn, wenn diese Entscheidung letztverbindlich ist. Der Gesetzeszweck fordert dann zwingend einen Beurteilungsspielraum der Verwaltung[136].

Die Konkretisierung des § 7 II Nr. 3 AtG ist mit dieser Fallgruppe nicht vergleichbar[137]. Zwar enthält die Beurteilung naturwissenschaftlich-technischer Sachverhalte ebenfalls wertende Elemente, jedoch erfolgt sie nach objektivierten, rational nachvollziehbaren Maßstäben und beruht nicht auf unwiederholbaren Entscheidungssituationen. Daß dem Richter häufig die zur Kontrolle erforderlichen Fachkenntnisse fehlen, verleiht den vorangehenden Beurteilungen der Verwaltung nicht den Charakter der Unvertretbarkeit. Denn die fehlende Fachkunde kann und muß sich der Richter — im Atomrecht nicht anders als in sonstigen Rechtsbereichen — durch sachverständige Beratung verschaffen[138].

bb) Entscheidungen besonders strukturierter Kollegialorgane

Unter einem anderen Aspekt ist ein Beurteilungsspielraum in einer Leitentscheidung des Bundesverwaltungsgerichts aus dem Jahre 1971 anerkannt worden: Der 1. Senat des Gerichts hat in dem sog. *GjS-Urteil*[139] der Bundesprüfstelle für jugendgefährdende Schriften eine Einschätzungsprärogative für die Entscheidung über die Eignung von Schriften zur Jugendgefährdung (§ 1 I GjS[140]) zugebilligt. Zur Begründung hat er einerseits auf den wertend-prognostischen Charakter der Entscheidung, zum anderen auf die gesetzlich vorgeschriebene besondere Zusammensetzung des Entscheidungsträgers hingewiesen, der sich durch vermutete Sachkunde und gesellschaftliche Repräsentanz seiner Mitglieder auszeichnet. Die Betrauung eines solchen Gremiums mit Entscheidungsbefugnissen wertet der Senat als Indiz dafür, daß der Gesetzgeber die Entscheidung als unvertretbar ansehe. In einem späteren Urteil hat derselbe Senat klargestellt, daß der wertend-prognostische

---

134 *Meyn*, JA 1980, S. 327 ff., 330; *Tettinger*, S. 424.

135 *Ossenbühl*, DVBl. 1974, S. 309 ff., 311.

136 Vgl. BVerwG, U. v. 27. 9. 1962, E 15, S. 39/40 f.

137 *Hanning / Schmieder*, DB, Beil. Nr. 14/1977, S. 1 ff., 12; *Winters*, Atom- und Strahlenschutzrecht, S. 105; ebenso OVG Münster, U. v. 7. 7. 1976, DVBl. 1976, S. 790/793 für die Konkretisierung des § 5 Nr. 1 BImSchG.

138 Vgl. *Nierhaus*, DVBl. 1977, S. 19 ff., 25; *Meyn*, JA 1980, S. 327 ff., 330; *Tettinger*, S. 434 f.

139 BVerwG, U. v. 16. 12. 1971, E 39, S. 197/203 f.

140 Gesetz über die Verbreitung jugendgefährdender Schriften i. d. F. v. 29. 4. 1961 (BGBl. I S. 296).

Charakter einer Entscheidung allein nicht zur Annahme eines Beurteilungsspielraums ausreiche[141].

In der Tat liegt in der gesetzlichen Übertragung von Entscheidungskompetenzen an ein sachkundiges, repräsentatives und — wie ergänzt werden muß — weisungsfreies[142] Gremium ein deutlicher Hinweis, daß die betreffenden Entscheidungen letztverbindlich sein sollen[143]. Eine gesetzliche Regelung, die zur Gewährleistung optimaler Sachentscheidungen besondere Qualifikationen des Entscheidungsträgers fordert, kann sinnvollerweise nicht die Kontrolle durch Organe zulassen, die diese Qualifikationen nicht besitzen und sich, was die interessenpluralistische Zusammensetzung angeht, auch nicht verschaffen können[144].

Für naturwissenschaftlich-technische Beurteilungen nach § 7 II Nr. 3 AtG ist unter diesem Gesichtspunkt kein administrativer Beurteilungsspielraum begründbar[145]. Die zuständigen Entscheidungsträger sind weder pluralistisch zusammengesetzt noch haben sie eine gegenüber dem bürokratischen Verwaltungsaufbau verselbständigte Stellung inne. Die regelaufstellenden Gremien werden demgegenüber zwar häufig[146] die Merkmale der vermuteten Sachkunde, Repräsentanz und Weisungsfreiheit in sich vereinigen. Doch liegt bei ihnen nicht die Entscheidungskompetenz, auf die es maßgeblich ankommt[147].

Gegen diese Sichtweise hat *Marburger*[148] — ausdrücklich allerdings nur bezogen auf Verwaltungsvorschriften — den Vorwurf erhoben, sie sei formalistisch. Beruhten Verwaltungsvorschriften inhaltlich auf technischen Regeln eines sachkundigen, repräsentativ besetzten Gremiums, so handele es sich *materiell* um die Entscheidung dieses Gremiums. Das

---

[141] Vgl. BVerwG, U. v. 17. 2. 1978, NJW 1978, S. 1450; ebenso der 4. Senat des Bundesverwaltungsgerichts, U. v. 5. 7. 1974, DVBl. 1974, S. 767/774; s. auch *Breuer*, DVBl. 1978, S. 598; *Ossenbühl*, DVBl. 1974, S. 309 ff., 312; *Tettinger*, S. 426; a. A. *Ule*, BImSchG, § 3 Rdnr. 30, der im Prognosecharakter der Entscheidung den eigentlichen Grund für die Annahme eines Beurteilungsspielraums im GjS-Urteil erblickt.

[142] Nur wenn ein Gremium unabhängig von Weisungen ist, besteht die Gewähr, daß seine besonders geartete Zusammensetzung sich auch auf die Sachentscheidung auswirkt. Weisungsunabhängigkeit fordern auch VG Berlin, U. v. 25. 10. 1972, DVBl. 1974, S. 375/377; *Breuer*, AöR 101 (1976), S. 46 ff., 76 f.; *Ossenbühl*, DÖV 1972, S. 401; *ders.*, DVBl. 1974, S. 309 ff., 313.

[143] Auch das VG Berlin, U. v. 25. 10. 1972, DVBl. 1974, S. 375/377, stellt entscheidend auf diesen Gesichtspunkt ab.

[144] Vgl. *Redeker*, DÖV 1971, S. 757 ff., 760.

[145] *Hanning / Schmieder*, DB, Beil. Nr. 14/1977, S. 1 ff., 12; *Ossenbühl*, DVBl. 1978, S. 1 ff., 5; *Winters*, Atom- und Strahlenschutzrecht, S. 105; vgl. auch OVG Münster, U. v. 7. 7. 1976, DVBl. 1976, S. 790/793.

[146] Vgl. oben 3. Kap. C. I. 1., D. I. und E. II.

[147] *Breuer*, AöR 101 (1976), S. 46 ff., 77; *ders.*, DVBl. 1978, S. 28 ff., 34; *Ossenbühl*, DVBl. 1978, S. 1 ff., 5.

[148] *Marburger*, S. 421 f.; vgl. auch *Ule*, BImSchG, § 48 Rdnr. 6.

habe zur Folge, daß die auf die Verwaltungsvorschriften gestützten Einzelfallentscheidungen nur beschränkt richterlicher Kontrolle unterworfen seien. Gleiches müßte dann konsequenterweise gelten, wenn die Einzelfallentscheidung unmittelbar auf technischen Richtlinien oder Regeln entsprechend qualifizierter Gremien beruhte.

Dieser Einwand verkennt aber, daß sich die Einräumung von Beurteilungsspielräumen aus dem Gesetz selbst ergeben muß[149]. Überträgt der Gesetzgeber einem weisungsfreien, sachkundig und repräsentativ besetzten Gremium die Entscheidungskompetenz, gibt er dadurch zu erkennen, daß er die Beurteilung dieser Stelle für unvertretbar hält und gerichtlicher Nachprüfung teilweise entziehen will. Hat der Gesetzgeber ein solches Gremium aber nicht vorgesehen, kann sich die Verwaltung einen Beurteilungsspielraum nicht selbst verschaffen, indem sie auf technische Regeln zurückgreift.

cc) Gestalterische Entscheidungen

Einen administrativen Entscheidungsspielraum implizieren auch unbestimmte Rechtsbegriffe, deren Konkretisierung politische und planerische Elemente enthält. So hat der 7. Senat des Bundesverwaltungsgerichts der Exekutive einen — als Ermessen bezeichneten — Entscheidungsspielraum für die Anwendung des in § 12 Außenwirtschaftsgesetz enthaltenen Begriffs „Berücksichtigung der handels- und sonstigen wirtschaftspolitischen Erfordernisse" zugestanden[150]. In einer Entscheidung zum Mühlenstrukturgesetz hat derselbe Senat für die Prüfung, ob der Vermahlungsplafond aus Gründen der Versorgung oder wegen der besonderen Marktsituation erhöht werden müsse, wiederum einen administrativen Spielraum — diesmal in der Form des Beurteilungsspielraums — bejaht[151]. Den Grund dafür erblickt der Senat in dem (struktur- und versorgungs-)politischen und dem planend-wertenden, Prognosen erfordernden Charakter der Entscheidung. In der Lehre wird für Beurteilungen mit politischem und planend-wertendem Einschlag ebenfalls eine Auflockerung der gerichtlichen Kontrolldichte befürwortet[152].

---

[149] *Breuer*, AöR 101 (1976), S. 46 ff., 76 f.; vgl. auch BVerwG, U. v. 13. 12. 1979, GewA 1980, S. 172; *Ossenbühl*, DVBl. 1978, S. 1 ff., 9.

[150] BVerwG, U. v. 21. 1. 1972, DVBl. 1972, S. 895. — *Redeker* kritisiert in seiner Anmerkung zu diesem Urteil (DVBl. 1972, S. 896) die Bezeichnung eines auf einen unbestimmten Rechtsbegriff bezogenen Entscheidungsspielraums als Ermessen, bejaht aber ebenfalls eine Beschränkung der gerichtlichen Kontrolldichte; ebenso *Breuer*, Der Staat 1977, S. 21 ff., 51.

[151] BVerwG, U. v. 22. 3. 1979, DÖV 1979, S. 716/717.

[152] Für politische Entscheidungen *Breuer*, Der Staat 1977, S. 21 ff., 51; *Feuchte*, Die Verwaltung 1977, S. 291 ff., 305 f.; *Redeker*, DÖV 1971, S. 757 ff., 759; *Schmidt*, NJW 1975, S. 1753 ff., 1758; für Planungsentscheidungen *Feuchte*,

Die Entscheidungen dieser Fallgruppe haben gemeinsam, daß sie auf eine zwar normativ gelenkte, aber nur beschränkt determinierte Gestaltung gerichtet sind. Planung ist ihrem Wesen nach nicht bloßer Gesetzesvollzug, sondern im Kern schöpferische Gestaltung und kann deshalb ohne Gestaltungsfreiheit nicht gedacht werden[153]. Auch politische Entscheidungen sind gekennzeichnet durch die Möglichkeit, zwischen mehreren Gestaltungsmöglichkeiten auszuwählen. Geht es — wie im Fall des zitierten Mühlen-Urteils — um die Frage, ob eine Maßnahme strukturpolitisch sinnvoll ist, so gibt das Gesetz die Antwort nicht vor. Welche Prioritäten für die Struktur eines Wirtschaftsbereiches zu setzen sind, wie ein Ausgleich der berührten Interessen erreicht werden kann, ist nirgends gesetzlich festgelegt worden, sondern hängt von einer gestalterischen Entscheidung der Exekutive ab. Ein Gesetz, das zu derartigen Entscheidungen ermächtigt, verschafft der Verwaltung deshalb nach seinem Sinn und Zweck einen Gestaltungsspielraum.

Damit stellt sich die Frage, ob auch die Konkretisierung des § 7 II Nr. 3 AtG dieser Fallgruppe zuzurechnen ist. Bejaht wird dies vor allem von *Degenhart*[154]. Er vertritt die Meinung, die unbestimmten Rechtsbegriffe dieser Vorschrift umschrieben keine normativ-festliegenden Maßstäbe, die eine subsumtionsmäßige Rechtsanwendung ermöglichten. Es handele sich vielmehr um offene Entscheidungskriterien, die mittels wertender Abwägung gestaltend entwickelt werden müßten[155]. *Degenhart* sieht seine Auffassung gerechtfertigt durch das Zusammenwirken des Schutz- und des Förderungszieles in § 1 AtG und in der entwicklungsoffenen Verweisung auf den „Stand von Wissenschaft und Technik“[156]. Die Entwicklungsoffenheit des § 7 II Nr. 3 AtG zeige sich besonders deutlich an den faktischen Entscheidungsstrukturen[157]. Die administrative Einzelentscheidung werde nämlich maßgeblich vorgeformt durch Sicherheitskriterien, Richtlinien, Regeln und Einzelgutachten, in denen sich der Sicherheitsstandard Schritt für Schritt auspräge[158].

Degenharts Versuch, einen administrativen Entscheidungsspielraum zu begründen, findet im Atomgesetz keine genügende Stütze. Wie er selbst erkennt[159], ist § 7 II AtG sicherheitsrechtlich strukturiert, d. h.

S. 302; *Marburger*, S. 420; *Nierhaus*, DVBl. 1977, S. 19 ff., 24; *Ossenbühl*, Gutachten B z. 50. DJT 1974, S. 186; *ders.*, DVBl. 1974, S. 309 ff., 313; *Redeker*, DÖV 1971, S. 757 ff., 759.

153 Vgl. statt aller *Ossenbühl*, Gutachten B z. 50. DJT 1974, S. 184 f.

154 *Degenhart*, Kernenergierecht, S. 231 ff., insbes. 233 f. u. 242; *ders.*, ET 1981, S. 203 ff., 207 f.; a. A. *Rittstieg*, S. 168.

155 *Degenhart*, Kernenergierecht, S. 169 u. 231; *ders.*, ET 1981, S. 203 ff., 206.

156 *Degenhart*, Kernenergierecht, S. 234 u. 242; *ders.*, ET 1981, S. 203 ff., 206.

157 *Degenhart*, ET 1981, S. 203 ff., 206.

158 *Degenhart*, Kernenergierecht, S. 136 ff.; *ders.*, ET 1981, S. 203 ff., 204.

159 *Degenhart*, ET 1981, S. 203 ff., 206.

nach dem Wenn-Dann-Schema aufgebaut. Normen, welche die Exekutive zu gestaltender Tätigkeit ermächtigen, enthalten dagegen typischerweise Zweckprogramme[160]. Auch der Zielbestimmung des § 1 AtG kann ein gerichtlicher Kontrolle entzogener Gestaltungsspielraum nicht entnommen werden. Wie oben gezeigt wurde[161], dient § 7 II Nr. 3 AtG primär der Verwirklichung des Schutzzweckes. Im Bereich der Gefahrenabwehr spielen Förderungsgesichtspunkte sogar überhaupt keine Rolle. Insoweit hat die Verwaltung sich auf die Prüfung sicherheitstechnischer Belange zu beschränken; sie muß — nicht anders als sonst im technischen Sicherheitsrecht auch — den Gefahrenbegriff konkretisieren und nimmt damit eine Aufgabe wahr, die traditionsgemäß voller richterlicher Kontrolle unterliegt. Im Bereich der Risikovorsorge erfolgt zwar aufgrund des Förderungszwecks eine Verhältnismäßigkeitsprüfung. Das besagt aber nicht, daß der Verwaltung ein Freiraum zusteht, die Schutz- oder die Förderungsgesichtspunkte nach ihrem Gutdünken stärker oder schwächer zu gewichten. Bei der Administrativentscheidung handelt es sich um den konkretisierenden Nachvollzug vom Gesetz abstrakt vorgezeichneter Wertungen. Vergleichbare Abwägungen erfordert jede Verhältnismäßigkeitsprüfung, ohne daß deshalb ein administrativer Entscheidungsspielraum angenommen würde. Damit soll nicht bestritten werden, daß dem Bau kerntechnischer Anlagen planerisch-gestaltende Entscheidungen des Staates zugrunde liegen. Die Genehmigungsentscheidung ist faktisch eingebunden in ein übergreifendes Energieprogramm der Bundesregierung und in Standortvorsorgeplanungen der Länder. Darauf kommt es aber nicht an. Denn die Genehmigungsvoraussetzung des § 7 II Nr. 3 AtG vernachlässigt diese Gesichtspunkte und beschränkt die Behörde auf die Prüfung sicherheitstechnischer Belange der einzelnen Anlage[162]. Exekutivische Freiräume folgen auch nicht aus der Verweisung des § 7 II Nr. 3 AtG auf den „Stand von Wissenschaft und Technik". Sicherlich trifft es zu, daß die Maßstabsformel den Normtatbestand für neue naturwissenschaftlich-technische Entwicklungen öffnet. Die Exekutive hat die Aufgabe, diese Entwicklungen zu erkennen und die Sicherheitsanforderungen danach auszurichten; das Gesetz erteilt ihr mit der Formel jedoch nicht den Auftrag, selbst auf die naturwissenschaftlich-technische Entwicklung gestaltend einzuwirken[163].

---

160 Vgl. *Ossenbühl,* DVBl. 1978, S. 1 ff., 7.

161 Vgl. 2. Kap. C. IV. 2. (bei Fn. 124), V. 2. d).

162 Zutreffend *Ossenbühl,* DVBl. 1978, S. 1 ff., 7; *Papier,* Die Stellung der Verwaltungsgerichtsbarkeit, S. 32. — Ob demgegenüber die Anwendung des § 7 II Nr. 6 AtG planerische Entscheidungen erfordert, soll hier offenbleiben; s. dazu *Lecheler,* ZRP 1977, S. 241 ff., 244 m. w. N.

163 Vgl. auch *Breuer,* DVBl. 1978, S. 28 ff., 34.

dd) Prognoseentscheidungen

Eine beachtliche Zahl von Literaturstimmen billigt der Verwaltung für Prognoseentscheidungen einen Beurteilungsspielraum zu[164]. Die Gerichte haben ebenfalls wiederholt aus dem Prognosecharakter von Entscheidungen eine Beschränkung gerichtlicher Kontrolldichte abgeleitet[165]. Eine genauere Prüfung der einschlägigen Urteile zeigt allerdings, daß der Prognoseaspekt regelmäßig nur in Verbindung mit anderen Kriterien als ausreichend für die Annahme eines Beurteilungsspielraums erachtet wurde[166]. Im Einklang damit hat das Bundesverwaltungsgericht Prognoseentscheidungen voll überprüft, wenn zusätzliche Anhaltspunkte für einen Beurteilungsspielraum fehlten[167]. Auch im Schrifttum finden sich Stellungnahmen, in denen der Prognoseaspekt als allein hinreichende Grundlage eines Beurteilungsspielraums abgelehnt wird[168].

Wäre der erstgenannten Meinung zu folgen, müßte für die Anwendung des § 7 II Nr. 3 AtG ein Beurteilungsspielraum anerkannt werden: Unter Prognosen werden Vorhersagen künftiger Entwicklungen verstanden[169]. Wird darüber entschieden, ob bestimmte technische Lösungen einen Schaden mit genügender Sicherheit verhindern, so erfordert das ein vorausschauendes Urteil über künftige Ereignisabläufe und Eintrittswahrscheinlichkeiten, mithin eine Prognose[170]. Deshalb sind die zur Begründung eines Prognosespielraums angeführten Argumente zu würdigen.

Zum einen wird auf die Unsicherheit von Prognosen verwiesen, die auf der Unfähigkeit des menschlichen Erkenntnisvermögens beruhe,

---

164 So *Feuchte*, Die Verwaltung 1977, S. 291 ff., 305 f.; *Mahlmann*, in: 1. Deutsches Atomrechts-Symposium, S. 269 ff., 277 ff.; *Ossenbühl*, Gutachten B z. 50. DJT 1974, S. 188 ff.; *ders.*, DÖV 1976, S. 463 ff., 467; *Rittstieg*, S. 188 ff.; *Schmidt*, NJW 1975, S. 1753 ff., 1756; *Schmitt Glaeser*, Der Landkreis 1976, S. 442 ff., 447; *Ule*, BImSchG, § 3 Rdnr. 30.

165 Vgl. BVerfG — 2. Sen. —, B. v. 22. 5. 1975, E 39, S. 334/353 f.; BVerwG, U. v. 16. 12. 1971, E 39, S. 197/203; U. v. 21. 1. 1972, DVBl. 1972, S. 895; U. v. 22. 3. 1979, DÖV 1979, S. 716; OVG Münster, U. v. 3. 5. 1974, DB 1974, S. 2106.

166 Vgl. die Zitate in Fn. 164. Eine Ausnahme bildet OVG Münster, DB 1974, S. 2106.

167 So BVerwG, U. v. 21. 5. 1976, DVBl. 1976, S. 788; U. v. 30. 6. 1977, DÖV 1977, S. 134/135; U. v. 17. 2. 1978, NJW 1978, S. 1450.

168 So *Blümel*, DVBl. 1975, S. 695 ff., 699; *Breuer*, Der Staat 1977, S. 21 ff., 35 u. 50 f.; *ders.*, DVBl. 1978, S. 598; *Hoppe*, DVBl. 1975, S. 684 ff., 692; *Kutscheidt*, in: 6. Deutsches Atomrechts-Symposium, S. 71 ff., 75; *Nierhaus*, DVBl. 1977, S. 19 ff., 23 ff.; *Richter*, ET 1982, S. 140 ff., 141; *Rittstieg*, S. 171; *Tettinger*, S. 429 ff.

169 *Nierhaus*, DVBl. 1977, S. 19 ff., 22; *Tettinger*, S. 433 m. w. N.

170 Vgl. *Breuer*, Der Staat 1977, S. 21 ff., 31 u. 33; *ders.*, AöR 101 (1976), S. 46 ff., 77, Fn. 173; *Kutscheidt*, in: 6. Deutsches Atomrechts-Symposium, S. 71 ff., 75; *Marburger*, S. 421; *Ossenbühl*, DÖV 1976, S. 463 ff., 466; *Schmitt Glaeser*, Der Landkreis 1976, S. 442 ff., 447; *Ule*, BImSchG, § 3 Rdnr. 30.

künftige Entwicklungen exakt vorherzusehen[171]. Prognosen erforderten daher notgedrungen subjektiv gefärbte Einschätzungen mit wertendem Einschlag. Wegen ihrer größeren Sachkunde seien die Behörden besser als die Gerichte geeignet, diese Einschätzungen letztverbindlich vorzunehmen[172].

Daß Prognosen mit Unsicherheiten behaftet sind, trifft sicher zu. Daraus folgt aber nicht ihre Unvertretbarkeit. Prgnosen mögen mit Wertungen und Volitivakten oft eng verknüpft sein. Selbst sind sie hingegen *Kognitivakte*, denn sie richten sich auf die Erkenntnis künftiger Tatsachen anhand vorhandener Fakten und Erfahrungssätze[173]. Demgemäß sind sie grundsätzlich rational nachvollziehbar und können nicht den unvertretbaren Entscheidungen zugerechnet werden. Fehlt dem Richter zur Prognose die nötige Sachkunde, kann er sich durch Sachverständige beraten lassen[174].

Ebenfalls auf die gedankliche Struktur von Prognosen bezieht sich das weitere Argument, Prognoseentscheidungen beruhten auf anderen als rechtlich-normativen Erwägungen und fielen deshalb aus der richterlichen Sachkompetenz heraus[175]. Dem ist jedoch entgegenzuhalten, daß zu den richterlichen Funktionen neben der Auslegung und Anwendung von Gesetzen auch die Sachverhaltsermittlung gehört[176]. Die letztgenannte Funktion umfaßt Prognosen künftiger Fakten ebenso wie Diagnosen gegenwärtiger oder vergangener Fakten.

Widersprochen werden muß schließlich auch der These, die alleinige Verantwortung der Exekutive für die Folgen ihrer Prognosen rechtfertige einen Prognosespielraum[177]. Selbstverständlich trägt die Exekutive nur Verantwortung für ihre eigenen Entscheidungen. Ersetzt das kontrollierende Gericht die behördliche Prognose durch eine neue, ist es dafür selbst verantwortlich[178]. Allerdings kann nur die Exekutive für fehlerhafte Prognosen parlamentarisch zur Verantwortung gezogen

[171] So OVG Münster, U. v. 3.5.1974, DB 1974, S. 2106; *Mahlmann*, in: 1. Deutsches Atomrechts-Symposium, S. 269 ff., 277.

[172] So *Mahlmann*, in: 1. Deutsches Atomrechts-Symposium, S. 269 ff., 277.

[173] *Breuer*, Der Staat 1977, S. 21 ff., 23; *Tettinger*, S. 86 f., jeweils m. w. N.

[174] Vgl. schon oben 4. Kap. B. I. 2. b) aa). Gegen das Sachkundeargument auch OVG Münster, U. v. 27. 6. 1974, GewA 1975, S. 243/245; *Rittstieg*, S. 184 ff.

[175] So *Schmitt Glaeser*, Der Landkreis 1976, S. 442 ff., 447.

[176] Vgl. BVerfG — 2. Sen. —, B. v. 5. 2. 1963, E 15, S. 275/282; BVerfG — 2. Sen. —, B. v. 15. 2. 1967, NJW 1967, S. 923 f.; BVerfG — 2. Sen. —, B. v. 28. 1. 1970, NJW 1970, S. 853/854; *Bachof*, JZ 1955, S. 97 ff., 99; *Bettermann*, AöR 96 (1971), S. 528 ff., 550; *Redeker*, DÖV 1971, S. 757 ff., 762; *Ule*, in: Jellinek-Gedächtnisschrift, S. 309 ff., 326.

[177] So *Bachof*, JZ 1955, S. 97 ff., 100; *Ossenbühl*, DVBl. 1974, S. 309 ff., 313; *Ule*, BImSchG, § 3 Rdnr. 30.

[178] OVG Münster, U. v. 27. 6. 1974, GewA 1975, S. 243/245; *Breuer*, Der Staat 1977, S. 21 ff., 30, Fn. 59.

werden. Dieser Gesichtspunkt ist jedoch sehr theoretischer Natur[179] und trifft im übrigen für andere Fehlentscheidungen bei der Anwendung von Gesetzen in gleicher Weise zu[179a].

Im Ergebnis rechtfertigt der Prognosecharakter einer Entscheidung allein es also nicht, der Verwaltung einen Beurteilungsspielraum zuzubilligen.

ee) *Entscheidungen über naturwissenschaftlich-technische Streitfragen*

Speziell bezogen auf § 7 II Nr. 3 AtG wird diskutiert, ob in naturwissenschaftlich-technischen Streitfragen die gerichtliche Kontrolle beschränkt sei. Nachdem der 2. Senat des Bundesverfassungsgerichts im *Kalkar-Beschluß* die Frage offengelassen hatte[180], hat nunmehr das VG Schleswig in seinem *Brokdorf-Urteil* vom 17. 3. 1980[181] als erstes Verwaltungsgericht unter diesem Gesichtspunkt einen administrativen Beurteilungsspielraum anerkannt. Im Schrifttum ist das Urteil teils auf Zustimmung, teils auf Ablehnung gestoßen[182]. Das Gericht begründet

---

[179] *Meyn*, JA 1980, S. 327 ff., 331.

[179a] Besonders eingehend hat *Grimm*, in: Richterliches Handeln und technisches Risiko, S. 25 ff., den Standpunkt begründet, daß die *demokratische Verantwortlichkeit* der Exekutive die Grundlage für einen administrativen Beurteilungsspielraum bei der Anwendung des § 7 II Nr. 3 AtG bilde. Ohne speziell auf den Prognosecharakter der atomrechtlichen Genehmigungsentscheidung einzugehen, vertritt er die Meinung, die geringe Regelungsdichte des § 7 II Nr. 3 AtG erfordere eine „originäre Inhaltssetzung" und damit der Sache nach Gesetzgebung (S. 54), die der demokratisch verantwortlichen Exekutive eher überlassen werden könne als der aus dem demokratischen Verantwortungszusammenhang herausfallenden Justiz (S. 55). *Grimm* stellt zutreffend fest, daß der Rechtsanwender bei der Konkretisierung des § 7 II Nr. 3 AtG durch das Gesetz nur begrenzt determiniert wird und ein Stück Dezision zu leisten hat (s. o. 2. Kap. C. VI.). Dem Demokratieprinzip mag ein administrativer Beurteilungsspielraum daher insoweit besser entsprechen als die volle Justitiabilität. Umgekehrt bietet das gerichtliche Verfahren — worauf Grimm selbst hinweist (S. 55 ff.) — wegen seines hohen Formalisierungsgrades und der richterlichen Unabhängigkeit einen stärkeren Schutz gegen sachfremde Einflußnahmen von Interessengruppen, zumal die Exekutive auf dem Gebiet der Kerntechnik auf die Kooperation der interessierten Wirtschaftskreise angewiesen ist. Rechtsstaatliche Grundsätze legen also eine Vollkontrolle nahe. Stehen wie hier zwei Verfassungsprinzipien derart hohen Abstraktionsgrades gegeneinander, so muß es letztlich der Entscheidungsfreiheit des Gesetzgebers überlassen bleiben, in Grenzfällen mehr dem einen oder dem anderen Prinzip Rechnung zu tragen. Soweit der Gesetzgeber nicht deutlich macht, daß er abweichend vom Regelfall der Exekutive einen Beurteilungsspielraum einräumt, muß es deshalb auch in Fällen geringer gesetzlicher Regelungsdichte beim Letztentscheidungsrecht der Gerichte bleiben.

[180] BVerfG — 2. Sen. —, B. v. 8. 8. 1978, E 49, S. 89/136.

[181] NJW 1980, S. 1296/1297 f.

[182] Zustimmend *Dauk*, ET 1980, S. 404 ff., 406; *Ziegler / Nobbe*, Jahrbuch für Atomwirtschaft, S. A 29 ff., 42; vgl. auch *Bender*, NJW 1979, S. 1425 ff., 1431; *Czajka*, ET 1981, S. 537 ff., 542; *Sellner*, BauR 1980, S. 391 ff., 404 ff.;

seine Auffassung im wesentlichen mit der Erwägung, die Ermittlung und Beurteilung unterschiedlicher wissenschaftlicher Meinungen sei vom Atomgesetz der Exekutive zugewiesen. Die Justiz dürfe diese Funktion nicht an sich ziehen, denn das gerichtliche Kontrollverfahren sei kein zweites Genehmigungsverfahren[183].

Die letzterwähnte Bemerkung ist ebenso richtig wie nichtssagend[184]. Denn die richterliche Kontrolle beinhaltet in der Regel die volle Überprüfung der Verwaltungsentscheidung in rechtlicher und tatsächlicher Hinsicht[185]; exekutivische und justizielle Prüfungen decken sich also prinzipiell. Als unzutreffend erweist sich aber vor allem die Annahme, der Gesetzgeber habe die Ermittlung und Beurteilung unterschiedlicher wissenschaftlicher Meinungen allein der Exekutive zugewiesen. Daß die atomgesetzlichen Verordnungsermächtigungen die Exekutive zu letztverbindlichen wissenschaftlich-technischen Beurteilungen ermächtigen, besagt nicht, gleiches sei auch durch die Verwendung unbestimmter Rechtsbegriffe in § 7 II Nr. 3 AtG geschehen. Derartige Beurteilungen sind Erkenntnisakte und als solche — ebenso wie Prognoseentscheidungen — prinzipiell nachvollziehbar[186]. Sinn und Zweck der gesetzlichen Regelung stehen gerichtlicher Vollkontrolle somit auch in wissenschaftlich-technischen Streitfragen nicht entgegen.

Die teleologische Auslegung bestätigt also das schon aufgrund der Entstehungsgeschichte gewonnene Ergebnis: der Exekutive ist für die

---

Wagner, NJW 1980, S. 665 ff., 667; ablehnend *Papier*, in: Bitburger Gespäche, S. 81 ff., 89 f.; *Roth-Stielow*, EuGRZ 1980, S. 386 ff., 391, Fn. 45; vgl. auch *Roßnagel*, S. 70.

[183] Vgl. VG Schleswig, NJW 1980, S. 1296/1298; dagegen bereits oben 4. Kap. B. I. 2. a), Fn. 127. Zusätzlich gebraucht das Gericht das oben 4. Kap. B. I. 2. b) dd) als untauglich kritisierte Argument fehlender gerichtlicher Entscheidungsverantwortung.

[184] Ausführlich *Papier*, in: Bitburger Gespräche, S. 81 ff., 89 f.

[185] Vgl. die oben Fn. 124 zitierten Entscheidungen des Bundesverfassungsgerichts.

[186] Daß die Gerichte dabei auf die Hilfe Sachverständiger angewiesen sind und infolgedessen die Gefahr einer faktischen Verlagerung ihrer Entscheidungskompetenzen auf die Sachverständigen besteht (so *Richter*, ET 1982, S. 140 ff., 142), ist sicherlich richtig. Diese Gefahr belastet aber in allen Bereichen das Verhältnis von Richter und Sachverständigem (vgl. *Arens*, in: Rechte im sozialen Rechtsstaat, S. 261 ff.), wenngleich sie im Bereich der Kerntechnik besonders deutlich hervortritt. Die Furcht vor einer Preisgabe staatlicher Entscheidungskompetenzen an Sachverständige mag den Gesetzgeber berechtigen, der Exekutive einen Beurteilungsspielraum einzuräumen; ein zwingender Schluß von dieser Gefahr auf die Existenz eines Beurteilungsspielraums kann dagegen nicht gezogen werden. Das gilt um so mehr, als die Genehmigungsbehörden nach ihrer heutigen Struktur und personellen Besetzung ohne das Urteil externer Sachverständiger ebenfalls nicht auskommen (vgl. *Lukes*, in: Bitburger Gespräche, S. 117 ff., 123 f., 128). Das Problem heimlicher Kompetenzverschiebungen stellt sich also auch für Entscheidungen der Exekutive.

Anwendung des § 7 II Nr. 3 AtG kein letztverbindlicher Entscheidungsspielraum eröffnet.

ff) Entscheidung nach § 28 III 4 StrlSchV

Diese Aussage bedarf möglicherweise der Einschränkung, soweit es um die Vorsorge zur Einhaltung der Störfallplanungsdosis nach § 28 III StrlSchV geht. In der Frage, welche Störfälle dafür zu berücksichtigen sind, „kann" die Genehmigungsbehörde sich gem. § 28 III 4 StrlSchV an den vom Bundesinnenminister veröffentlichten Sicherheitskriterien für Kernkraftwerke orientieren[187]. Nach dem eindeutigen Wortlaut der Vorschrift hat die Behörde ein Wahlrecht: sie kann auf die Sicherheitskriterien zurückgreifen; ebenso ist es ihr freilich erlaubt, unabhängig von den Sicherheitskriterien die Ereignisse zu ermitteln, die als Auslegungsstörfälle zugrunde zu legen sind. Damit räumt § 28 III 4 StrlSchV der Behörde einen Entscheidungsspielraum ein.

Welche Möglichkeiten sich daraus für die verbindliche Konkretisierung der Schadensvorsorge ergeben, hängt wesentlich davon ab, ob die Behörde über den Rückgriff auf die Sicherheitskriterien *letztverbindlich* entscheiden darf. Hat das Gericht den Rückgriff zu akzeptieren, erlangen die Sicherheitskriterien durch die behördliche Anwendung Außenwirkung kraft Selbstbindung. Darf das Gericht jedoch entgegen der Behördenentscheidung die relevanten Störfälle unabhängig von den Sicherheitskriterien ermitteln, so kann auch eine gleichmäßige Verwaltungsübung den Kriterien keine Außenverbindlichkeit verschaffen. Daß ein Wahlrecht der Behörde nicht notwendig letztverbindlicher Natur sein muß, zeigt ein Blick ins Steuerrecht: nach verbreiteter Auffassung[188] hat die Steuerverwaltung das Recht, in Steuersachen mit Massencharakter statt genauer Einzelfallprüfung typisierte Sachverhalte zugrunde zu legen; das nachprüfende Gericht soll demgegenüber an die Typisierung nicht gebunden, sondern im Gegenteil nach dem Gesetzmäßigkeitsprinzip zu voller Sachverhaltsaufklärung verpflichtet sein[189].

Nach der ratio legis des § 28 III 4 StrlSchV ist das Wahlrecht der Genehmigungsbehörde jedoch endgültiger Natur. Der Grund für die Typisierungsbefugnis der Finanzbehörden wird vor allem in der Mas-

---

[187] s. o. 4. Kap. A. II. 2. (bei Fn. 60).

[188] Vgl. *Isensee*, Die typisierende Verwaltung, passim, vor allem S. 155 ff.; *ders.*, StuW 1973, S. 199 ff., 203 f.; *Wolff / Bachof* I, § 31 I b 2; weitere Nachweise bei *Ossenbühl*, Verwaltungsvorschriften und Grundgesetz, S. 347, Fn. 291. Kritisch zur typisierenden Betrachtungsweise *Breuer*, AöR 101 (1976), S. 46 ff., 71; *Ossenbühl*, Verwaltungsvorschriften und Grundgesetz, S. 347 f.; *Papier*, DVBl. 1980, S. 787 ff., 796.

[189] *Isensee*, Die typisierende Verwaltung, S. 177 ff.; *ders.*, StuW 1973, S. 199 ff., 205.

senhaftigkeit der zu bewältigenden Steuersachverhalte gesehen[190] — ein Aspekt, der für die finanzgerichtlichen Kontrollverfahren nicht in gleicher Weise zutrifft. § 28 III 4 StrlSchV bezweckt hingegen, die in die Sicherheitskriterien eingeflossene Sachkunde nutzbar zu machen und über die konkretisierenden Festlegungen der Sicherheitskriterien die Rechtssicherheit zu erhöhen. Diese Gesetzeszwecke würden unterlaufen, wenn die Heranziehung der Sicherheitskriterien durch die Behörde nur vorläufiger Natur wäre und vom Verwaltungsgericht wieder in Frage gestellt werden dürfte. § 28 III 4 StrlSchV gewährt demnach der Verwaltung ein letztverbindliches Wahlrecht, das Grundlage einer möglichen exekutivischen Selbstbindung zu sein scheint.

Allerdings bestehen Zweifel an der Gültigkeit des § 28 III 4 StrlSchV. Diese Zweifel, die sich sowohl auf die Vereinbarkeit mit der Ermächtigungsnorm des § 12 I Nr. 2 AtG als auch auf die Verfassungsmäßigkeit der Vorschrift beziehen, treten deutlicher hervor, wenn man sich die Eigenart der in § 28 III 4 StrlSchV enthaltenen Regelung klarmacht. Das der Genehmigungsbehörde gewährte Wahlrecht kann keiner der bekannten Arten exekutivischer Entscheidungsspielräume zugeordnet werden: Daß die Bestimmung kein Rechtsfolgeermessen einräumt, liegt auf der Hand. Ebensowenig gewährt sie einen administrativen Beurteilungsspielraum. Denn die Behörde darf nicht letztverbindlich darüber entscheiden, ob der Normtatbestand erfüllt ist. Ihr Wahlrecht bezieht sich nur auf den Prüfungsmaßstab, d. h. ihr obliegt die letztverbindliche Entscheidung, ob die relevanten Störfälle unmittelbar aufgrund des Gesetzes (§ 28 III 1—3 StrlSchV i. V. m. § 7 II Nr. 3 AtG) durch Konkretisierung im Einzelfall zu bestimmen oder den Sicherheitskriterien zu entnehmen sind. Schließlich verschafft § 28 III 4 StrlSchV der Behörde auch keinen Entscheidungsspielraum bei der Sachverhaltsermittlung, wie er in Form der Befugnis zur typisierenden Betrachtungsweise[191] oder zur Auswahl der maßgeblichen Beweismittel denkbar wäre. Die Vorschrift betrifft überhaupt nicht die Sachverhaltsermittlung, sondern die normativen Anforderungen an die Störfallvorsorge. Das zeigt sich deutlich daran, daß in die in Bezug genommenen Sicherheitskriterien neben naturwissenschaftlich-technischen Erkenntnissen Wertungen des akzeptablen Restrisikos einfließen. Welches Ereignis als „ungünstigster Störfall" der Vorsorge zugrunde gelegt werden muß, ist keine rein wissenschaftliche Frage, sondern erfordert ein wertendes

---

[190] *Isensee*, Die typisierende Verwaltung, S. 155 ff.; *ders.*, StuW 1973, S. 199 ff., 200 u. 203 f.

[191] Die typisierende Betrachtungsweise ist dadurch gekennzeichnet, daß auf die Ermittlung des tatsächlichen Sachverhalts verzichtet und stattdessen ein fiktiver — typischer — Sachverhalt unter die gesetzlichen Voraussetzungen subsumiert wird (vgl. *Isensee*, StuW 1973, S. 199 f.).

Urteil darüber, welche Ereignisse als zu unwahrscheinlich außer Betracht gelassen werden dürfen[192]. Die Sicherheitskriterien enthalten insoweit normative Festlegungen. Der Genehmigungsbehörde wird durch § 28 III 4 StrlSchV das Recht eingeräumt, statt selbständiger Konkretisierung des Rechtsnormtatbestandes auf diese Festlegungen zurückzugreifen. Tut sie dies, nehmen die Sicherheitskriterien den Platz der betreffenden materiellrechtlichen Bestimmungen ein, sie substituieren mithin teilweise den Normtatbestand des § 28 III 1—3 StrlSchV.

Daraus folgt die Unvereinbarkeit des § 28 III 4 StrlSchV mit der Ermächtigungsnorm des § 12 I Nr. 2 AtG. Während nach § 7 II Nr. 3 AtG grundsätzlich der Rechtsanwender den Normtatbestand im Einzelfall zu konkretisieren hat, ermächtigt § 12 I Nr. 2 AtG den Verordnungsgeber, die Konkretisierungsaufgabe für einen Teilbereich an sich zu ziehen und unabhängig vom Einzelfall zu erfüllen. Entscheidend ist, daß § 12 I Nr. 2 AtG allein dem Verordnungsgeber die Befugnis dazu erteilt. Nach der Regelung des § 28 III 4 StrlSchV erfolgt die Konkretisierung hingegen — bei entsprechender Ausübung des Wahlrechts — durch die vom Länderausschuß aufgestellten Sicherheitskriterien. Anders wäre es, wenn der Verordnungsgeber auf eine bestimmte Fassung der Kriterien Bezug und diese damit in seinen Willen aufnähme. Stattdessen läßt er jedoch die Konkretisierung durch die jeweilige, ihm im voraus überhaupt nicht bekannte Fassung der Kriterien zu. § 12 I Nr. 2 AtG sieht eine derartige Verlagerung der Konkretisierungsbefugnis erkennbar nicht vor. § 28 III 4 StrlSchV wird deshalb durch die Ermächtigungsnorm nicht gedeckt.

Daß die Sicherheitskriterien nach der Regelung des § 28 III 4 StrlSchV partiell den Normtatbestand des § 28 III 1—3 StrlSchV substituieren, begegnet außerdem verfassungsrechtlichen Bedenken. Rechtliche Anforderungen können nur durch Rechtsnormen festgelegt werden. Das gilt auch für konkretisierende Regelungen, soweit sie nicht bloß den Einzelfall betreffen. Die Sicherheitskriterien üben also aufgrund des § 28 III 4 StrlSchV die Funktion von Rechtsnormen aus[193]. Sie tun dies, ohne selbst Rechtsnormen zu sein. Wie oben[194] gezeigt wurde, genügen sie nämlich nicht den Anforderungen, die in den Art. 70 ff. GG an Rechtsnormen gestellt werden. Über diese Bestimmungen hat sich der Verordnungsgeber hinweggesetzt, indem er die letztverbindliche Konkretisierung des Normtatbestandes mittels der Sicherheitskriterien zugelassen hat. An der Verfassungswidrigkeit der Regelung ändert auch

---

192 s. o. 2. Kap. C. II. 1. und IV. 3.

193 Anders wäre nur zu entscheiden, wenn die Kriterien lediglich Tatsachen feststellten und nicht Ausdruck von Willensentschließungen wären, die dem Rechtsnormgeber vorbehalten sind (vgl. *Bullinger,* S. 22).

194 4. Kap. A. II. 1.

der Umstand nichts, daß die Kriterien erst aufgrund einer Entscheidung der Genehmigungsbehörde als verbindlicher Prüfungsmaßstab fungieren können[195]. Die Wirkung der Kriterien bleibt nach § 28 III 4 StrlSchV zwar insofern hinter der von Rechtsnormen zurück, als die Behörde sie — abgesehen vom Fall der Selbstbindung — nicht verwenden *muß*. Quasi-normativ wirken die Kriterien aber dergestalt, daß die Behörde sie ebenso wie eine verordnungsrechtliche Bestimmung als verbindlichen Maßstab der Rechtsanwendung zugrundelegen *darf*. Das ist mit Art. 80 GG nicht vereinbar. Der Verordnungsgeber hat daher mit § 28 III 4 StrlSchV einen nach dem Grundgesetz nicht gangbaren Weg beschritten, um den Sicherheitskriterien eine gesteigerte rechtliche Bedeutung zu verschaffen. Die Vorschrift ist nichtig.

§ 28 III 4 StrlSchV schafft folglich keine Ausnahme von dem Grundsatz, daß der Genehmigungsbehörde bei der Konkretisierung des § 7 II Nr. 3 AtG kein Entscheidungsspielraum zusteht. Außerrechtliche Regelungen können somit selbst bei gleichmäßiger Anwendung durch die Behörde keine verbindliche Außenwirkung entfalten.

II. Beweisrechtliche Bedeutung

Muß den zahlreichen technischen Richtlinien und Regeln danach jede rechtliche Bedeutung für die Konkretisierung der gesetzlichen Anforderungen an die Schadensvorsorge abgesprochen werden? Die Frage wird — soweit ersichtlich — einhellig verneint mit dem Hinweis auf die beweisrechtliche Bedeutung der Richtlinien und Regeln.

1. Technische Regelwerke und Anscheinsbeweis

Nach verbreiteter Auffassung spricht unter bestimmten Voraussetzungen ein allgemeiner Erfahrungssatz dafür, daß die Festlegungen technischer Richtlinien und Regeln die „allgemein anerkannten Regeln der Technik“, den „Stand der Technik“ bzw. den „Stand von Wissenschaft und Technik“ im Sinne der gesetzlichen Maßstabsformeln wiedergeben. Mit Hilfe dieses Erfahrungssatzes lasse sich der *Beweis des ersten Anscheins* für die Übereinstimmung eines regelkonformen technischen Vorhabens mit dem jeweils gesetzlich rezipierten Standard führen[196].

---

[195] Dieser Umstand unterscheidet die Regelung des § 28 III 4 StrlSchV von sog. gleitenden oder dynamischen Verweisungen, durch die Rechtsnormen andere (rechtliche oder außerrechtliche) Regelungen in ihrer jeweiligen Fassung rezipieren; a. A. *Kramer / Zerlett*, D, § 28 StrlSchV Anm. 21, die § 28 III 4 StrlSchV als gleitende Verweisung qualifizieren. — Zur gleitenden Verweisung s. u. 5. Kap. B. II. 1. b).

[196] So *Breuer*, AöR 101 (1976), S. 46 ff., 80 ff.; *Lukes*, in: Regeln der Technik und Schadensersatz, S. 22 ff., 33 ff.; *ders.*, in: Wettbewerb als Aufgabe, S. 149 ff., 169 f.; *Marburger*, S. 464; *Niere*, DVBl. 1975, S. 172 ff., 173; *Schäfer*,

a) Grundlage und Wirkungen des Anscheinsbeweises

Grundlage des Anscheinsbeweises sind nur *qualifizierte* Erfahrungssätze[197]. Sie zeichnen sich durch ihre besondere Zuverlässigkeit aus. Ein qualifizierter Erfahrungssatz liegt vor, falls ein Geschehen sich in aller Regel gleichförmig abspielt[198]. Einerseits reicht für ihn nicht die bloße Wahrscheinlichkeit wie für den einfachen Erfahrungssatz, andererseits hebt er sich vom absoluten Erfahrungssatz ab, der nach menschlichem Ermessen keiner Durchbrechung zugänglich ist[199]. Seine verfahrensrechtliche Bedeutung entfaltet der Anscheinsbeweis bei der Beweiswürdigung[200]. Die entscheidende Stelle muß im Rahmen ihrer Überzeugungsbildung qualifizierte Erfahrungssätze als Beweiswürdigungsregeln beachten; prima facie hat sie von dem typischen Geschehensablauf auszugehen. Anders als gesetzliche Vermutungen kehrt der Anscheinsbeweis nicht die Beweislast um[201]. Während gesetzliche Vermutungen durch den sog. Beweis des Gegenteils widerlegt werden müssen, ist der gegen den Anscheinsbeweis zulässige *Gegenbeweis* bereits geführt, wenn konkrete Umstände nachgewiesen werden, die einen atypischen Geschehensablauf als ernsthaft möglich erscheinen lassen[202]. Entgegen einer vereinzelt geäußerten Meinung[203] findet der Anscheinsbeweis auch im Verwaltungsverfahren und Verwaltungsprozeß Anwendung[204]. Zwar hat nach dem Untersuchungsgrundsatz (§ 24 I VwVfG, § 86 I VwGO) die

---

S. 141; *Ullrich*, S. 38 f.; noch weitergehend, für eine die Beweislast umkehrende widerlegliche Vermutung *Czajka*, ET 1981, S. 537 ff.; *Eberstein*, BB 1969, S. 1291 ff., 1293 f.; *Lukes*, NJW 1973, S. 1209 ff., 1215; *Winters*, Atom- und Strahlenschutzrecht, S. 101.

[197] Grundlegend *Hainmüller*, S. 28 ff., der die qualifizierten Erfahrungssätze als „Erfahrungsgrundsätze" bezeichnet; weiterhin *Breuer*, AöR 101 (1976), S. 46 ff., 80 f.; *Lukes*, in: Regeln der Technik und Schadensersatz, S. 22 ff., 35 f.; *Rosenberg / Schwab*, § 114, 1 (S. 616).

[198] Vgl. *Hainmüller*, S. 29; *Lukes*, in: Regeln der Technik und Schadensersatz, S. 22 ff., 35.

[199] Zum einfachen Erfahrungssatz s. *Hainmüller*, S. 26 f.; *Lukes*, in: Regeln der Technik und Schadensersatz, S. 22 ff., 34; zum absoluten Erfahrungssatz *Hainmüller*, S. 27 f.; *Lukes*, S. 33 f.

[200] *Greger*, VersR 1980, S. 1091 ff., 1098; *Grunsky*, § 43 II 1 (S. 453); *Lukes*, in: Regeln der Technik und Schadensersatz, S. 22 ff., 33; *Rosenberg / Schwab*, § 114, 3 a (S. 617).

[201] BGH, U. v. 17. 4. 1951, Z 2, S. 1/5; U. v. 12. 2. 1963, Z 39, S. 103/107; *Breuer*, AöR 101 (1976), S. 46 ff., 81; *Grunsky*, § 43 II 1 (S. 452); *Hainmüller*, S. 77; a. A. *Wassermeyer*, S. 19, 25, 31, 35.

[202] BGH, U. v. 17. 4. 1951, Z 2, S. 1/5; U. v. 23. 5. 1952, Z 6, S. 169/171; U. v. 18. 12. 1952, Z 8, S. 239/240; *Blomeyer*, Gutachten 2 A für den 46. DJT, S. 18 u. 19 f.; *Breuer*, AöR 101 (1976), S. 46 ff., 81; *Lukes*, in: Regeln der Technik und Schadensersatz, S. 22 ff., 36.

[203] *Hainmüller*, S. 42, Fn. 229; *Weyreuther*, DRiZ 1957, S. 55 ff., 59.

[204] BVerwG, U. v. 29. 7. 1959, E 9, S. 102/103 f.; U. v. 29. 1. 1965, E 20, S. 229/231; *Blomeyer*, Gutachten 2 A für den 46. DJT, S. 17 f.; *Grunsky*, § 43 II 1 (S. 453 f.); *Tietgen*, Gutachten 2 B für den 46. DJT, S. 85.

Behörde oder das Gericht die Möglichkeit eines atypischen Geschehensablaufs in Betracht zu ziehen. Ergeben sich dafür keine Anhaltspunkte, besteht aber kein Grund, einem für den typischen Ablauf sprechenden Erfahrungssatz bei der Beweiswürdigung weniger Beachtung zu schenken als unter Geltung der Verhandlungsmaxime.

Trotz Verpflichtung der entscheidenden Stelle, der Möglichkeit atypischer Abläufe nachzugehen, wäre die verfahrensrechtliche Bedeutung eines Anscheinsbeweises für die Identität kerntechnischer Richtlinien und Regeln mit dem Stand von Wissenschaft und Technik nicht gering zu veranschlagen. Ohne diesen Anscheinsbeweis müßten die Behörde oder das Gericht sämtliche entscheidungsrelevanten Sachfragen selbst klären. Das ist bei technischen Großprojekten bekanntermaßen nur durch Einholung einer Vielzahl von Sachverständigengutachten möglich. Der Anscheinsbeweis würde es hingegen erlauben, die einschlägigen Regelwerke zur Grundlage weiterer Ermittlungen zu machen. Die Prüfung hätte sich lediglich darauf zu richten, ob die Festlegungen der Regelwerke wegen Besonderheiten des Einzelfalles ausnahmsweise nicht passen, ob sie infolge neuerer Erkenntnisse veraltet sind oder ob konkrete Umstände Zweifel an ihrer sachlichen Richtigkeit rechtfertigen. Keineswegs würde der Untersuchungsgrundsatz dazu verpflichten, jede technische Regel auch ohne entsprechende Anhaltspunkte einer Überprüfung zu unterziehen[205]. Es liegt auf der Hand, daß der Prüfungsstoff dadurch erheblich reduziert würde[206] und die Regelwerke eine vereinheitlichende, mehr Rechtssicherheit schaffende Wirkung auf die Genehmigungs- und Gerichtsverfahren ausüben könnten.

b) Voraussetzungen eines qualifizierten Erfahrungssatzes für die Wiedergabe des Standes von Wissenschaft und Technik durch technische Regeln

Die entscheidende Frage ist, ob tatsächlich ein Anscheinsbeweis für die Wiedergabe des Standes von Wissenschaft und Technik durch technische Regeln spricht. Ein qualifizierter Erfahrungssatz setzt allgemein voraus, daß sich aufgrund eines gleichmäßigen, sich stetig wiederholenden Hergangs ein typischer Geschehensablauf feststellen läßt[207]. Demgemäß kommt ein qualifizierter Erfahrungssatz für die Übereinstimmung der Regelwerke und der gesetzlich rezipierten Standards nur unter einschränkenden Voraussetzungen in Betracht. Diese betreffen

---

[205] Unklar insoweit *Breuer*, AöR 101 (1976), S. 46 ff., 82.

[206] Demgegenüber vertritt *W. Berg*, S. 106 die Auffassung, das Institut des Anscheinsbeweises habe keinen Einfluß auf Art und Umfang verwaltungsprozessualer Ermittlungen.

[207] Vgl. *Hainmüller*, S. 29 f.; *Lukes*, in: Regeln der Technik und Schadensersatz, S. 22 ff., 35; *Rosenberg / Schwab*, § 114, 1 (S. 616). Die Genannten verlangen zusätzlich, daß sich der Erfahrungssatz eindeutig formulieren läßt.

die Zusammensetzung und das Verfahren des regelgebenden Gremiums einerseits und den Gegenstand der Regelgebung andererseits.

aa) Anforderungen an die Zusammensetzung und das Verfahren des regelgebenden Gremiums

Die Zusammensetzung des regelgebenden Gremiums und das Verfahren der Regelgebung müssen die Gewähr bieten, daß die aktuellen wissenschaftlich-technischen Erkenntnisse und Erfahrungen vollständig in das Regelwerk einfließen.

Grundvoraussetzung dafür ist die umfassende *Sachkunde* des Regelgebers auf dem Gebiet des jeweiligen Regelvorhabens[208]. Insoweit ist zunächst zu beachten, daß die Sachkunde eine *theoretische* und eine *praktische* Komponente besitzt. Über hinreichende Sachkunde können deshalb nur solche Gremien verfügen, in denen sowohl Theoretiker als auch Praktiker vertreten sind. Im Hinblick auf die enge Verzahnung theoretischer Forschung und praktischer Umsetzung auf dem Sektor der Kernenergie dürften unter diesem Gesichtspunkt allerdings kaum einmal Bedenken gegen die Sachkunde des Regelgebers auftreten. Wegen des interdisziplinären Charakters und des hohen Spezialisierungsgrades der kerntechnischen Forschung können Normungsvorhaben darüber hinaus nur dann befriedigend ausgeführt werden, wenn in den regelerarbeitenden Gremien Vertreter aller betroffenen Fachrichtungen mitwirken[209]. Erforderlich ist also eine kollektive Sachkunde, die sich nur dadurch sichern läßt, daß die personelle Besetzung des Gremiums speziell auf das jeweilige Vorhaben ausgerichtet wird.

Den gesamten für ein Normungsvorhaben bedeutsamen Sachverstand in dem regelgebenden Gremium selbst anzusammeln, ist allerdings ein Ziel, das in praxi stets nur annäherungsweise erreicht werden kann. Dies gilt um so mehr, als die Mitgliederzahl im Interesse einer effizienten Zusammenarbeit nicht ausufern darf. Daher erweist es sich als notwendig, neben dem gremien*internen* Sachverstand auch *externen* Sachverstand in die Regelgebung einzubringen. Durch Verfahrensregelungen ist sicherzustellen, daß die Öffentlichkeit, insbesondere die Fachöffentlichkeit, auf die Regelgebung Einfluß nehmen kann[210]. Dazu hat das Verfahren folgende Voraussetzungen zu erfüllen: Erstens müssen die Regelentwürfe in allgemein zugänglichen Publikationen veröffentlicht werden, zweitens muß die Einwendungsfrist ausreichend bemessen sein, und drittens muß eine Verpflichtung des Regelgebers festgelegt sein, sich mit den eingegangenen Änderungsvorschlägen auseinanderzusetzen.

---

[208] *Breuer*, AöR 101 (1976), S. 46 ff., 80; *Marburger*, S. 464; *Vieweg*, S. 194.
[209] Vgl. *Vieweg*, S. 194.
[210] Vgl. *Breuer*, AöR 101 (1976), S. 46 ff., 80; *Marburger*, S. 464.

Die Sachkunde allein bietet noch keine ausreichende Gewähr, daß der Regelgeber den Stand von Wissenschaft und Technik erschöpfend berücksichtigt. In der kerntechnischen Forschung und Entwicklung sind neben Einrichtungen des akademischen Bereichs, Behörden und Gutachterorganisationen vor allem die an der wirtschaftlichen Nutzung der Kernenergie interessierten Gruppen der Anlagenhersteller und -betreiber tätig. Sachkunde geht auf diesem Sektor der Technik mindestens ebenso wie in anderen Bereichen projektwissenschaftlichen Forschens eine Verbindung mit — teils gegenläufigen — Interessen ein[211]. In einem nur nach dem Kriterium der Sachkunde besetzten Gremium bestände deshalb stets die Gefahr, daß interessenbestimmte Argumente über Sachargumente die Oberhand gewönnen. Diese Gefahr läßt sich nur bannen, wenn es gelingt, interessenbezogene Einflußnahmen auf die Normungsarbeit durch Beteiligung gegenläufiger Interessen zu neutralisieren. Aus diesem Grunde wird zu Recht die Forderung erhoben, die Besetzung der regelgebenden Gremien müsse zusätzlich dem Kriterium der *Interessenrepräsentanz* genügen[212].

Die Neutralisierung interessenbezogener Einflußnahmen auf die Regelgebung kann um so besser gelingen, je umfassender gegenläufige Interessen bei der Zusammensetzung des Aufstellungsgremiums berücksichtigt werden. Die Repräsentation der interessierten Wirtschaftskreise und Gutachterorganisationen läßt sich in aller Regel ohne weiteres bewerkstelligen, wenn nur die Mitgliederzahl der Gremien nicht zu gering bemessen wird. Die Berücksichtigung der Interessen Drittbetroffener — Beschäftigter von Kernanlagen sowie der Bevölkerung als ganzer — bereitet dagegen Schwierigkeiten. Weder die Gewerkschaften noch Umweltschutzverbände werden durchweg in der Lage sein, Vertreter mit genügender Sachkunde zu benennen[213]. Die Vertretung der Bevölkerungsbelange durch Umweltschutzverbände begegnet zusätzlichen Bedenken, weil diese Verbände nicht über die nötige Legitimation verfügen, um in den betreffenden Sachfragen als Repräsentanten der Bevölkerung aufzutreten. Unter diesen Umständen können die

---

211 Eingehend dazu *Vieweg*, S. 234 m. w. N.

212 *Breuer*, AöR 101 (1976), S. 46 ff., 80; *Marburger*, S. 464; *Vieweg*, S. 194. — Um Mißverständnissen vorzubeugen, muß betont werden, daß die Interessenrepräsentanz für die Annahme einer tatsächlichen Vermutung der Übereinstimmung technischer Regeln mit dem Stand von Wissenschaft und Technik nur insofern eine Rolle spielt, als sie die Objektivität der Regelgebung sichert. Strikt davon zu trennen ist die Frage, ob eine interessenrepräsentative Besetzung der Aufstellungsgremien auch wünschenswert ist, um einen angemessenen Ausgleich gegenläufiger Interessen zu erreichen. Da der Begriff „Stand von Wissenschaft und Technik" nur Erkenntnisse und Erfahrungen rezipiert, haben darauf aufbauende Wertungen, wie sie einem solchen Interessenausgleich zugrundelägen, für den hier interessierenden Erfahrungssatz keine Bedeutung.

213 Vgl. *Vieweg*, S. 235 m. w. N.

Belange Drittbetroffener wirkungsvoll nur durch die Behördenvertreter eingebracht werden, die als Sachwalter des Gemeinwohls neben den gesamtwirtschaftlichen Interessen des Staates auch dem Schutzinteresse der Bevölkerung Geltung zu verschaffen haben.

Die Vorschriften über eine repräsentative Zusammensetzung der normgebenden Gremien bedürfen ebenfalls der Ergänzung durch Verfahrensregelungen. Trotz ausgewogener Gremienzusammensetzung wäre die Neutralisierung interessenbestimmter Einflußnahmen nicht gewährleistet, wenn durch Blockbildungen bestimmte Interessengruppen majorisiert werden könnten. Dem muß durch die Ausgestaltung der Stimmrechte vorgebeugt werden, sei es, daß die Beschlußfassung von qualifizierten Mehrheiten abhängig gemacht wird, sei es, daß Minderheiten Vetorechte eingeräumt werden.

Als weitere Voraussetzung eines qualifizierten Erfahrungssatzes für die Übereinstimmung zwischen technischen Regeln und dem Stand von Wissenschaft und Technik wird häufig die *Weisungsunabhängigkeit* der Gremienmitglieder genannt[214]. Sicherlich trifft es zu, daß Weisungsunabhängigkeit die Sachbezogenheit der Normungsarbeit stärken kann. Andererseits täuscht das Fehlen formeller Weisungsrechte leicht darüber hinweg, daß es subtilere und dennoch gleich wirksame Formen interessenbezogener Einflußnahme auf die Gremienmitglieder geben kann, namentlich wenn diese — wie häufig — in einem wirtschaftlichen Abhängigkeitsverhältnis zu den betroffenen Interessengruppen stehen. Formelle Weisungsrechte haben gegenüber solchen letztlich unvermeidbaren Formen der Einflußnahme den Vorteil größerer Transparenz. Entscheidend kommt hinzu, daß weisungsbedingte Beiträge zur Normungsarbeit, die der Durchsetzung von Gruppeninteressen dienen, bei einer interessenrepräsentativen Besetzung des Aufstellungsgremiums und ergänzenden Stimmrechtsregelungen weitestgehend neutralisiert werden[215]. Die Weisungsabhängigkeit der Mitglieder eines regelgebenden Gremiums schließt daher einen qualifizierten Erfahrungssatz für die Wiedergabe des Standes von Wissenschaft und Technik durch die technischen Regeln dieses Gremiums nicht aus.

Ein Erfahrungssatz dieses Inhalts setzt hingegen weiter voraus, daß die technischen Regeln genügende *Aktualität* besitzen[216]. Regelwerke werden stets nur in Abständen geändert, während die wissenschaftlich-technische Entwicklung ständig voranschreitet. Namentlich der Stand von Wissenschaft und Technik, der die Spitze des wissenschaftlich-technischen Fortschritts markiert, sperrt sich tendenziell gegen eine Fest-

---

[214] Vgl. *Breuer*, AöR 101 (1976), S. 46 ff., 80 m. w. N.

[215] Ebenso *Vieweg*, S. 194 f.

[216] *Breuer*, AöR 101 (1976), S. 46 ff., 84; *Vieweg*, S. 195.

schreibung in Regelwerken. Soll eine Konkretisierung dieses Standards durch technische Regeln gelingen, ist deshalb besonderes Gewicht auf die Forderung zu legen, daß durch Verfahrensregelungen eine zügige Anpassung an Veränderungen des Entwicklungsstandes gesichert wird. Dazu gehört zum einen die laufende Kontrolle der wissenschaftlich-technischen Entwicklung nach Aufstellung einer technischen Regel, zum anderen die Verpflichtung, bei erheblichen Veränderungen ein Regeländerungsverfahren einzuleiten.

Keines der vorhandenen kerntechnischen Richtlinien- und Regelwerke wird den vorstehend genannten Anforderungen voll gerecht. Am ehesten entsprechen ihnen noch die KTA-Regeln. Der KTA ist nach den Kriterien der Sachkunde und Interessenrepräsentanz besetzt, die Regelaufstellung erfolgt unter Beteiligung der Öffentlichkeit, und das Erfordernis einer Mehrheit von fünf Sechsteln der Mitglieder bei der Beschlußfassung schränkt die Möglichkeiten interessenbestimmter Einflußnahme zusätzlich ein. Andererseits fehlt es an Regelungen, die das Sachkundeerfordernis spezifizieren und festlegen, in welchem Verhältnis Vertreter einzelner Fachgebiete bei der Normungsarbeit mitwirken müssen. Zumindest für den KTA selbst bedürfte es solcher Vorschriften; für die Unterausschüsse und sonstigen Arbeitsgremien müßte jedenfalls in genereller Form festgelegt sein, daß die Zusammensetzung das ganze Spektrum der einschlägigen Fachgebiete abzudecken hat. Außerdem ist nicht hinreichend gewährleistet, daß KTA-Regeln aktuell sind[217]. Zwar wird in § 7 d. Bek. und in der Verfahrensordnung des KTA neben der Aufstellung auch die Änderung von KTA-Regeln geregelt; insbesondere schreibt die Verfahrensordnung auch vor, daß die Geschäftsstelle alle Informationen zu sammeln hat, welche die Aktualität der Regeln in Frage stellen. Unter welchen Voraussetzungen eine Pflicht zur Änderung besteht, ist aber an keiner Stelle geregelt. Hinsichtlich der DIN-Normung bestehen vor allem Zweifel, ob eine ausreichende Repräsentanz der betroffenen Interessen gewährleistet ist. Die in DIN 820 Bl. 1 Nr. 3.4 niedergelegte Forderung ausgewogener Besetzung der Normungsgremien wird nicht durch einen Verteilungsschlüssel konkretisiert. Im übrigen besitzen zumindest im zentralen Lenkungsgremium des DIN, das ebenfalls Einfluß auf die Normung nimmt, industrielle Interessenvertreter einen überproportionalen Einfluß. Das Verfahren zur Aufstellung behördlicher Richtlinien erfolgt ohne Geschäftsordnung, so daß eine formalisierte Regelung über die Beteiligung der Fachkreise fehlt. Eine umfassende Mitwirkung der Öffentlichkeit findet nicht statt. Diese Nachteile werden durch die federführende Beteiligung staatlicher Stellen nur unzureichend aufgewogen. Für die Zusammensetzung von

[217] *Vieweg*, S. 244.

RSK und SSK schließlich ist nach den Organisationserlassen des Bundesinnenministers nur die Sachkunde, nicht die Interessenrepräsentanz als Auswahlkriterium vorgesehen. Auch diese beiden Gremien erarbeiten ihre Empfehlungen zudem ohne umfassende Öffentlichkeitsbeteiligung.

bb) Anforderungen an den Regelungsgegenstand

Damit ein qualifizierter Erfahrungssatz für die Wiedergabe des Standes von Wissenschaft und Technik durch die Richtlinien und Regeln technischer Normungsgremien bejaht werden kann, muß außerdem der Gegenstand der Regelgebung dem Bedeutungsgehalt des Standes von Wissenschaft und Technik entsprechen.

Das setzt zunächst voraus, daß die betreffenden Festlegungen wissenschaftlich-technischer Art und auf den sicherheitsrechtlichen Zweck der maßgeblichen Rechtsnorm ausgerichtet sind. Festlegungen ausschließlich organisatorischer Art oder technische Regeln ohne Sicherheitsbezug, wie sie z. B. in manchen DIN-Normen enthalten sind[218], scheiden daher von vornherein als Grundlage eines Anscheinsbeweises des genannten Inhalts aus[219].

Doch erschöpfen sich die Anforderungen an den Regelungsgegenstand nicht in den vorstehend genannten Punkten. Der Begriff „Stand von Wissenschaft und Technik" rezipiert — wie er in § 7 II Nr. 3 AtG verwendet wird — nur *Erkenntnisse* über Risiken und die Möglichkeiten ihrer technischen Bewältigung[220], während die notwendigen *Wertungen* grundrechtlich geschützter, sozialer, ökologischer und ökonomischer Belange nach der Gesetzessystematik vom Rechtsanwender durch Konkretisierung der atomrechtlichen Regelungen zu treffen sind[221]. Gegenstand technischer Regeln, die den Stand von Wissenschaft und Technik wiedergeben, müßte deshalb die Darstellung wissenschaftlicher Erkenntnisse

---

[218] Vgl. die Nachweise bei *Marburger*, S. 47, Fn. 38.

[219] Vgl. *Lukes*, in: Regeln der Technik und Schadensersatz, S. 22 ff., 35; *Plischka*, S. 59 ff.; *Schäfer*, S. 62.

[220] s. o. 2. Kap. D. II. 5.

[221] s. o. 2. Kap. C. II. 2. — Zwar kann auch der Stand wissenschaftlicher Erkenntnis und technischer Entwicklung auf Abschätzungen und Würdigungen beruhen, etwa wenn es darum geht, experimentell gewonnene Untersuchungsergebnisse auszuwerten und daraus Schlüsse zu ziehen. Diese Art von Würdigung gehört zur Domäne der wissenschaftlich-technischen Fachdisziplinen und ist vom Rechtsanwender zu akzeptieren (vgl. RG, U. v. 24. 9. 1941, Z 167, S. 269/272 f.; BVerwG, B. v. 13. 8. 1970, Buchholz 310 Nr. 71 zu § 132 VwGO, S. 16/17). Bei der angesprochenen Abwägung individueller, sozialer, ökonomischer und ökologischer Belange handelt es sich dagegen um Wertungen ganz anderer Art. Diese Unterschiede werden nicht immer mit der genügenden Deutlichkeit gesehen (vgl. etwa *Nicklisch*, NJW 1982, S. 2633 ff., 2637).

und technischer Möglichkeiten sein. Wie bereits betont[222], beschreiben die Regelwerke jedoch nicht eigentlich wissenschaftliche Fakten und technische Möglichkeiten. Sie basieren zwar auf naturwissenschaftlich-technischen Erkenntnissen und Erfahrungen; als Sollenssätze sind sie aber gleichermaßen das Ergebnis von Willensentscheidungen über das anzustrebende Sicherheitsniveau, die auf abwägender Wertung individueller, sozialer, ökologischer und ökonomischer Interessen beruhen[223]. Dies trifft nicht etwa nur für Immissionsgrenzwerte, wie sie z. B. in der TA Luft[224] gestuft nach verschieden schutzwürdigen Gebieten festgelegt sind, sondern generell für technische Richtlinien und Regeln zu[225]. Dementsprechend bezeichnen die Regelwerke es z. T. ausdrücklich als ihren Zweck, die gesetzlichen Sicherheitsanforderungen (und nicht nur den zugrundeliegenden Stand von Wissenschaft und Technik) zu konkretisieren[226]. Auch soweit der Stand von Wissenschaft und Technik in bestimmte Regelwerke regelmäßig einfließt, besteht daher kein Erfahrungssatz für ihre Identität mit dem Standard[227].

Anzuerkennen ist unter den genannten übrigen Voraussetzungen allein ein Erfahrungssatz des Inhalts, daß die Regelwerke auf dem Stand von Wissenschaft und Technik *beruhen*. Dadurch wird allerdings

---

[222] s. o. 4. Kap. A. III. 1.

[223] Treffend *Papier*, in: Bitburger Gespräche, S. 81 ff., 91, der ausführt, technische Regelwerke beinhalteten „auch Volitivakte, die die sachverhaltlichen Gesetzlichkeiten mit den ökonomischen Zielvorstellungen und den Anforderungen bzw. Einschätzungen der individuellen Zumutbarkeit in einen Ausgleich zu bringen suchen“.

[224] Erste Allgemeine Verwaltungsvorschrift zum Bundes-Immissionsschutzgesetz (Technische Anleitung zur Reinhaltung der Luft — TA Luft —) v. 28. 8. 1974 (GMBl. S. 426), geändert durch Allgemeine Verwaltungsvorschrift v. 23. 2. 1983 (GMBl. S. 94), Nr. 2.5.

[225] Ebenso *Vieweg*, S. 243.

[226] So z. B. KTA 3902 „Hebezeuge in kerntechnischen Anlagen“, Fassung 6/78, Beil. z. BAnz. Nr. 189 v. 6. 10. 1978, S. 26: „Es ist der Zweck dieser Regel, für Hebezeuge, die in den Anwendungsbereich dieser Regel fallen, die nach dem Stand von Wissenschaft und Technik erforderlichen Sicherheitsanforderungen zum Schutz von Leben, Gesundheit und Sachgütern vor den Gefahren der Kernenergie und der schädlichen Wirkung ionisierender Strahlen anzugeben“.

[227] a. A. *Rittstieg*, S. 212, der entgegen der hier vertretenen Position davon ausgeht, daß der Begriff „Stand von Wissenschaft und Technik“ neben Erkenntnissen auch Wertungen gegenläufiger Interessen rezipiert (vgl. S. 210). Der Sache nach bejaht *Rittstieg* damit einen Anscheinsbeweis für die zutreffende Konkretisierung der gesetzlichen Sicherheitsanforderungen durch technische Regeln. Abgesehen von Zweifeln, ob die Regelgeber die Gewähr bieten, daß die notwendigen Wertungen entsprechend den gesetzlichen und verordnungsrechtlichen Vorgaben erfolgen (vgl. *Vieweg*, S. 241 ff.), würde durch einen Erfahrungssatz dieses Inhalts die Konkretisierung des § 7 II Nr. 3 AtG nicht erleichtert, denn der Rechtsanwender darf sich bei der wertenden Ausfüllung des gesetzlichen Tatbestandes im Gegensatz zur Tatsachenfeststellung nicht mit tatsächlichen Vermutungen begnügen.

die zur Konkretisierung der Schadensvorsorge erforderliche Sachverhaltsfeststellung regelmäßig nicht wesentlich erleichtert. Erkenntnisse und Wertungen gehen nämlich in den Regelwerken zumeist eine ununterscheidbare Verbindung ein[228]. Am Beispiel der Berstschutzproblematik sei dies verdeutlicht: Die Sicherheitskriterien für Kernkraftwerke sehen keinen Berstschutz vor. Warum sie darauf verzichten — ob die regelgebende Stelle den Berstschutz für unsicher, für zu kostspielig oder wegen des ohnehin geringen Restrisikos für überflüssig gehalten hat —, ist ihnen nicht zu entnehmen. Folglich kann der Rechtsanwender aus den Sicherheitskriterien keine Erkenntnisse über die beweisrechtlich erheblichen Probleme (Größenordnung des Berstrisikos, sicherheitstechnische Vor- und Nachteile des Berstschutzes, notwendige Kosten) gewinnen, obwohl erst diese Erkenntnisse ihm die notwendige rechtliche Wertung ermöglichen würden. Ebenso verhält es sich mit anderen Regelwerken. So sieht die KTA-Regel 1504[229] vor, daß bei Überschreitung bestimmter Aktivitätskonzentrationen die Ableitung flüssiger radioaktiver Stoffe unterbrochen wird. Aufgrund welcher Erkenntnisse und Wertungen die Ableitung geringerer Konzentrationen hingenommen wird, ist nicht nachvollziehbar.

Eine abweichende Beurteilung ist nur gerechtfertigt, wenn die kognitiven und wertenden Elemente der Regelwerke sich ausnahmsweise unterscheiden lassen. So kann mittels einer technischen Regel, die eine bestimmte Sicherheitseinrichtung vorsieht, der Anscheinsbeweis für die Realisierbarkeit dieser Einrichtung geführt werden. Ebenso kommt eine Regel als Grundlage des Anscheinsbeweises in Betracht, falls sie die eingeflossenen Wertungen detailliert[230] offenlegt und damit dem Rechtsanwender deren Überprüfung ermöglicht. Gleiches gilt, sofern die Wertungen anhand anderer Unterlagen oder im Beweiswege[231] ermittelt werden können. Aufschlußreich können insoweit vor allem die für jede KTA-Regel erstellten Dokumentationsunterlagen sein, in denen die einzelnen Schritte der Regelerarbeitung festgehalten und insbesondere auch Angaben über die dabei angestellten Überlegungen zum Regelinhalt gemacht werden. Allerdings lassen auch die Dokumentationsunterlagen nur ausnahmsweise hinreichend sichere Rückschlüsse auf den

[228] s. o. 3. Kap. B. I., C. I. 2., G.

[229] „Messung flüssiger radioaktiver Stoffe zur Überwachung der radioaktiven Ableitungen", Fassung 6/78, Beil. z. BAnz. Nr. 189 v. 6. 10. 1978, S. 4, Nr. 4.3.3.

[230] Dazu reicht keinesfalls die Angabe der zugrundeliegenden gesetzlichen und verordnungsrechtlichen Bestimmungen, wie sie vom KTA praktiziert wird (vgl. 3. Kap. D. II., Fn. 127), denn diese Bestimmungen lassen einen weiten, letztverbindlich vom Rechtsanwender auszufüllenden Auslegungsspielraum.

[231] In Betracht kommt die Vernehmung von Mitgliedern der Normungsgremien als Zeugen.

durch die betreffende KTA-Regel gewährleisteten Sicherheitsstandard zu, da Fragen der Risikoakzeptanz im KTA regelmäßig nicht ausdiskutiert, die zugrundeliegenden Wertungen also gar nicht offengelegt werden[232]. Abgesehen von den angesprochenen Ausnahmefällen können behördliche Richtlinien und technische Regeln außerbehördlicher Stellen daher nicht als Grundlage eines Anscheinsbeweises für die Konkretisierung des „Standes von Wissenschaft und Technik" i. S. d. § 7 II Nr. 3 AtG nutzbar gemacht werden.

2. *Technische Regelwerke als antizipierte Sachverständigengutachten?*

Starke Ähnlichkeiten mit dem Versuch, technische Richtlinien und Regeln im Wege des Anscheinsbeweises für die Sachverhaltsfeststellung nutzbar zu machen, weist die Qualifikation technischer Regelwerke als antizipierte Sachverständigengutachten auf. Diese dogmatische Figur geht auf Beiträge von *Trabandt*[233] und *Schäfer*[234] zurück, wurde von *Breuer*[235] hinsichtlich ihrer Voraussetzungen und Folgen näher präzisiert und fand mit dem *Voerde-Urteil* des Bundesverwaltungsgerichts[236] auch Eingang in die Rechtsprechung der Verwaltungsgerichte[237]. Nach den grundlegenden Ausführungen *Breuers*[238] sollen technische Regelwerke und auf ihnen fußende Verwaltungsvorschriften im Prozeß ähnlich wie Parteigutachten als nichtförmliche Beweismittel herangezogen werden können. Voraussetzung dafür sei, daß die regelbildenden Gre-

---

[232] Vgl. den Hinweis bei *Vieweg*, S. 244, Fn. 248, auf eine Auskunft des KTA-Geschäftsführers *Schwarzer*, wonach es im KTA keinen festen Konsens über ein allgemein akzeptables Risikomaß gebe, über diese Frage aber auch nicht näher diskutiert werde.

[233] *Trabandt*, in FAZ v. 12. 2. 1960, Nr. 38, S. 6, spricht — bezogen auf die Regelung in § 2 II der 2. DVO/EnWG — von der „Vorwegnahme eines Sachverständigengutachtens".

[234] *Schäfer*, S. 121, prägte dann den Begriff des „antizipierten Sachverständigengutachtens".

[235] *Breuer*, AöR 101 (1976), S. 46 ff., 82 ff.; *ders.*, DVBl. 1978, S. 28 ff., 34 ff.; *ders.*, DVBl. 1978, S. 598 ff., 599.

[236] U. v. 17. 2. 1978, E 55, S. 250/256 ff.

[237] Besonders deutlich OVG Münster, U. v. 12. 4. 1978, DVBl. 1979, S. 315/316; U. v. 12. 4. 1978, DVBl. 1979, S. 316/317; VG Bremen, U. v. 23. 1. 1980, DVBl. 1981, S. 33/35; VG Schleswig, U. v. 17. 3. 1980, NJW 1980, S. 1296/1298; vgl. auch BayVGH, U. v. 24. 11. 1976, BayVBl. 1977, S. 275/276; OVG Berlin, U. v. 17. 7. 1978, DVBl. 1979, S. 159/160; VG Düsseldorf, U. v. 18. 4. 1978, GewA 1979, S. 33; VG München, U. v. 29. 6. 1978, GewA 1979, S. 29/30 f.; dagegen ablehnend für den Vorsorgebereich VGH B.W., U. v. 5. 2. 1980, GewA 1980, S. 197/201. — Zahlreiche zustimmende Stellungnahmen finden sich auch in der Literatur; vgl. etwa *Degenhart*, Kernenergierecht, S. 140, 229, Fn. 162; *Lukes*, NJW 1978, S. 241 ff., 246; *Vieweg*, S. 172 ff., 187 ff.; *Winters*, DÖV 1978, S. 265 ff., 275.

[238] Vor allem in AöR 101 (1976), S. 46 ff., 83 f.

mien die Kriterien der besonderen Sachkunde, Repräsentation, Unabhängigkeit und Verfahrenspublizität erfüllten, daß die betreffende Regel hinreichend konkret, in sich schlüssig und nicht veraltet sei und daß der zu beurteilende Sachverhalt keine atypischen Besonderheiten aufweise. Unter diesen Umständen dürfe das Gericht eine Regel seiner Beurteilung zugrunde legen, ohne nach dem Untersuchungsgrundsatz zu weiterer — förmlicher — Beweiserhebung verpflichtet zu sein[239]. Im Anschluß an *Breuer* hat das Bundesverwaltungsgericht[240] die Immissionsgrenzwerte der TA Luft wegen ihres „naturwissenschaftlich fundierten fachlichen Aussagegehaltes", der durch das in den §§ 48 Nr. 1, 51 BImSchG vorgeschriebene Verfahren gewährleistet werde, als antizipiertes Sachverständigengutachten qualifiziert. Am Maßstab dieser Grenzwerte kann nach Auffassung des Gerichts beurteilt werden, ob Immissionen geeignet sind, Gefahren, erhebliche Nachteile oder erhebliche Belästigungen (§ 3 I BImSchG) herbeizuführen. Andere Gerichte haben auch Regelwerke außerbehördlicher Stellen als antizipierte Sachverständigengutachten verwendet[241].

Nach den Ausführungen zum Anscheinsbeweis kann es nicht mehr überraschen, daß der Qualifikation technischer Regelwerke als antizipierte Sachverständigengutachten nach hier vertretener Ansicht ebenfalls regelmäßig ihr wertender Charakter entgegensteht. Beweis wird nach unserer Rechtsordnung nur über Tatsachen (§ 98 VwGO i. V. m. § 359 ZPO) und der Tatsachenfeststellung dienliche Erfahrungssätze erhoben[242], die Auslegung der Rechtsnorm und die Subsumtion des Sachverhaltes sind dagegen alleinige Sache der rechtsanwendenden Organe[243]. Das gilt selbstverständlich auch für die Konkretisierung unbestimmter Rechtsbegriffe. Als Beweismittel eignen sich daher nur *tatsachenbezogene* Sachverständigenaussagen. Entscheidungsrelevante Tatsachen für die Konkretisierung der atomrechtlich[244] geforderten Schadensvorsorge sind ausschließlich der wissenschaftliche Erkenntnisstand

---

[239] Demgegenüber bejaht *Vieweg*, S. 195 ff., eine *Pflicht* zur Beachtung (nicht notwendig zur Übernahme) von technischen Regeln, die den Anforderungen an antizipierte Sachverständigengutachten genügen.

[240] Wie Fn. 236.

[241] OVG Münster, U. v. 12. 4. 1978, DVBl. 1979, S. 315/316; U. v. 12. 4. 1978, DVBl. 1979, S. 316/317; VG Bremen, U. v. 23. 1. 1980, DVBl. 1981, S. 33/35; VG Schleswig, U. v. 17. 3. 1980, NJW 1980, S. 1296/1298.

[242] Vgl. *Grunsky*, Grundlagen des Verfahrensrechts, § 40 II 1 (S. 411 ff.); *Rosenberg / Schwab*, § 116 (S. 623 ff.). — Darüber hinaus kann es im Einzelfall auch Aufgabe des Sachverständigen sein, die Anwendung abstrakter Erfahrungssätze auf einen konkreten Sachverhalt zu erläutern.

[243] Iura novit curia. — Vgl. *Arens*, in: Rechte im sozialen Rechtsstaat, S. 261 ff., 264. — Nur in den hier nicht interessierenden Ausnahmefällen des § 293 ZPO können Rechtsnormen Gegenstand des Beweises sein.

[244] Gleiches gilt für das Immissionsschutzrecht.

und technische Entwicklungsstand, nicht aber die Anschauungen der Wissenschaftler und Techniker über einen angemessenen Ausgleich volks- und betriebswirtschaftlicher Interessen mit den gesellschaftlichen und individuellen Sicherheitsbedürfnissen[245]. Verquickt ein förmlich eingeholtes Sachverständigengutachten tatsachenbezogene Aussagen und dem Rechtsanwender vorbehaltene Wertungen, darf es nicht verwertet werden. Gleiches muß dann auch für die Festlegungen technischer Regelwerke gelten, sofern in ihnen wissenschaftliche Erkenntnisse, technische Erfahrungen und wertende Abwägungen eine ununterscheidbare Verbindung eingehen[246]. Die Regelwerke können deshalb als Sachverständigengutachten allenfalls in dem engen Umfang verwendet werden, in dem sie als Grundlage eines Anscheinsbeweises in Betracht kommen[247].

Aber auch insoweit ist die Figur des antizipierten Sachverständigengutachtens entbehrlich. Denn es ist nicht ersichtlich, inwiefern die Regelwerke als Sachverständigengutachten größere beweisrechtliche Bedeutung erlangen könnten, als sie im Rahmen des Anscheinsbeweises ohnehin entfalten würden[248]. Liegt ein atypischer Sachverhalt vor, sind die

---

[245] *Lukes* (Diskussionsbeitrag in: Regeln und Richtlinien für die Kerntechnik, S. 75) weist zu Recht darauf hin, daß der Sachverständige stets angeben muß, von welchem Sicherheitswert er ausgeht, und daß der rechtsanwendenden Stelle die Feststellung obliegt, ob dieser Wert angemessen ist. Vgl. auch VG Freiburg, U. v. 14. 3. 1977, NJW 1977, S. 1645/1648; *Jaumann*, ET 1980, S. 75 ff., 79; *Plagemann / Tietzsch*, „Stand der Wissenschaft" und „Stand der Technik", S. 30. — Grundlegend zur Gefahr der Vorwegnahme rechtlicher Wertungen durch den Sachverständigen *Arens*, in: Rechte im sozialen Rechtsstaat, S. 261 ff., 262, 264 f.

[246] Ablehnend gegenüber dem Versuch, die Festlegungen der TA Luft als antizipierte Sachverständigengutachten zu verwenden, deshalb auch *v. Mettenheim*, BB 1980, S. 1777 ff., 1780; *Papier*, in: Bitburger Gespräche, S. 81 ff., 91 f.; *Rittstieg*, S. 210; bezogen auf ihre Verwendung im Rahmen der Konkretisierung des Vorsorgegrundsatzes (§ 5 Nr. 2 BImSchG) auch VGH B.W., U. v. 5. 2. 1980, GewA 1980, S. 197/201; *Papier*, DVBl. 1979, S. 162 ff., 163.

[247] Nur am Rande sei auf einen weiteren bedenklichen Unterschied zwischen der Verwendung technischer Regeln als antizipierter Sachverständigengutachten und der Einholung förmlicher Sachverständigengutachten aufmerksam gemacht: Ein förmliches Gutachten darf der Rechtsanwender nicht ungeprüft übernehmen (*Breuer*, AöR 101 (1976), S. 46 ff., 83 m. w. N.); er muß versuchen, seine Gedankenführung nachzuvollziehen und mögliche Widersprüche aufzudecken. Das kann er nur, wenn die Ergebnisse des Gutachtens begründet sind. Wie aber soll der Rechtsanwender zu einer entsprechenden Plausibilitätskontrolle technischer Regelwerke imstande sein, obwohl die Regelwerke i. d. R. keine Begründung enthalten und der Meinungsbildungsprozeß der regelbildenden Stelle dem Rechtsanwender völlig unbekannt ist?

[248] *Skouris*, AöR 107 (1982), S. 215 ff., 235 f.; a. A. *Breuer*, AöR 101 (1976), S. 46 ff., 81, mit der Begründung, im Verwaltungsprozeß dürfe sich der Richter nicht ohne weiteres mit dem Eingreifen eines qualifizierten Erfahrungssatzes zufriedengeben, sondern müsse von sich aus auch den Möglichkeiten eines atypischen Geschehensablaufs nachgehen. Daß zu einer solchen Prüfung ohne konkrete Anhaltspunkte für einen atypischen Geschehensablauf keine Notwendigkeit besteht, wurde bereits ausgeführt (vgl. 3. Kap. B. II.

Festlegungen der Regelwerke durch neuere Erkenntnisse überholt oder rechtfertigen sonstige konkrete Umstände Zweifel an ihrer Richtigkeit, so fordert der Untersuchungsgrundsatz eine Fortsetzung der Beweisaufnahme ohne Rücksicht darauf, ob die Regelwerke als Sachverständigengutachten qualifiziert werden oder ob ein qualifizierter Erfahrungssatz für ihre Vereinbarkeit mit dem gesetzlich rezipierten Standard angenommen wird. Für die dubiose dogmatische Figur des antizipierten Sachverständigengutachtens besteht also gar kein Bedürfnis.

Die Qualifikation technischer Richtlinien und Regeln als antizipierte Sachverständigengutachten erweist sich damit im Ergebnis als teilweise unzutreffend und als insgesamt überflüssig.

C. Zusammenfassung und Ergebnis

Das unterhalb der Ebene des formellen Gesetzes vorhandene Regelungsgefüge trägt also im Ergebnis nur wenig zur rechtlich verbindlichen Konkretisierung des § 7 II Nr. 3 AtG bei. Eine nennenswerte Bindungswirkung erzeugen lediglich die einschlägigen Regelungen der Strahlenschutzverordnung (Strahlenschutzgrundsätze und die — allerdings durch das Minimierungsgebot relativierten — Dosisgrenzwerte). Die übrigen im dritten Kapitel behandelten Richtlinien und Regeln sind weder aus sich heraus rechtsverbindlich noch werden sie durch rechtsnormative Bezugnahme oder im Wege exekutivischer Selbstbindung rechtlich rezipiert. Versuche, sie als Grundlage eines Anscheinsbeweises oder als antizipierte Sachverständigengutachten wenigstens beweisrechtlich für die Konkretisierung zu nutzen, können wegen ihres wertenden, gesellschaftliche Zielkonflikte entscheidenden Charakters grundsätzlich selbst dann keinen Erfolg haben, wenn das regelgebende Gremium nach den Kriterien der Sachkunde und Interessenrepräsentanz organisiert ist, bei der Regelgebung eine Öffentlichkeitsbeteiligung und rechtzeitige Anpassung an den wissenschaftlich-technischen Fortschritt gewährleistet wird und die Regel einen sicherheitstechnischen Bezug aufweist. Eine Ausnahme gilt unter den vorstehenden Voraussetzungen nur für den Fall, daß sich unterscheiden läßt, inwieweit wissenschaftlich-technische Erkenntnisse und Wertentscheidungen den Regelinhalt prägen. Dann kommt in der Tat ein Anscheinsbeweis für die Übereinstimmung der betreffenden Regel mit dem Stand von Wissenschaft und Technik in Betracht, der die Konkretisierung des § 7 II Nr. 3 AtG erleichtert.

---

1. a)). Im übrigen bleibt unerfindlich, was technische Regelwerke, die ja generalisierende Aussagen enthalten, zur Aufklärung atypischer Sachverhalte beitragen sollen.

In deutlichem Gegensatz zu der geringen rechtlichen Bedeutung kerntechnischer Richtlinien und Regeln steht ihre faktische Relevanz im Genehmigungsverfahren und Verwaltungsprozeß[249]. Die Behörden geben den eingeschalteten Gutachtern die einschlägigen Regelungen durchgängig als Maßstab für die Beurteilung der Anlagensicherheit vor. Anlagenkonzept und Detailgestaltung werden somit durch die nichtrechtssatzmäßigen Regelungen wesentlich vorgeformt. Die anschließende gerichtliche Kontrolle ändert daran kaum etwas. Denn die Gerichte prüfen die Vorsorgeanforderungen nicht in einem völlig selbständigen „zweiten Genehmigungsverfahren", sondern kontrollieren Ansatz und Durchführung der behördlichen Prüfung lediglich auf Schwachstellen, wobei sie wiederum die technischen Richtlinien und Regeln (als antizipierte Sachverständigengutachten) zugrunde legen.

Obgleich diese Praxis rechtlich nicht haltbar ist, kann sie doch auf Verständnis rechnen. Denn die rechtsanwendenden Stellen befinden sich wegen des atomrechtlichen Regelungsdefizits in einem Dilemma. Stützen sie sich im Interesse der Berechenbarkeit ihrer Entscheidungen auf technische Richtlinien und Regeln, setzen sie sich dem Vorwurf aus, die Festlegung des Sicherheitsstandards und damit den Ausgleich unterschiedlicher gesellschaftlicher Belange demokratisch nicht legitimierten Gremien zu überlassen. Urteilen sie dagegen ausschließlich aufgrund von Einzelgutachten, so ufern zwangsläufig die Verfahren thematisch und zeitlich noch weiter aus, werden die Entscheidungen noch weniger vorhersehbar als gegenwärtig. Die staatlichen Aufgaben, einerseits gesellschaftliche Interessenkonflikte zu lösen, andererseits Rechtssicherheit zu gewährleisten, können de lege lata nicht nebeneinander erfüllt werden. Entsprechend dringlich stellt sich die rechtspolitische Frage, auf welchen Wegen das Ziel einer Konkretisierung der atomrechtlichen Schadensvorsorge erreicht werden kann.

---

249 Vgl. dazu ausführlich *Degenhart*, Kernenergierecht, S. 136 ff., 211, 224 f., 231 f.

Fünftes Kapitel

Rechtspolitische Erwägungen

In den letzten Jahren ist immer wieder gefordert worden, die rechtlichen Anforderungen an die Schadensvorsorge für Kernanlagen müßten konkretisiert werden. Allerdings gehen die rechtspolitischen Vorschläge weit auseinander. Sie reichen von verstärkten Aktivitäten des Gesetz- und Verordnungsgebers über Konstruktionen zur rechtlichen Rezeption technischer Regeln bis zur Einrichtung von Unterparlamenten für den Erlaß technischer Rechtsnormen. Verwirklicht worden ist bisher keines dieser Modelle. Seit dem Kalkar-Beschluß des Bundesverfassungsgerichts, in dem das Gericht die offene Fassung des § 7 II Nr. 3 AtG als Ausdruck eines „dynamischen Grundrechtsschutzes" gebilligt hat[1], scheint die Bereitschaft staatlicher Stellen zu Korrekturen am bisherigen Regelungsgefüge vollends erlahmt zu sein[2]. Wegen der aufgezeigten Unzulänglichkeiten der lex lata steht die Regierungsposition auf schwachen Füßen. Ohne Rechtsänderungen wird es nicht gelingen, die Genehmigungsvoraussetzung des § 7 II Nr. 3 AtG in rechtlich unbedenklicher Weise zu konkretisieren. Im Interesse größerer Rechtssicherheit ist eine solche Konkretisierung aber dringend geboten.

A. Beurteilungskriterien

Die gegenwärtige Rechtsunsicherheit ist das Hauptmotiv fast aller in diesem Zusammenhang diskutierter Reformvorschläge. Gerade im Kernenergierecht wäre ein Gewinn an Rechtssicherheit von großem Wert. Verläßliche Beurteilungsmaßstäbe könnten streitverhütend wirken und die ungewöhnlich hohe Zahl atomrechtlicher Verwaltungsprozesse[3] verringern. Vor allem würden Genehmigungsverfahren und Prozesse ver-

---

[1] BVerfG — 2. Sen. —, B. v. 8. 8. 1978, E 49, S. 89/137.

[2] So erklärte der ehemalige Bundesinnenminister *Baum* in der 7. Sitzung des Innenausschusses des Deutschen Bundestages, Änderungen des Atomgesetzes zur Konkretisierung unbestimmter Rechtsbegriffe seien zur Zeit weder notwendig noch nützlich (zit. nach ET 1981, S. 425). Vgl. auch die Stellungnahme des BMI zu § 7 AtG, Informationsblatt „Umwelt" Nr. 75 v. 21. 3. 1980, S. 21 ff. Ob von der neuen Bundesregierung Reformimpulse ausgehen werden, bleibt abzuwarten.

[3] s. o. Einl., Fn. 1.

einfacht und verkürzt, da die derzeit ausufernden Beweisaufnahmen gestrafft werden könnten und den rechtsanwendenden Stellen Entscheidungen abgenommen würden, die sie überfordern. Die Gefahr divergierender Entscheidungen nähme zwangsläufig ab. Jeder Reformvorschlag hat sich deshalb daran messen zu lassen, inwieweit er dem Ziel größerer *Rechtssicherheit* gerecht wird.

Die Rechtssicherheit ist aber nicht das einzige Ziel, dem ein Konkretisierungsvorschlag gerecht werden muß. Ebenso großes Gewicht kommt der *Anpassungsfähigkeit* der rechtlichen Regelung an neue wissenschaftlich-technische Entwicklungen zu. Soll der technische Fortschritt nicht behindert werden, muß die Rechtsordnung für wissenschaftlich-technische Entwicklungen offen gehalten werden[4]. Das kann geschehen, indem der Regelungsinhalt anpassungsfähig gestaltet wird (z. B. durch unbestimmte Rechtsbegriffe, Vermutungskonstruktionen oder Zielangaben unter Verzicht auf die Bezeichnung geeigneter Mittel). Ebenso ist es möglich, flexible Regelungsmodi zu schaffen, so daß die rechtsetzende Stelle auf technische Veränderungen rasch reagieren kann. Nur mittels anpassungsfähiger Regelungen kann ein dynamischer Schutz der Grundrechte auf Leben und körperliche Unversehrtheit gewährleistet werden[5]. Nur so können aber auch technischer Fortschritt und internationale Wettbewerbsfähigkeit der Wirtschaft gesichert werden[6]. Diese Überlegungen zeigen, daß das Ziel der Rechtssicherheit nicht einseitig zu Lasten der Anpassungsfähigkeit rechtlicher Regelungen erreicht werden darf. Beide Zielpunkte stehen in einem Spannungsverhältnis[7]; bei der Bewertung von Reformvorschlägen muß deshalb sehr genau darauf geachtet werden, daß sie beiden Gesichtspunkten angemessen gerecht werden.

Drittes Ziel von Reformvorschlägen sollte eine *sachadäquate Kompetenzverteilung* sein[8]. Dieser Gesichtspunkt spielt sowohl im Verhältnis staatlicher Stellen zu externen Fachleuten und gesellschaftlichen Interessengruppen als auch im Verhältnis staatlicher Stellen zueinander eine Rolle. Unterschiedliche gesellschaftliche Interessen zu gewichten und zu einem Ausgleich zu bringen, ist eine klassische Staatsaufgabe[9]. Im vorangegangenen Kapitel ist wiederholt beanstandet worden, daß staatliche Instanzen diese Aufgabe regelsetzenden Gremien überlassen haben, die nicht demokratisch legitimiert und parlamentarisch verant-

---

[4] s. o. Einl. und 2. Kap. D. I. m. w. N.

[5] Vgl. BVerfG — 2. Sen. —, B. v. 8. 8. 1978, E 49, S. 89/137.

[6] *Ernst*, Rechtsgutachten, S. 30.

[7] Vgl. BVerfG — 2. Sen. —, B. v. 8. 8. 1978, E 49, S. 89/137.

[8] Vgl. *Ossenbühl*, DÖV 1980, S. 545 ff., 551; in anderem Zusammenhang *ders.*, DVBl. 1978, S. 1 ff., 8 f.

[9] Vgl. *Lukes*, in: Rechtliche Ordnung der Technik, S. 81 ff., 88.

wortlich sind und teilweise ganz außerhalb des staatlichen Aufbaus stehen[10]. Hier Abhilfe zu schaffen, muß ein wichtiges Ziel rechtlicher Änderungen sein. Andererseits ist darauf zu achten, daß wissenschaftlich-technische Sachfragen unter maßgeblicher Beteiligung der betroffenen Fachkreise geklärt werden. Nicht Politiker oder Juristen, sondern Naturwissenschaftler und Techniker besitzen die Sachkompetenz zur Beantwortung dieser Fragen. Auch zwischen den einzelnen Staatsorganen müssen die Kompetenzen so verteilt werden, daß die entscheidenden Stellen zu einer sachgerechten Entscheidung in der Lage sind. Beispielsweise würde die gesetzliche Erteilung von Typengenehmigungen den Bundestag gewiß überfordern[11].

Konkretisierungsvorschläge, die diesen Zielvorgaben gerecht werden, sind prinzipiell geeignet, den Mißständen der gegenwärtigen Rechtslage entgegenzuwirken. Zusätzlich müssen sie jedoch auf ihre *rechtliche Zulässigkeit* untersucht werden; gegebenenfalls nötige Gesetzes- oder Verfassungsänderungen sind zu bedenken.

Schließlich spielt die *Systemgerechtigkeit* der Vorschläge eine Rolle für ihre Bewertung[12]. Ob ein Vorschlag politisch durchsetzbar ist, dürfte wesentlich davon abhängen, wie er sich in das vorhandene Regelungssystem einfügt, insbesondere welcher gesetzgeberischen oder verfassungsgeberischen Aktivitäten er zu seiner Realisierung bedarf. In diesem Zusammenhang stellt sich auch die Frage nach der Übertragbarkeit von Reformmodellen auf andere Bereiche des technischen Sicherheitsrechts.

B. Reformvorschläge

I. Konkretisierung durch rechtsetzende Organe

Das gegenwärtige normative Regelungsdefizit macht Überlegungen notwendig, ob die Schadensvorsorge durch verstärkte staatliche Rechtsetzungsaktivitäten konkretisiert werden kann. Solche Aktivitäten sind auf verschiedenen Ebenen der Rechtsetzung denkbar, die nicht einheitlich beurteilt werden können.

1. Gesetzliche Regelungen

Dem parlamentarischen Gesetzgeber stehen theoretisch mehrere Möglichkeiten offen, um konkretisierende Regelungen zu treffen. Am weitesten ginge der Versuch, konstruktive Details technischer Einrichtun-

---

[10] s. o. 4. Kap. B. I. 2. b) ff), B. II. 2. und C.

[11] *Backhaus*, Kommissionsvorlage, S. 375.

[12] Vgl. auch *Kuhnt*, in: Bitburger Gespräche, S. 101 ff., 111.

gen im Atomgesetz festzulegen. Der Gesetzgeber könnte sich aber auch darauf beschränken, übergreifende Planungsgrundsätze für die Auslegung von Kernanlagen zu normieren oder den erforderlichen Sicherheitsstandard näher zu bestimmen.

a) Vor- und Nachteile des gesetzlichen Regelungsmodus

Der gesetzliche Regelungsmodus ist besonders gut geeignet, Rechtssicherheit zu verbürgen. Gesetze binden Verwaltung und Gerichte. Anders als Rechtsverordnungen und Verwaltungsvorschriften sind sie nur an der Verfassung zu messen; zudem besitzen die Verwaltungsgerichte für sie keine Verwerfungskompetenz.

Dem Vorteil hoher Rechtssicherheit stehen — speziell bezogen auf Regelungen des technischen Sicherheitsrechts — gewichtige Nachteile gegenüber. Das in den Art. 77, 78, 82 GG geregelte Gesetzgebungsverfahren ist kompliziert und zeitraubend. Entsprechend schwer fällt es, Gesetze an veränderte Sachlagen anzupassen. Flexibel können sie praktisch nur auf Kosten der Bestimmtheit und damit der Rechtssicherheit gehalten werden[13]. Folglich ist für Regelungen, deren Angemessenheit durch neue wissenschaftlich-technische Entwicklungen in Frage gestellt werden kann, der gesetzliche Regelungsmodus nicht zu empfehlen. Darüber hinaus bestehen Bedenken, ob das Parlament nach verfassungsrechtlicher Stellung und personeller Struktur das richtige Organ ist, um Regelungen mit erheblichem sicherheitstechnischem Einschlag zu treffen. Als staatsleitendes Organ muß es sich wesentlich auf Entscheidungen grundsätzlichen Charakters beschränken, wenn es der Gefahr entgehen will, sich zu verzetteln[14]. Außerdem dürfte die Mehrzahl der Abgeordneten in wissenschaftlich-technischen Fragen fachlich überfordert sein.

b) Beurteilung einzelner gesetzlicher Regelungsmöglichkeiten

Bedenkt man diese Vor- und Nachteile des gesetzlichen Regelungsmodus, so ergibt sich für die einzelnen gesetzlichen Regelungsmöglichkeiten folgendes Bild:

aa) Festlegung konstruktiver Details technischer Einrichtungen

Zu Recht hat der Gesetzgeber keine Neigung gezeigt, konstruktive Details technischer Einrichtungen im Atomgesetz zu regeln[15]. Bei einem

---

[13] Vgl. statt aller BVerfG — 2. Sen. —, B. v. 8. 8. 1978, E 49, S. 89/137.

[14] Vgl. bereits *Krüger*, NJW 1966, S. 617.

[15] Gegen sicherheitstechnische Detailregelungen im Gesetz auch *Ernst*, Rechtsgutachten, S. 29 ff.; *Papier*, in: Bitburger Gespräche, S. 81 ff., 96; *Schäfer*, S. 28; *Wagner*, DÖV 1980, S. 269 ff., 273.

solchen Vorhaben fielen die Nachteile des gesetzlichen Regelungsmodus besonders stark ins Gewicht. Auf neue wissenschaftlich-technische Entwicklungen würde der Gesetzgeber zwangsläufig verspätet reagieren. Der Stand von Wissenschaft und Technik würde zumindest zeitweise eingefroren, was sich gerade auf ein relativ junges und entwicklungsbedürftiges technisches Teilgebiet wie die Kerntechnik äußerst negativ auswirken müßte. Bis der Gesetzgeber auf das Bekanntwerden neuer Risiken hin tätig würde, könnte es leicht zu Grundrechtsverletzungen kommen. In den verwickelten wissenschaftlich-technischen Einzelfragen wäre das Parlament außerdem völlig überfordert; andererseits entspräche es nicht seiner Funktion als staatsleitendem Organ, technische Details zu regeln.

bb) Normierung übergreifender Planungsgrundsätze

Eher in Betracht zu ziehen ist der vor einigen Jahren entwickelte Plan, in einer fünften Novelle zum Atomgesetz übergreifende Planungsgrundsätze für die Auslegung von Kernanlagen zu normieren[16]. Gemeint sind Grundsätze wie das Strahlenminimierungsgebot (§ 28 I StrlSchV) und einige der in den Sicherheitskriterien für Kernkraftwerke enthaltenen Prinzipien[17]. Die Realisierung dieses Vorhabens würde einen kleinen Schritt in Richtung auf mehr Rechtssicherheit bedeuten. So könnte die Aufnahme des Minimierungsgebots in das Gesetz klarstellen, daß die Risikovorsorge Bestandteil des § 7 II Nr. 3 AtG ist. Wünschenswert wäre es, wenn der Gesetzgeber auch die Begrenzungen der Schadensvorsorge präziser festlegte und deutlich entschiede, ob wirtschaftliche Gesichtspunkte neben der Risikovorsorge auch die Gefahrenabwehr limitieren[17a].

Die Anpassungsfähigkeit des Gesetzes würde durch eine solche Novelle nicht beeinträchtigt. Denn die in Betracht kommenden Grundsätze

---

[16] Vgl. dazu *Heigl*, WuV 1977, S. 167 ff., 175 f.; *Winters*, DÖV 1978, S. 265 ff., 274; s. auch *Ossenbühl*, DÖV 1982, S. 833 ff., 837 f.

[17] z. B. Kriterium 1.1 der Sicherheitskriterien für Kernkraftwerke v. 21. 10. 1977, BAnz. Nr. 206 v. 3. 11. 1977, S. 1: „Grundsätze der Sicherheitsvorsorge. Ein Kernkraftwerk muß so beschaffen sein und so betrieben werden, daß die Reaktoranlage jederzeit im bestimmungsgemäßen Betrieb und bei Störfällen sicher abgeschaltet und in abgeschaltenem Zustand gehalten, die Nachwärme abgeführt und die Strahlenbelastung des Personals und der Umgebung unter Beachtung des Standes von Wissenschaft und Technik auch unterhalb derjenigen Dosisgrenzwerte so gering wie möglich gehalten werden kann, die durch die Vorschriften des Atomgesetzes und der aufgrund des Atomgesetzes erlassenen Rechtsverordnungen festgelegt sind ..." Zur Einhaltung dieser Anforderungen verlangt das genannte Kriterium unter anderem „Maßnahmen zur Beherrschung von Störfällen" nach bestimmten Auslegungsgrundsätzen (z. B. Redundanz, Diversität, Entmaschung von Teilsystemen und Bevorzugung passiver gegenüber aktiven Sicherheitsfunktionen).

[17a] Ebenso *Rittstieg*, S. 156.

sind so allgemeiner Natur, daß sie auch durch neue Erkenntnisse über Risiken und technische Möglichkeiten nicht in Frage gestellt würden. Sie gesetzlich festzulegen, widerspricht auch nicht dem Ziel einer sachadäquaten Kompetenzregelung. Denn es handelt sich um grundlegende Entscheidungen, die das Parlament selbst treffen sollte[18]. Im Ergebnis wäre es daher zu begrüßen, wenn sich der Gesetzgeber doch noch zur Aufnahme übergreifender Planungsgrundsätze in das Atomgesetz entschlösse. Zur Entscheidung konkreter Streitfälle könnten die Grundsätze allerdings nur wenig beitragen[19], weil sie dem Rechtsanwender naturgemäß breite Interpretationsspielräume lassen. Ihre gesetzliche Verankerung genügt deshalb sicherlich nicht, um das vorhandene Regelungsdefizit auszugleichen.

cc) Bestimmung des erforderlichen Sicherheitsstandards mittels deterministischer oder probabilistischer Kriterien

Im zweiten Kapitel hat sich gezeigt, welche Schwierigkeiten es dem Rechtsanwender bereitet, den erforderlichen Sicherheitsstandard aus dem Gesetz abzuleiten. Besondere Aufmerksamkeit verdient darum der Vorschlag, den Sicherheitsstandard gesetzlich genauer zu bestimmen. Das könnte geschehen, indem entweder die Auslegungsstörfälle im Gesetz aufgezählt werden (deterministische Lösung) oder indem Risikogrenzwerte für bestimmte Ereignisse normiert werden (probabilistische Lösung)[20].

Die deterministische Variante gestattet keine exakte Bestimmung des Sicherheitsstandards[21]. Verlangt das Gesetz, ein Störfall müsse „sicher beherrscht" werden können, stellt sich sogleich die Frage nach dem notwendigen Grad der Sicherheit. Deterministische Kriterien erhöhen die Rechtssicherheit somit nur geringfügig. Das trifft um so mehr zu, als nur eine ergänzungsfähige Aufzählung von Störfällen in Betracht käme. Denn ein abschließender gesetzlicher Störfallkatalog ließe ebenso wie gesetzliche Detailvorschriften befürchten, daß der Gesetzgeber auf neu erkannte Risiken zu spät reagierte. Der erhebliche gesetzgeberische Aufwand, der nötig wäre, um die relevanten Störfälle zu bestimmen und den Störfallkatalog aktuell zu erhalten, dürfte somit außer Verhältnis zu dem Zuwachs an Rechtssicherheit stehen. Im übrigen muß auch für diese Regelungsalternative bezweifelt werden, ob das

---

[18] So auch *Winters*, DÖV 1978, S. 265 ff., 274.

[19] *Winters*, DÖV 1978, S. 265 ff., 274.

[20] Besonders eingehend *Backhaus*, Kommissionsvorlage, S. 373 f., 377 ff.; zur gesetzlichen Festlegung von Risikogrenzwerten auch *Breuer*, DVBl. 1978, S. 829 ff., 835, Fn. 55; *Lukes*, BB 1978, S. 317 ff., 321; *Marburger*, in: Bitburger Gespräche, S. 39 ff., 57 f.; *Ossenbühl*, DÖV 1982, S. 833 ff., 837.

[21] *Backhaus*, Kommissionsvorlage, S. 378.

Parlament die wissenschaftlich-technische Sachkunde besäße, um fundiert über die maßgeblichen Störfälle zu entscheiden.

Ebensowenig sind vom Gesetzgeber festgelegte Risikogrenzwerte ein geeignetes Mittel zur Konkretisierung des Sicherheitsstandards. Das gilt selbst dann, wenn man die heute noch vorhandenen methodischen Schwächen probabilistischer Risikoanalysen außer acht läßt[22]. Zwar machen probabilistische Kriterien es möglich, die Restrisikogrenze wesentlich exakter zu ziehen als mit Hilfe deterministischer Merkmale; Rechtssicherheit würde durch Risikogrenzwerte mithin verbürgt. Jedoch litte die Anpassungsfähigkeit des Gesetzes wiederum in zu hohem Maße, denn auch Grenzwertentscheidungen werden von dem jeweiligen wissenschaftlich-technischen Entwicklungsstand beeinflußt[23]: Neue Erkenntnisse über das Schadensausmaß bestimmter Risiken erfordern eine veränderte Bewertung der zulässigen Eintrittswahrscheinlichkeit und damit eine Änderung der Grenzwerte. Ebenso können neue technische Entwicklungen dazu führen, daß bisher als unabwendbar hingenommene Risiken künftig nicht mehr toleriert werden und die Grenzwerte angepaßt werden müssen. Das Parlament könnte in solchen Fällen nicht rasch genug reagieren. Hinzu kommt, daß Risikogrenzwerte nur in Verbindung mit dem Verfahren zur Risikoermittlung aussagekräftig sind[24]. Die technischen Details von Meß- oder Berechnungsverfahren zu normieren, erfordert Expertenwissen, über welches das Parlament nicht verfügt. Obwohl Risikogrenzwerte nach ihrer Bedeutung am besten im formellen Gesetz aufgehoben wären, kann der gesetzliche Regelungsmodus aus diesen Gründen nicht für sie empfohlen werden.

Der gesetzliche Regelungsmodus bietet also im Ergebnis nur geringe Möglichkeiten, mit der Konkretisierung des § 7 II Nr. 3 AtG voranzukommen.

2. *Verordnungsrechtliche Regelungen*

Durch die Ermächtigungsvorschriften des § 12 I Nrn. 1 und 2 AtG ist der Weg vorgezeichnet, die gesetzliche Regelung durch Rechtsverordnungen zu konkretisieren. Seit langem gibt es Pläne, in einer *Reaktorsicherheits-Verordnung* Sicherheitsanforderungen an Kernkraftwerke zu kodifizieren[25] und in einer *Radioökologie-Verordnung* Verfahren zur Ermittlung von Strahlendosen zu regeln[26]. Die Palette denkbarer Rege-

---

[22] Vgl. dazu oben 1. Kap. B. II. 2. sowie die in Fn. 20 Genannten.

[23] Ebenso *Soell*, ZRP 1980, S. 105 ff., 109; für gesetzliche Grenzwertregelungen dagegen *Marburger*, in: Bitburger Gespräche, S. 39 ff., 57 f.

[24] *Marburger*, S. 95; *Soell*, ZRP 1980, S. 105 ff., 109.

[25] s. o. 3. Kap. A. I.

[26] *Winters*, Atom- und Strahlenschutzrecht, S. 109; vgl. auch oben 3. Kap. A. II. mit Fn. 20.

lungsmöglichkeiten des Verordnungsgebers reicht von Kriterien zur Festlegung des Sicherheitsstandards über leitlinienartige Beschaffenheitsanforderungen bis zu konstruktiven Detailangaben.

a) Vor- und Nachteile des verordnungsrechtlichen Regelungsmodus

Gegen eine Konkretisierung der Schadensvorsorge im Verordnungswege ist eingewandt worden, auf diese Weise lasse sich die Rechtssicherheit nicht nennenswert erhöhen[27]. Die Gerichte hätten über die Vereinbarkeit einer Rechtsverordnung mit dem Gesetz zu urteilen, deshalb könnten sie abweichend von der Verordnung entscheiden, wenn nach ihrer Ansicht das Gesetz darin nicht richtig konkretisiert worden sei. Dieser Vorwurf verkennt den Umfang richterlicher Kontrolle von Rechtsverordnungen. Wie bereits in anderem Zusammenhang ausgeführt wurde[28], sind die Gerichte nur zu einer Art Vertretbarkeitsprüfung befugt. Denn die atomgesetzlichen Regelungen sind so unbestimmt gefaßt, daß dem Verordnungsgeber ein weiter Spielraum zur letztverbindlichen Konkretisierung bleibt, den auch die Gerichte zu akzeptieren haben. Verordnungsrechtliche Regelungen sind daher ein prinzipiell geeignetes Mittel, um dem Ziel der Rechtssicherheit ein Stück näher zu kommen. In welchem Maße sie Rechtssicherheit verbürgen, hängt natürlich von ihrem Inhalt ab; je umfassender und detaillierter sie Sicherheitsanforderungen festlegen, desto genauer lassen sich die Entscheidungen der rechtsanwendenden Stellen vorhersehen.

Im Vergleich zum Gesetzgebungsverfahren ist das Verordnungsverfahren weit weniger kompliziert und schwerfällig. Dennoch wird bestritten, daß Rechtsverordnungen schnell genug an wissenschaftlich-technische Entwicklungen angepaßt werden können[29]. Dieser Vorwurf ist in seiner Allgemeinheit nicht haltbar. Daß technische Rechtsverordnungen praktikabel sein können, zeigt ein Blick ins Gewerbe- und Immissionsschutzrecht. Beschaffenheitsanforderungen an überwachungsbedürftige Anlagen gem. § 24 GewO werden in erheblichem Umfang durch Rechtsverordnungen festgelegt. Dennoch ist der technische Fortschritt in diesem Bereich nicht spürbar behindert worden. Auf dem

---

[27] So der frühere Parl. Staatssekretär im Bundesinnenministerium *v. Schoeler* in der Plenarsitzung des Bundestages am 2. 12. 1981, zit. nach Informationsblatt „Umwelt" Nr. 87 v. 26. 1. 1982, S. 28 ff.; *Backhaus*, Kommissionsvorlage, S. 385 f.

[28] s. o. 4. Kap. A. I. 1. m. w. N.

[29] So *Ernst*, Rechtsgutachten, S. 30; *Herschel*, NJW 1968, S. 617 ff., 622. — *Kuhnt*, ET 1972, S. 220 ff., 223, und *Lukes*, NJW 1978, S. 241 ff., 243, weisen ebenfalls auf die geringe Flexibilität des verordnungsrechtlichen Regelungsmodus hin, treten an anderer Stelle aber dennoch für konkretisierende Rechtsverordnungen ein; vgl. *Kuhnt*, in: Bitburger Gespräche, S. 101 ff., 108; *Lukes*, in: 6. Deutsches Atomrechts-Symposium, S. 49 ff., 65 f.

Gebiet des Imissionsschutzes sind technische Regelungen zwar nicht im Verordnungswege, wohl aber als Verwaltungsvorschriften (Technische Anleitungen) ergangen. Obwohl das Verfahren zum Erlaß von Verwaltungsvorschriften nicht wesentlich einfacher ausgestaltet ist als das Verordnungsverfahren[30], wird ihre Eignung zur flexiblen Anpassung an den technischen Fortschritt allgemein anerkannt[31]. Aus diesen Vergleichen darf allerdings nicht der Schluß gezogen werden, der verordnungsrechtliche Regelungsmodus ermögliche genügend flexible Reaktionen auf wissenschaftlich-technische Entwicklungen ohne Rücksicht auf den Inhalt der getroffenen Regelung. Mit Ausnahme der Getränkeschankanlagenverordnung[32] legen weder die Rechtsverordnungen nach § 24 I GewO noch die Technischen Anleitungen konstruktive Details von Sicherheitseinrichtungen fest. Die genannten Rechtsverordnungen normieren Beschaffenheitsanforderungen lediglich leitlinienartig durch Angabe von Sicherheitszielen. Der zuständige Bundesminister für Arbeit und Sozialordnung hat seine frühere, auf die Kodifikation technischer Einzelheiten gerichtete Regelungstechnik wieder aufgegeben, weil er dadurch den technischen Fortschritt behindert sah[33]. Die Technischen Anleitungen beschränken sich im wesentlichen ebenfalls darauf, Grenzwerte festzulegen und die zugehörigen Meßverfahren zu regeln; soweit sie bestimmte technische Einrichtungen fordern[33a], verzichten sie auf konstruktive Detailangaben. Aufgrund der in diesen Rechtsgebieten gewonnenen Erfahrungen erscheint der Schluß gerechtfertigt, daß der verordnungsrechtliche Regelungsmodus zwar anpassungsfähig genug ist, um Beschaffenheitsanforderungen leitlinienartig zu normieren[34] und Angaben über den erforderlichen Sicherheitsstandard zu machen[35]. Gegenüber konstruktiven Detailregelungen ist hingegen Skepsis geboten.

Eine Reaktorsicherheits-Verordnung mit einem den Sicherheitskriterien vergleichbaren Auflösungsgrad wäre danach durchaus praktika-

---

[30] Die Ähnlichkeiten im Verfahrensablauf belegt ein Vergleich der §§ 67 und 78 I GGO II.

[31] Vgl. *Kutscheidt*, in: 6. Deutsches Atomrechts-Symposium, S. 71 ff., 81; *Ule*, BImSchG, § 3 Rdnr. 14 sowie die Diskussionsbeiträge von *Berg* und *Sahl*, in: 3. Deutsches Atomrechts-Symposium, S. 133 f.

[32] Verordnung über technische Anforderungen an Getränkeschankanlagen v. 15. 3. 1966, BAnz. Nr. 56 v. 22. 3. 1966, S. 1; berichtigt Nr. 68 v. 7. 4. 1966, S. 2; geändert durch VO v. 8. 8. 1973, BAnz. Nr. 166 v. 5. 9. 1973, S. 1.

[33] *Marburger*, S. 61, Fn. 21 m. w. N.

[33a] z. B. Nr. 3.1.1.4 TA Luft (Abgasentschwefelungsanlagen).

[34] Für solche Regelungen im Verordnungswege *Fürst*, atw 1981, S. 66 ff., 68; *Laufs*, in: Rechtliche Ordnung der Technik, S. 137 ff., 139; *Lukes*, in: 6. Deutsches Atomrechts-Symposium, S. 49 ff., 65; *Marburger*, S. 108; *ders.*, in: Bitburger Gespräche, S. 39 ff., 56; *Papier*, ebd., S. 81 ff., 98.

[35] Vgl. *Kuhnt*, in: Bitburger Gespräche, S. 101 ff., 107; *Soell*, ZRP 1980, S. 105 ff., 109.

bel[35a]. Dafür spricht auch, daß die Sicherheitskriterien über mehrere Jahre hin unverändert angewendet worden sind[36]. Noch ausführlichere Verordnungsregelungen — etwa nach dem Vorbild der RSK-Leitlinien — sollten demgegenüber nur ins Auge gefaßt werden, wenn zugleich das Verordnungsverfahren möglichst einfach gestaltet wird. So könnte der Bundesinnenminister statt der Bundesregierung als Delegatar bestimmt und auf das Zustimmungserfordernis des Bundesrates verzichtet werden. Für Regelungen mit dem Auflösungsgrad der KTA-Regeln schließlich dürfte der verordnungsrechtliche Regelungsmodus zu schwerfällig sein[37].

Inhaltliche Regelungen nach Art der Sicherheitskriterien oder RSK-Leitlinien dem Verordnungsgeber zu übertragen, ist auch mit dem Postulat sachadäquater Kompetenzverteilung vereinbar. Wegen ihrer großen gesellschafts- und wirtschaftspolitischen Bedeutung können solche Regelungen bindend nur vom Parlament oder parlamentarisch verantwortlichen Instanzen getroffen werden. Andererseits sind die als Verordnungsgeber in Betracht kommenden Stellen fachlich eher als das Parlament in der Lage, wissenschaftlich-technische Fragen zu beurteilen. Allerdings reicht der behördeninterne Sachverstand allein in der Regel nicht aus, um sachadäquate Entscheidungen zu treffen[38]. Doch kann externer Sachverstand in das Verordnungsverfahren vergleichsweise gut integriert werden. Welche Möglichkeiten sich dafür bieten, wird noch gesondert untersucht werden.

Schließlich ist darauf hinzuweisen, daß sich weitere Rechtsverordnungen zur Konkretisierung der Schadensvorsorge vorteilhaft in das Atomrecht einfügen würden. Nachdem der Strahlenschutz im Verordnungswege normiert worden ist, wäre es konsequent, auch für den Bereich der Reaktorsicherheit entsprechende verordnungsrechtliche Regelungen zu treffen. Eine Radioökologie-Verordnung würde endlich die ohne Berechnungsverfahren unvollständigen Grenzwertfestlegungen der Strahlenschutzverordnung ergänzen. Daß Rechtsverordnungen kerntechnischen Inhalts auch im Gesamtgefüge des technischen Sicherheitsrechts systemgerecht wären, belegt der Vergleich mit dem Recht der überwachungsbedürftigen Anlagen.

[35a] So auch *Ossenbühl*, DÖV 1982, S. 833 ff., 841; *Rittstieg*, S. 226 f.

[36] Die geltende Fassung der Sicherheitskriterien stammt aus dem Jahre 1977; s. o. 3. Kap. B. I. mit Fn. 44.

[37] Vgl. auch *Lukes*, in: 6. Deutsches Atomrechts-Symposium, S. 49 ff., 65 u. 66; *ders.*, in: Rechtliche Ordnung der Technik, S. 81 ff., 95.

[38] *Knoepfel*, in: Voigt (Hrsg.), Verrechtlichung, S. 77 ff., 86; *Lukes*, in: Bitburger Gespräche, S. 117 ff., 123 f.; *Marburger*, S. 381; *Schäfer*, S. 27.

b) Rechtliche Zulässigkeit

Verfassungsrechtlich ist der Verordnungsgeber nicht gehindert, die Regelung des § 7 II Nr. 3 AtG zu konkretisieren. Die einschlägige Ermächtigungsnorm (§ 12 I Nrn. 1 und 2 AtG) bestimmt Inhalt, Zweck und Ausmaß der zu erlassenden Rechtsverordnungen hinreichend genau. Auch den erforderlichen Sicherheitsstandard darf der Verordnungsgeber regeln; wie schon ausführlich begründet, unterliegt dieser Regelungsgegenstand keinem Parlamentsvorbehalt[39].

Die denkbaren verordnungsrechtlichen Regelungen verlangen nur geringe gesetzgeberische Aktivitäten. § 12 I Nr. 1 AtG deckt die Kodifikation von Beschaffenheitsanforderungen wie von Verfahren zur Ermittlung von Strahlendosen. Lediglich Risikogrenzwerte bedürften einer neu zu schaffenden gesetzlichen Grundlage[40]. Um statt der Bundesregierung den Bundesminister des Innern zum Verordnungserlaß zu ermächtigen, brauchte das Atomgesetz nicht geändert zu werden. § 54 III AtG gestattet ausdrücklich die Subdelegation der in § 12 AtG enthaltenen Ermächtigungen an den Minister. Das in § 54 II S. 1 AtG normierte Erfordernis der Bundesratszustimmung, das eine detaillierte Rechtsverordnung nach dem Vorbild der RSK-Leitlinien erschwert, könnte dagegen nur durch eine Gesetzesänderung beseitigt werden, die ihrerseits die Zustimmung des Bundesrates nötig hätte.

c) Beteiligung von Sachverständigengremien am Verordnungsverfahren

Bisher ist die Frage ausgeklammert worden, wie behördenexterner Sachverstand in das Verordnungsverfahren integriert werden kann. Gewiß verfügt die Exekutive selbst über Beamte mit wissenschaftlich-technischer Vorbildung. Deren Fachkenntnis wird jedoch in aller Regel zu gering, ihr Abstand zur Praxis zu groß sein, um die in den einzelnen Teilbereichen der Kerntechnik und des Strahlenschutzes auftauchenden Sachfragen ohne fremde Hilfe zu beurteilen.

Für die Beteiligung der Fachkreise an der Rechtsetzung sind unterschiedlich intensive Gestaltungsformen vorstellbar[41]. Die Mitwirkung kann sich auf Anhörungs- oder Beratungsfunktionen sowie Verordnungsinitiativen beschränken, die die Entscheidungsfreiheit des Verordnungsgebers nicht antasten; es lassen sich aber auch Konstruktionen denken, bei denen Fachleute über den Verordnungsinhalt mitentscheiden.

---

[39] s. o. 4. Kap. A. I. 2.

[40] *Backhaus*, Kommissionsvorlage, S. 384.

[41] Dazu ausführlich *Conradi*, S. 44 ff.

Die Mitwirkungsformen der Anhörung, Beratung und Verordnungsinitiative haben im technischen Sicherheitsrecht Tradition. So ist es Aufgabe der gem. § 24 IV GewO gebildeten Technischen Ausschüsse, den Verordnungsgeber zu beraten und ihm „dem Stand von Wissenschaft und Technik entsprechende Vorschriften" vorzuschlagen. § 7 I BImSchG ermächtigt zum Erlaß von Rechtsverordnungen „nach Anhörung der beteiligten Kreise". Die Beratung geht insofern über die Anhörung hinaus, als der Verordnungsgeber nicht nur die Stellungnahme der betreffenden Stellen entgegennehmen, sondern auch mit ihnen erörtern muß[42]. Initiativrechte haben ihrerseits neben der Beratung eine selbständige Bedeutung; sie beinhalten, daß die berechtigte Stelle von sich aus Vorschläge für verordnungsrechtliche Regelungen unterbreiten kann, mit denen sich der Verordnungsgeber auseinandersetzen muß.

Soll der Sachverstand der Fachkreise für den Erlaß von Rechtsverordnungen wirksam genutzt werden, müssen Exekutive und externe Fachleute eng zusammenarbeiten. Bloße Anhörungsrechte reichen dafür nicht aus. Eine effektive Kooperation ist nur möglich, wenn die Fachleute mindestens beratend und zwar — um die Kontinuität ihrer Arbeit zu sichern — im institutionellen Rahmen eines ständigen Sachverständigengremiums tätig werden. Sinnvoll ergänzt würde ihre Beratungsfunktion durch das Recht zur Verordnungsinitiative. Aufgrund ihrer Fachkenntnis und Praxisnähe sind die externen Fachleute zumeist am besten in der Lage, neu auftauchende Regelungsbedürfnisse zu erkennen. Deshalb sollte es ihnen gestattet sein, auch unaufgefordert Vorschläge zu unterbreiten, mit denen sich der Verordnungsgeber beschäftigen muß[43]. Beratung und Verordnungsinitiative wären gleichermaßen verfassungsrechtlich zulässig, weil sie nichts daran ändern, daß die Entscheidungsbefugnis allein beim Verordnungsgeber liegt[44].

Weitergehende Beteiligungsformen, bei denen sachverständige Gremien über Erlaß oder Inhalt einer Rechtsverordnung *mitentscheiden*, begegnen hingegen teils verfassungsrechtlichen, teils praktischen Bedenken.

Gegen Art. 80 GG verstieße eine Verordnungsbefugnis sachverständiger Gremien unter dem Vorbehalt ministerieller Genehmigung[45]. Nach

[42] *Conradi*, S. 47; a. A. *Bachof*, AöR 83 (1958), S. 208 ff., 251, der die Anhörung als einen Fall „gegenständlich beschränkter Beratung" bezeichnet.

[43] Für ein Initiativrecht sachverständiger Ausschüsse auch *Grawe*, Diskussionsbeitrag, in: Rechtliche Ordnung der Technik, S. 155, der darin einen Hebel sieht, um eine politisch entschlußlose Exekutive zum Handeln zu bewegen.

[44] Vgl. *Arning*, ArbSch 1959, S. 258 ff., 261; *Maunz*, in: Maunz / Dürig / Herzog / Scholz, Art. 80 Rdnr. 42; *Wilke*, in: v. Mangoldt / Klein, Art. 80 Anm. V 10.

dieser Konstruktion würde ein Sachverständigenausschuß Verordnungsentwürfe erarbeiten, die der Verordnungsermächtigte lediglich annehmen oder ablehnen könnte[46]. Der Delegatar dürfte also keine vom Beschluß des Ausschusses abweichende Regelung treffen, er wäre nur gemeinsam mit dem Ausschuß entscheidungsbefugt. Das widerspräche Art. 80 I 1 GG, der den Kreis der möglichen Ermächtigungsempfänger abschließend bestimmt[47]. Nur im Wege der Subdelegation können andere Stellen ermächtigt werden (Art. 80 I 4 GG). Auch Zustimmungsrechte dürfen ausschließlich dem Bundesrat (Art. 80 II GG), dem Bundestag, der Bundesregierung und Bundesministern eingeräumt werden[48]. Denn nach der Ratio des Art. 80 GG muß gewährleistet sein, daß neben den gesetzgebenden Körperschaften nur parlamentarisch verantwortliche Stellen über Erlaß und Inhalt von Rechtsverordnungen (mit)entscheiden[49].

Aus demselben Grund wäre eine Subdelegation der Verordnungsermächtigung an einen weisungsfreien Sachverständigenausschuß unzulässig. Als Subdelegatare kommen allein Stellen in Betracht, die der Fachaufsicht des parlamentarisch verantwortlichen Ministers unterliegen[50]. Gegen die Subdelegation an einen weisungsabhängigen Ausschuß beständen zwar keine verfassungsrechtlichen Bedenken, jedoch wäre die fachliche Unabhängigkeit seiner Mitglieder gefährdet. Es ist daher kaum vorstellbar, daß die betroffenen Fachkreise sich bereitfänden, in einem ministerieller Fachaufsicht unterstellten Ausschuß mitzuarbeiten.

Entsprechendes gilt für den Vorschlag von *Lukes*, die Verordnungsgebung Fachausschüssen zu übertragen, die unselbständige Teile des verordnungsermächtigten Ministeriums sind[51]: Ist ein solches Gremium

---

[45] Vgl. *Bettermann*, Legislative ohne Posttarifhoheit, S. 4 ff.; *Conradi*, S. 50; *Wilke*, AöR 98 (1973), S. 196 ff., 228 f.; *ders.*, in: v. Mangoldt / Klein, Art. 80 Anm. V 10. — Das BVerfG hat die genehmigungsbedürftige Rechtsetzungsbefugnis der Heimarbeitsausschüsse nach § 19 des Heimarbeitsgesetzes v. 14. 3. 1951 (BGBl. I S. 191) zwar gebilligt, jedoch ist dies im Hinblick auf die Anerkennung tarifrechtlicher Regelungen in Art. 9 III GG geschehen (2. Sen., B. v. 27. 2. 1973, E 34, S. 307 ff.).

[46] In dieser Weise wirkte der durch VO des Reichsarbeitsministers vom 14. 12. 1923 (RGBl. I S. 1229) gebildete Deutsche Dampfkessel-Ausschuß an der Rechtsetzung mit. Vgl. dazu *Bachof*, AöR 83 (1958), S. 208 ff., 215 f.; *Nickusch*, S. 4 f.

[47] BAG, U. v. 10. 3. 1972, DB 1972, S. 1340/1341; *Bettermann*, Legislative ohne Posttarifhoheit, S. 5; *Maunz*, in: Maunz / Dürig / Herzog / Scholz, Art. 80 Rdnr. 42; *Wilke*, in: v. Mangoldt / Klein, Art. 80 Anm. V 10.

[48] *Wilke*, in: v. Mangoldt / Klein, Art. 80 Anm. V 9.

[49] *Bettermann*, Legislative ohne Posttarifhoheit, S. 6.

[50] s. o. 4. Kap. A. III. 1. b).

[51] *Lukes*, in: 6. Deutsches Atomrechts-Symposium, S. 49 ff., 69 f.; *ders.*, in: Rechtliche Ordnung der Technik, S. 81 ff., 95.

fachlichen Weisungen des Ministers unterworfen, werden die Fachkreise kein Interesse an einer Mitarbeit haben. Ist das Gremium weisungsfrei, liegt die Entscheidungsbefugnis selbst dann nicht allein beim Minister, wenn dieser — wie *Lukes* empfiehlt — über ein Widerspruchsrecht verfügt. Der Kunstgriff der organisatorischen Eingliederung des Ausschusses in das Ministerium würde nichts daran ändern, daß über den Verordnungserlaß von einem Gremium mitentschieden würde, das selbst nicht parlamentarisch verantwortlich ist und für dessen Verhalten auch der Minister mangels Weisungsbefugnis nicht die Verantwortung tragen kann[52].

Von den denkbaren Formen der Beteiligung externer Fachleute am Verordnungsverfahren bietet sich nach allem die Beratung durch einen ständigen Ausschuß, der zur Verordnungsinitiative berechtigt ist, als beste Lösung an.

Entsprechend dem Ziel, den Stand von Wissenschaft und Technik in das Verordnungsverfahren einzubringen, müßte der Ausschuß den oben[53] an Zusammensetzung und Verfahren technischer Regelgeber gestellten Anforderungen genügen. Der Ausschuß müßte also nach den Kriterien der Sachkunde und Interessenrepräsentanz zusammengesetzt sein, und der Abstimmungsmodus müßte die Gewähr bieten, daß einzelne Interessengruppen nicht majorisiert werden können. Um die notwendige Unabhängigkeit des Ausschusses gegenüber dem Verordnungsgeber sicherzustellen, bedürfte es zusätzlich der Bestimmung, daß der Ausschuß in Fragen wissenschaftlich-technischer Beurteilung keinen Weisungen des Verordnungsgebers unterliegt. Hinsichtlich der Wertentscheidungen, die zwangsläufig bereits bei der Erarbeitung von Verordnungsentwürfen getroffen werden müssen, sollten dagegen Weisungsrechte des — insoweit allein kompetenten — Verordnungsgebers vorgesehen werden. Diese Wertentscheidungen könnten durch Beamte der verordnungsermächtigten Stelle verbindlich in die Ausschußarbeit eingebracht werden. Ihnen fiele zugleich die Funktion zu, einen kontinuierlichen Informationsfluß zwischen Ausschuß und Verordnungsgeber zu sichern.

Zusammensetzung und Verfahren des Ausschusses sind wenigstens in den Grundzügen vom Gesetzgeber zu regeln. Im *Mülheim-Kärlich-Beschluß*[54] hat das Bundesverfassungsgericht anerkannt, daß atomrechtliche Verfahrensvorschriften grundrechtsrelevant sein können. In wel-

---

[52] Im übrigen ist zu fragen, ob die organisatorische Eingliederung eines von fachlichen Weisungen unabhängigen Ausschusses in eine Behörde nicht ein Widerspruch in sich wäre; vgl. *Bachof*, AöR 83 (1958), S. 208 ff., 246.

[53] 4. Kap. B. II. 1. b) aa).

[54] BVerfG — 1. Sen. —, B. v. 20. 12. 1979, E 53, S. 30 ff.

chem Maße die staatliche Pflicht zum Schutz der Grundrechte aus Art. 2 II GG erfüllt wird, hängt auch davon ab, ob Fachausschüsse den Verordnungsgeber tatsächlich entsprechend dem aktuellen wissenschaftlich-technischen Entwicklungsstand beraten[55]. Nach dem Grundsatz, daß der Gesetzgeber die wesentlichen grundrechtsrelevanten Entscheidungen selbst treffen muß[56], darf dieser die notwendigen Verfahrensregelungen nicht völlig einer Rechtsverordnung oder gar Verwaltungsvorschrift überlassen. Eine gesetzliche Verfahrensregelung ist unter dem Aspekt des Grundrechtsschutzes um so wichtiger, als die materiellen Regelungsmöglichkeiten des Gesetzgebers eng begrenzt sind[57].

3. Rechtsetzung durch untergeordnete Fachparlamente

Der verordnungsrechtliche Konkretisierungsansatz entwickelt das vorhandene atomrechtliche Regelungsgefüge behutsam fort. Gravierende Veränderungen des gegenwärtigen Verfassungssystems würde demgegenüber der von *Lukes*[58] zur Diskussion gestellte Vorschlag erfordern, die rechtssatzmäßige Konkretisierung der Sicherheitsanforderungen Fachparlamenten zu übertragen. *Lukes* hat dieses Modell noch nicht in Einzelheiten entwickelt, denkt aber an Gremien, die der legislativen Gewalt zugehören und dem Parlament untergeordnet sein sollen[59].

Vorteile dieses Modells gegenüber dem verordnungsrechtlichen Regelungsmodus sind nicht recht erkennbar. Ein Fachparlament wäre kaum schneller als ein verordnungsermächtigtes Ministerium in der Lage, seine Regelungen an den wissenschaftlich-technischen Fortschritt anzupassen. Um Details zu regeln, könnte es ebensowenig wie die Exekutive auf die Beteiligung externer Spezialisten verzichten; der Meinungsbildungsprozeß innerhalb eines Kollegialorgans ginge vermutlich sogar schwerfälliger vonstatten als in einem bürokratisch organisierten Mini-

---

[55] Daß nicht nur Regelungen des Genehmigungs- und Verwaltungsstreitverfahrens, sondern auch Regelungen über Zusammensetzung und Verfahren sachverständiger Gremien grundrechtsrelevant sein können, betonen auch die Verfassungsrichter *Simon* und *Heußner* in ihrem Minderheitsvotum zum Mülheim-Kärlich-Beschluß, BVerfGE 53, S. 30/78.

[56] Zur Wesentlichkeitstheorie s. o. 4. Kap. A. I. 2. b).

[57] Vgl. Minderheitsvotum zum Mühlheim-Kärlich-Beschluß, BVerfGE 53, S. 30/75 f.

[58] *Lukes*, NJW 1978, S. 241 ff., 246; *ders.*, in: 6. Deutsches Atomrechts-Symposium, S. 49 ff., 70; *ders.*, in: Rechtliche Ordnung der Technik, S. 81 ff., 95 f. Ähnliche Konzepte haben bereits *Krüger*, NJW 1966, S. 617 ff., 619 ff. und *Nickusch*, S. 218 entwickelt. — Ablehnend gegenüber diesem Vorschlag *Backhaus*, Kommissionsvorlage, S. 409 f.; *Bender*, Diskussionsbeitrag, in: Rechtliche Ordnung der Technik, S. 149 f.; *Laermann*, ebd., S. 129 ff., 135; *Wernitz*, ebd., S. 117 ff., 124; *Marburger*, in: Bitburger Gespräche, S. 39 ff., 54; *Rittstieg*, S. 230 ff.

[59] *Lukes*, Diskussionsbeitrag, in: Rechtliche Ordnung der Technik, S. 166.

sterium. So empfiehlt *Lukes* denn auch für die Regelungen der Fachparlamente lediglich einen Auflösungsgrad, der zwischen dem der Verordnungen nach § 24 GewO und den KTA-Regeln liegt[60], also etwa dem der RSK-Leitlinien entspricht. Die wissenschaftlich-technische Sachkunde eines Ministeriums mag allerdings geringer sein als die eines Fachparlaments; jedoch wird dieser Nachteil durch die beratende Mitwirkung von Sachverständigenausschüssen am Verordnungsverfahren ausgeglichen. Da die Mitglieder von Fachparlamenten nicht unmittelbar durch das Volk gewählt würden[61], wäre schließlich auch ihre demokratische Legitimation nicht größer als die eines parlamentarisch verantwortlichen Ministers.

Auf der anderen Seite müßte das Grundgesetz in vielfältiger Weise geändert oder ergänzt werden, um die Einrichtung untergeordneter Fachparlamente zu ermöglichen. Entsprechend den verfassungsrechtlichen Bestimmungen über den Bundestag, die Abgeordneten und das Gesetzgebungsverfahren müßte der Katalog notwendiger Regelungen[62] mindestens Vorschriften umfassen über

— die Funktionen der Fachparlamente,
— die Auswahl und Rechtsstellung ihrer Mitglieder,
— die Dauer der Legislaturperiode,
— die Grundzüge des Verfahrensgangs einschließlich Ausfertigung und Verkündung der erlassenen Rechtsnormen,
— föderative Mitwirkungsrechte,
— das Verhältnis von Bundestag und Fachparlamenten (Verantwortlichkeit, Kontrollrechte, personelle Verflechtung) und
— die Stellung der erlassenen Rechtsnormen im Rechtsquellensystem.

Rechtlich wäre gegen die nötigen Verfassungsänderungen nichts einzuwenden, wenn die Grenzen des Art. 79 III GG beachtet würden. Nach dem Gewaltenteilungsprinzip müßte das Fachparlament eindeutig einer der vorhandenen Staatsgewalten zugeordnet werden; die Etablierung einer *vierten Gewalt* der Sachverständigen wäre verfassungsrechtlich nicht zulässig[63]. Außerdem müßte das Verfahren zur Auswahl der Mitglieder demokratischen Grundsätzen entsprechen. In Betracht käme ausschließlich eine Wahl durch das Parlament. Trotz gelegentlich geäußer-

---

[60] *Lukes*, in: Rechtliche Ordnung der Technik, S. 81 ff., 95.

[61] Von anderen praktischen Schwierigkeiten abgesehen, würde eine Direktwahl keine genügende Gewähr dafür bieten, daß die Mitglieder eines Fachparlaments über die nötige Sachkunde verfügten.

[62] Eingehend dazu *Backhaus*, Kommissionsvorlage, S. 406 ff.

[63] Die Gefahr einer verfassungswidrigen vierten Gewalt betonen *Laermann*, in: Rechtliche Ordnung der Technik, S. 129 ff., 135; *Wernitz*, ebd., S. 117 ff., 124.

ter Zweifel[64] ist nicht ersichtlich, warum sich dafür kein praktikabler Wahlmodus finden lassen sollte.

Aus verfassungspolitischer Sicht kann die Schaffung untergeordneter Fachparlamente jedoch nicht gutgeheißen werden. Tiefgreifende Verfassungsänderungen dürfen nur als ultima ratio in Erwägung gezogen werden, um Mängel des geltenden Rechts zu beheben. Wie gezeigt wurde, bietet das von *Lukes* vorgeschlagene Modell aber keine Vorteile gegenüber dem verordnungsrechtlichen Regelungsmodus. Abgesehen davon erscheint es kaum vorstellbar, daß die erforderliche Vielzahl von Verfassungsänderungen politisch durchsetzbar wäre. Dem verordnungsrechtlichen Konkretisierungsansatz sollte deshalb der Vorzug gegeben werden.

II. Konkretisierung durch normative Bezugnahme auf technische Regeln

Der Gesetzgeber und mehr noch der Verordnungsgeber können das atomgesetzliche Regelungsdefizit verringern. Unterhalb des Konkretisierungsgrades leitlinienartiger Beschaffenheitsanforderungen verbleibt dennoch ein Bereich, der von rechtsetzenden Organen nicht ohne Verlust der Anpassungsfähigkeit geregelt werden kann. Konstruktive Detailregelungen finden sich aber in technischen Regeln des KTA und privater Normungsverbände. Deshalb ist zu fragen, ob durch normative Bezugnahme auf diese Regeln eine weitergehende Konkretisierung der Sicherheitsanforderungen nach § 7 II Nr. 3 AtG möglich ist.

1. Verweisungsmethode

Um Regelungen eines anderen Normgebers zu rezipieren, bedienen sich rechtsetzende Organe häufig der Verweisungsmethode. Dabei wird in der verweisenden Rechtsnorm angeordnet, daß ergänzend[65] zu ihrem (unvollständigen) Inhalt der Inhalt einer anderen Norm gelten soll. Diese andere Norm, das Verweisungsobjekt, kann eine Rechtsnorm, aber auch eine technische Regel sein. In verschiedenen Bereichen des technischen Sicherheitsrechts haben Gesetzgeber und Verordnungsgeber die Verweisungsmethode benutzt, um die gesetzlichen Anforderungen zu präzisieren. Beispiele für Verweisungen auf technische Regeln sind § 35 h I, III StVZO[66], § 3 I 2 1. BImSchV[67] und § 11 IV bay. Schiffahrts-

---

[64] Vgl. *Backhaus*, Kommissionsvorlage, S. 409 f.; zweifelnd wohl auch *Bender*, Diskussionsbeitrag, in: Rechtliche Ordnung der Technik, S. 149 f.

[65] Die von *Marburger*, S. 385, 395 ff. als „normkonkretisierende Verweisung" bezeichnete Rechtsfigur wird hier nicht behandelt; bei ihr handelt es sich nicht um eine Verweisung im eigentlichen Sinne, sondern um eine Vermutungsklausel; s. dazu unten 5. Kap. B. II. 2. a).

[66] § 35 h I, III StVZO verweist auf bestimmte Fassungen mehrerer DIN-Normen.

ordnung[68]. Zwei Arten der Verweisung lassen sich unterscheiden, die wegen ihrer höchst unterschiedlichen Eigenschaften getrennt behandelt werden sollen: die *starre* (statische) und die *gleitende* (dynamische) Verweisung[69].

a) Die starre Verweisung

Bei der starren Verweisung nimmt die verweisende Vorschrift auf eine bestehende Norm in einer bestimmten, durch Titel und Bekanntgabedatum bezeichneten Fassung Bezug. Von der gesetzlichen und verordnungsrechtlichen Eigenregelung weicht die starre Verweisung nur in formeller Hinsicht ab[70]. Anstatt den Regel*text* in die Rechtsnorm aufzunehmen, wird lediglich eine bezugnehmende Klausel verwendet; der Regel*inhalt* wird hingegen voll übernommen. Die starre Verweisung erweist sich damit als bloße „gesetzestechnische Vereinfachung"[71]. Abgesehen davon bietet sie keine Vorteile gegenüber Eigenregelungen des rechtsetzenden Organs. Insbesondere erleichtert sie nicht die Anpassung der rechtsnormativen Regelung an den wissenschaftlich-technischen Fortschritt. Denn Neufassungen der in Bezug genommenen technischen Regel werden nicht mitrezipiert; der Rechtsnormgeber muß vielmehr die verweisende Vorschrift ebenso ändern, als wenn er den Regeltext in die Rechtsnorm inkorporiert hätte[72]. Mit Hilfe der starren Verweisungstechnik lassen sich die atomrechtlichen Sicherheitsanforderungen deshalb nicht besser konkretisieren als durch rechtsnormative Eigenregelungen[73, 74].

---

[67] Erste Verordnung zur Durchführung des Bundes-Immissionsschutzgesetzes (Verordnung über Feuerungsanlagen) i. d. F. der Bek. v. 5. 2. 1979 (BGBl. I S. 165). — Auch § 3 I 2 1. BImSchV verweist auf bestimmte Fassungen mehrerer DIN-Normen.

[68] vom 19. 6. 1968 (GVBl. S. 202). — § 11 IV bay. Schiffahrtsordnung verweist auf die VDE-Vorschriften in ihrer jeweiligen Fassung.

[69] § 35 I, III StVZO und § 3 I 2 1. BImSchV enthalten starre Verweisungen, § 11 IV bay. Schiffahrtsordnung enthält eine gleitende Verweisung.

[70] *Breuer*, AöR 101 (1976), S. 46 ff., 61; *Marburger*, S. 387.

[71] BVerfG — 1. Sen. —, B. v. 1. 3. 1978, NJW 1978, S. 1475/1476; vgl. auch *Hunscha*, in: Verweisung auf technische Normen, S. 75 ff., 77; *Marburger*, S. 387.

[72] Der gegenteiligen Auffassung von *Meyer*, in: Verweisung auf technische Normen, S. 88 ff., 91, liegt die unzutreffende Annahme zugrunde, die Anpassung starr verweisender Rechtsnormen an Änderungen des Verweisungsobjektes sei eine problemlose Formalkorrektur. Der Rechtsnormgeber muß jedoch materiell prüfen, ob er den Inhalt der technischen Regel auch in der veränderten Fassung sich zueigen machen will.

[73] Ähnlich *Marburger*, in: Bitburger Gespräche, S. 39 ff., 55.

[74] Auf den Streit, ob das Verweisungsobjekt in gleicher Weise verkündet werden muß wie die verweisende Rechtsnorm oder ob es ausreicht, daß „die Verlautbarung der ergänzenden Anordnung ... für den Betroffenen zugänglich und ihrer Art nach für amtliche Anordnungen geeignet" ist (BVerwG, U. v. 29. 8. 1961, NJW 1962, S. 506), soll hier daher nicht eingegangen werden. Vgl. zum Streitstand die Nachweise bei *Marburger*, S. 408, Fn. 1.

b) Die gleitende Verweisung

Im Fall der gleitenden Verweisung wird auf eine Regelung in ihrer jeweiligen Fassung Bezug genommen; auch nach Änderungen des Verweisungsobjektes soll dessen aktueller Inhalt an der normativen Geltungskraft der verweisenden Rechtsnorm teilhaben. Gleitende Verweisungen auf technische Regeln sind folglich besonders gut geeignet, eine rechtliche Regelung für den wissenschaftlich-technischen Wandel offenzuhalten und dennoch eine weitgehende Konkretisierung der rechtlichen Sicherheitsanforderungen zu ermöglichen. Jedoch bestehen gegen diese Art der Verweisung durchgreifende verfassungsrechtliche Bedenken[75].

Vor allem verstößt die gleitende Verweisung gegen das Demokratieprinzip[76]. Gemäß Art. 20 II 1 GG geht alle Staatsgewalt vom Volke aus. Rechtsetzungsmacht darf nach dem Grundgesetz — abgesehen von den hier nicht interessierenden Fällen der Satzungs- und Tarifautonomie — nur durch das demokratisch legitimierte Parlament und unter den Voraussetzungen des Art. 80 GG durch die parlamentarisch verantwortliche Exekutive ausgeübt werden. Den rechtsetzenden Organen können aber lediglich solche Norminhalte zugerechnet werden, die sie bewußt in ihren Willen aufgenommen haben[77]. Bei der gleitenden Verweisung auf technische Regeln hat der Normgeber keine Kenntnis vom künftigen Inhalt der Rechtsnorm. Nicht er, sondern das regeländernde Gremium bestimmt fortan den Norminhalt[78]. Die gleitende Verweisung auf technische Regeln bedeutet deshalb der Sache nach eine *Delegation* von Rechtsetzungsbefugnissen auf demokratisch nicht legitimierte Stellen[79],

---

[75] Vgl. für gleitende Verweisungen auf technische Regeln *Arndt*, JuS 1979, S. 784 ff., 787; *Hanning*, S. 65 f.; *Karpen*, S. 136, 180; *Lukes*, BG 1973, S. 429 ff., 438 f.; *ders.*, in: Rechtliche Ordnung der Technik, S. 81 ff., 90; *Marburger*, S. 390 ff.; *ders.*, in: Verweisung auf technische Normen, S. 27 ff., 31 f.; *Ossenbühl*, DVBl. 1967, S. 401 ff., 404 f.; *Schäfer*, S. 105 ff.; a. A. *Herschel*, NJW 1968, S. 617 ff., 619 f.; *Meyer*, Diskussionsbeitrag, in: Verweisung auf technische Normen, S. 61 f.; mit Einschränkungen auch *Anzinger*, ebd., S. 96 ff., 101. — Zum Streitstand hinsichtlich der gleitenden Verweisung auf Rechtsnormen eines anderen Normgebers vgl. die Nachweise bei *Marburger*, in: Verweisung auf technische Normen, S. 27 ff., 31, Fn. 11.

[76] *Arndt*, JuS 1979, S. 784 ff., 787; *Karpen*, S. 174, 180, 183; *Marburger*, S. 391; *ders.*, in: Verweisung auf technische Normen, S. 27 ff., 32; *Ossenbühl*, DVBl. 1967, S. 401 ff., 404.

[77] *Karpen*, S. 180.

[78] Der Normgeber kann die Verweisungsnorm zwar ändern, wenn er Neufassungen der technischen Regel mißbilligt. Das ändert aber nichts daran, daß für die Zwischenzeit das regelbildende Gremium den Inhalt der Rechtsnorm bestimmt. Im übrigen ist zweifelhaft, ob der Normgeber die inhaltliche Fortentwicklung der technischen Regel so im Blick behalten wird, daß er sein „Rückholrecht“ effektiv einsetzen kann. Aus diesem Grund stellt das „Rückholrecht“ keinen genügenden Ausgleich für die faktische Verlagerung der Rechtsetzungsbefugnis dar (ebenso *Arndt*, JuS 1979, S. 784 ff., 785, gegen *Schröcker*, NJW 1967, S. 2285 ff., 2290).

ohne daß die Voraussetzungen dafür vorliegen[80]. In diesem Punkt unterscheidet sich die gleitende Verweisung auf technische Regeln von Generalklauseln, die auf außerrechtliche Phänomene wie die „Verkehrssitte“ Bezug nehmen[81]. Denn solche gesellschaftlichen Verhaltensregeln bilden sich heraus, ohne daß ein feststehender Entscheidungsträger in einem geordneten Verfahren über ihre Geltung entscheidet.

Da die gleitende Verweisung auf technische Regeln eine verdeckte Delegation von Rechtsetzungsbefugnissen beinhaltet, verletzt sie zugleich das Gewaltenteilungsprinzip[82]. Danach hat die Legislative Rechtsetzungsbefugnisse selbst auszuüben, soweit Art. 80 GG keine Ausnahme gestattet. Eine weitergehende Verlagerung ihrer Funktionen auf die Exekutive und erst recht auf eine „vierte Gewalt“ außerstaatlicher Normungsgremien würde die grundgesetzlich gewährleistete Gewaltenbalance stören.

Drittens widerspricht die gleitende Verweisung auf technische Regeln dem rechtsstaatlichen Erfordernis hinreichender Gesetzesbestimmtheit[83]. Der von der Verweisungsnorm Betroffene kann ihren Inhalt nicht aus dem Gesetz selbst entnehmen, sondern muß zusätzlich die jeweils aktuelle Fassung der in Bezug genommenen Regel ermitteln. Für technische Laien, die durchaus auch von der Norm betroffen sein können, ist dies eine äußerst schwer zu bewältigende und deshalb nach rechtsstaatlichen Grundsätzen unzumutbare Aufgabe[84].

Da Demokratieprinzip, Gewaltenteilungsprinzip und Gebot der Gesetzesbestimmtheit zu den nach Art. 20, 79 III GG unveränderbaren Ver-

---

79 *Bullinger,* S. 21 ff.; *Conradi,* S. 53; *Hanning,* S. 65 f.; *Karpen,* S. 136; *Ossenbühl,* DVBl. 1967, S. 401 ff., 403 f.; *Schäfer,* S. 103 ff.

80 Entgegen der Auffassung von *Anzinger,* in: Verweisung auf technische Normen, S. 96 ff., 101, werden diese Voraussetzungen auch nicht dadurch geschaffen, daß die Verweisungsnorm die Regelung des Verweisungsobjekts entsprechend Art. 80 I 2 GG bestimmt. Denn Rechtsetzungsmacht darf — wie oben, 4. Kap. A. III. 1. b), dargelegt wurde — auch nach Art. 80 GG nicht auf Gremien verlagert werden, die unabhängig von fachlichen Weisungen der Exekutive sind.

81 *Marburger,* S. 392; a. A. *Herschel,* NJW 1968, S. 617 ff., 620.

82 *Arndt,* JuS 1979, S. 784 ff., 787; *Karpen,* S. 136; *Marburger,* S. 392; *Ossenbühl,* DVBl. 1967, S. 401 ff., 404 f.; a. A. *Lukes,* BG 1973, S. 429 ff., 439.

83 *Conradi,* S. 53; *Hanning,* S. 66; *Karpen,* S. 161 f.; *Lukes,* BG 1973, S. 429 ff., 438; *Marburger,* S. 390; *Schäfer,* S. 107 ff.

84 Ob ein Verstoß gegen das Bestimmtheitsgebot auch daraus folgt, daß bei Inkrafttreten der Verweisungsnorm deren künftiger Inhalt nicht genügend vorhersehbar ist (so *Karpen,* S. 161 f.; *Lukes,* BG 1973, S. 429 ff., 438; *Marburger,* S. 391), erscheint zweifelhaft. Verwendet der Gesetzgeber unbestimmte Rechtsbegriffe oder Generalklauseln zur Bezeichnung der Sicherheitsanforderungen, so ist der Norminhalt ebenfalls entwicklungsoffen und damit nicht voll vorhersehbar. Dennoch hat das BVerfG in der Generalklauselmethode keinen Verstoß gegen das Bestimmtheitsgebot erblickt (2. Sen., B. v. 8. 8. 1978, E 49, S. 89/133 f.).

fassungsgrundsätzen gehören, könnte die gleitende Verweisungstechnik auch durch eine Verfassungsänderung nicht legalisiert werden. Trotz ihrer Flexibilität ist sie daher kein geeigneter Ansatz, um die Sicherheitsanforderungen des § 7 II Nr. 3 AtG zu konkretisieren.

2. *Gesetzliche Vermutungen*

Rechtsnorm und technische Regel können außer durch Verweisungen auch durch gesetzliche Vermutungen miteinander verknüpft werden. Sachliche Unterschiede zur Verweisungsmethode bestehen nur für die *widerlegliche* Vermutung. Stellt der Normgeber dagegen eine *unwiderlegliche* Vermutung für die Übereinstimmung der gesetzlichen Anforderungen mit einer technischen Regel auf, so erlangt der Regelinhalt ebenso normative Geltungskraft wie bei einer Verweisung; die Ausführungen zur Verweisungsmethode gelten also entsprechend[85]. Als eigenständiger Konkretisierungsansatz interessiert deshalb nachfolgend nur die widerlegliche Vermutung.

a) Widerlegliche Vermutung für die Gesetzmäßigkeit regelkonformer technischer Lösungen

Wiederholt ist vorgeschlagen worden, in das Atomgesetz eine widerlegliche Vermutung des Inhalts aufzunehmen, daß den gesetzlichen Anforderungen Genüge getan ist, wenn die technischen Regeln bestimmter Normungsgremien beachtet worden sind[86]. Eine solche Regelung könnte etwa lauten: „Entspricht eine technische Lösung den Regeln des KTA, so wird vermutet, daß die nach dem Stand von Wissenschaft und Technik erforderliche Schadensvorsorge getroffen worden ist."

Durch diese Vermutungskonstruktion werden die Detailfestlegungen technischer Regeln zwar in loserer Weise als durch Verweisungen mit dem Gesetz verbunden. Denn erstens kann die Vermutung durch den Nachweis entkräftet werden, daß die technische Regel dem Stand von Wissenschaft und Technik widerspricht oder von einem anderen als dem gesetzlichen Sicherheitsstandard ausgeht. Zweitens wirkt sie nur zugunsten regelkonformer, nicht zu Lasten regelabweichender technischer Lösungen. Trotzdem bringt sie unverkennbar einen Gewinn an Rechtssicherheit[87]. Vor allem liefert sie einen Maßstab für die Entscheidung der Problemfälle des beweisrechtlichen non liquet, in denen der Rechtsanwender die Vereinbarkeit einer regelkonformen Lösung mit dem

---

85 *Breuer*, AöR 101 (1976), S. 46 ff., 66; *Bullinger*, S. 23.

86 *Kuhnt*, Diskussionsbeitrag, in: Rechtliche Ordnung der Technik, S. 164; *Lukes*, in: Bitburger Gespräche, S. 117 ff., 128; *Marburger*, ebd., S. 39 ff., 55 f.

87 Skeptisch *Backhaus*, Kommissionsvorlage, S. 401; *Lukes*, in: Rechtliche Ordnung der Technik, S. 81 ff., 91.

Stand von Wissenschaft und Technik nicht zweifelsfrei klären kann. Daneben erleichtert sie dem Rechtsanwender die Prüfung aber auch für den Normalfall, daß keine konkreten Bedenken gegen den Inhalt der technischen Regel bestehen; der Rechtsanwender darf dann ohne nähere Aufklärung von der Gesetzmäßigkeit der regelkonformen Lösung ausgehen[88].

An Flexibilität übertrifft die Vermutungskonstruktion sogar die dynamische Verweisung. Nicht nur die jeweils neueste Regelfassung vermag sie zu rezipieren; selbst wissenschaftlich-technische Entwicklungen, die im Gegensatz zu einer noch nicht angepaßten Regelfassung stehen, können berücksichtigt werden.

Nicht so eindeutig läßt sich die Frage bejahen, ob eine Vermutung des genannten Inhalts zu einer sachadäquaten Kompetenzverteilung zwischen staatlichen Entscheidungsträgern und regelbildenden Gremien führt. Gewiß ist es zu begrüßen, wenn der Sachverstand der Gremien für die Genehmigungsentscheidung nutzbar gemacht wird. Doch besteht auch hier die Gefahr, daß mit wissenschaftlich-technischen Erkenntnissen zugleich die in den technischen Regeln enthaltenen Wertungen rezipiert werden. Zwar läßt die Vermutungskonstruktion dem Rechtsanwender die Möglichkeit, die Regeln auf ihre Vereinbarkeit mit den gesetzlichen Anforderungen zu überprüfen. Da Erkenntnisse und Wertungen in den Regeln zumeist eine ununterscheidbare Verbindung eingehen[89], hat diese Möglichkeit aber wenig praktische Bedeutung.

Der genannte Einwand mündet in verfassungsrechtliche Bedenken[90]. Eine Vermutung für die Gesetzmäßigkeit regelkonformer technischer Lösungen unterscheidet sich grundlegend von den aus dem Zivilprozeßrecht bekannten gesetzlichen Tatsachenvermutungen (§ 292 ZPO)[91], die verfassungsrechtlich prinzipiell zulässig sind[92]. Vermutet wird nicht eine beweisrechtlich relevante Tatsache, sondern weitergehend, daß der gesetzliche Tatbestand erfüllt ist[93]. Mithin erstreckt sich die Vermu-

---

[88] s. o. 4. Kap. B. II. 1. a).

[89] s. o. 3. Kap. B. I., C. I. 2., G. und 4. Kap. B. II. 1. b) bb).

[90] Solche Bedenken äußert auch *Backhaus*, Kommissionsvorlage, S. 399 f.; a. A. *Marburger*, S. 405 ff.; *ders.*, in: Bitburger Gespräche, S. 39 ff., 55; schwankend *Lukes*, der in: Rechtliche Ordnung der Technik, S. 81 ff., 91, die verfassungsrechtliche Zulässigkeit für „nicht ausgelotet" hält, in: Bitburger Gespräche, S. 117 ff., 128, aber die Verfassungsmäßigkeit ohne Begründung bejaht.

[91] Demgegenüber hält *Marburger* die genannte Vermutungskonstruktion für eine gesetzliche Tatsachenvermutung mit der Folge der Umkehrung der materiellen Beweislast (S. 400 ff.; *ders.*, in: Bitburger Gespräche, S. 39 ff., 55).

[92] Zu den verfassungsrechtlichen Anforderungen an Tatsachenvermutungen s. u. 5. Kap. B. II. 2. b).

[93] *Backhaus*, Kommissionsvorlage, S. 399.

tungswirkung außer auf die sachverhaltlichen auch auf die wertungsmäßigen Voraussetzungen des Normtatbestandes. Bei unauflöslichen Zweifeln über die Vereinbarkeit einer regelkonformen technischen Lösung mit dem Gesetz bindet die technische Regel den Rechtsanwender genauso, als wenn das Gesetz auf sie verwiese. Sie formt dann mitsamt den in ihr enthaltenen Wertungen die gesetzlichen Sicherheitsanforderungen aus[94]. Da auch bei der Vermutungskonstruktion auf die Regel in ihrer jeweiligen Fassung Bezug genommen wird, wirkt sie in Zweifelsfällen wie eine gleitende Verweisung[95] und verlagert wie diese Rechtsetzungsmacht auf parlamentarisch nicht verantwortliche Gremien[96]. Sie verstößt deshalb gleichfalls gegen die Grundsätze der Demokratie und Gewaltenteilung.

b) Widerlegliche Vermutung für die Vereinbarkeit regelkonformer technischer Lösungen mit dem Stand von Wissenschaft und Technik

Daraus folgt aber nicht, daß gesetzliche Vermutungen generell ungeeignet sind, technische Regeln für die Konkretisierung der atomrechtlichen Sicherheitsanforderungen nutzbar zu machen. Gelingt es, den Regelinhalt durch eine *Tatsachen*vermutung zu rezipieren, so werden die dargelegten Bedenken hinfällig. Denn Tatsachenvermutungen betreffen als Beweistlastregeln ausschließlich die Ebene der Sachverhaltsermittlung und verlagern keine Rechtsetzungsmacht. Um eine Tatsachenvermutung zu begründen, könnte der Normgeber folgendermaßen formulieren: „Es wird vermutet, daß technische Lösungen, die den KTA-Regeln entsprechen, mit dem Stand von Wissenschaft und Technik vereinbar sind[97].“ Nach dieser Konstruktion würde nur ein Faktum vermutet, daß nämlich regelkonforme Lösungen den aktuellen wissenschaftlichen Erkenntnissen und technischen Entwicklungen entsprechen; dagegen erstreckte sich die Vermutungswirkung nicht auf die

---

[94] Letzteres gilt gleichermaßen, wenn konkrete Bedenken gegen die technische Regel nicht ersichtlich sind. Denn der Rechtsanwender darf dann aufgrund der Vermutungswirkung darauf vertrauen, daß die Regel den aktuellen Erkenntnissen entspricht *und* auf angemessenen Wertungen beruht.

[95] *Backhaus*, Kommissionsvorlage, S. 400, weist daher zu Recht darauf hin, daß eine Vermutung der genannten Art gegenüber der Verweisung kein aliud, sondern ein minus ist.

[96] Ob das toleriert werden könnte, wenn die Vermutung ausschließlich begünstigend wirkte, braucht nicht entschieden zu werden. Entgegen der Auffassung von *Marburger* (S. 406; *ders.*, in: Bitburger Gespräche, S. 39 ff., 55) entfaltet sie nämlich nicht nur begünstigende Wirkung für den sich regelkonform verhaltenden Antragsteller, sondern auch belastende Wirkung für die von dem regelkonformen Vorhaben potentiell Betroffenen.

[97] Vgl. auch *Bugl*, atw 1978, S. 472 ff., 473 f.; *Fürst*, atw 1981, S. 66 ff., 68; *Orth / Stubbe*, in: Technische Normung und Recht, S. 141 ff., 152, die aber die Unterschiede beider Vermutungsmodelle nicht ansprechen.

dem Beweis entzogene Frage, ob die in den technischen Regeln enthaltenen Wertungen den gesetzlichen Anforderungen entsprechen. Der Rechtsanwender müßte also selbst voll überprüfen, ob die technischen Regeln auf den gesetzlich geforderten Sicherheitsstandard ausgerichtet sind.

Verfassungsrechtlich ist gegen Tatsachenvermutungen nichts einzuwenden, wenn die Vermutungswirkung sachlich gerechtfertigt ist und damit nicht gegen das rechtsstaatliche Willkürverbot verstößt. Es muß deshalb eine hohe Gewähr dafür bestehen, daß die vermutete Tatsache wirklich vorliegt. Aus diesem Grunde sollten gesetzliche Tatsachenvermutungen nur aufgestellt werden, wenn ein qualifizierter Erfahrungssatz für die vermutete Tatsache spricht. Wie bereits in anderem Zusammenhang erörtert[98], setzt ein qualifizierter Erfahrungssatz für die Vereinbarkeit technischer Regeln mit dem Stand von Wissenschaft und Technik voraus, daß die regelgebenden Gremien nach den Kriterien der Sachkunde und Interessenrepräsentanz besetzt sind, durch Verfahrensregelungen eine Majorisierung einzelner Interessengruppen verhindert wird, eine Öffentlichkeitsbeteiligung stattfindet und die Aktualität der Regeln durch regelmäßige Überprüfung und Anpassung an den wissenschaftlich-technischen Fortschritt gewährleistet wird. Diesen Anforderungen entspricht die Regelgebung der bestehenden Gremien zwar nicht in vollem Maße[99]; bezogen auf den für die kerntechnische Normung besonders wichtigen KTA bedürfte es aber nur geringfügiger Organisations- und Verfahrensänderungen, um ihnen Rechnung zu tragen. Allerdings sollte der Gesetzgeber seine Pflicht, die Grundrechte durch verfahrensrechtliche Regelungen zu schützen, auch insoweit ernst nehmen und selbst die Anforderungen an Zusammensetzung und Verfahren der Gremien normieren, die Voraussetzung für eine Tatsachenvermutung des genannten Inhalts sind[100].

Mit einer solchen Vermutung könnte das Gesetz in gleichem Maße für den wissenschaftlich-technischen Wandel offengehalten werden wie mit der zuvor behandelten Vermutungskonstruktion. Darüber hinaus entfiele die Gefahr, daß in Zweifelsfällen die Wertungen parlamentarisch nicht verantwortlicher Gremien über das Sicherheitsniveau entscheiden.

Indes stellt ein anderer Einwand den praktischen Wert dieses Modells in Frage: Eine Vermutung für die Vereinbarkeit regelkonformer technischer Lösungen mit dem Stand von Wissenschaft und Technik hat für den Rechtsanwender nur dann einen Wert, wenn sie ihn seinem

---

[98] s. o. 4. Kap. B. II. 1. b) aa).

[99] s. o. 4. Kap. B. II. 1. b) aa) a. E.

[100] s. o. 5. Kap. B. I. 2. c) a. E.

eigentlichen Ziel näherbringt, die Gesetzmäßigkeit der betreffenden Lösung zu beurteilen. Dazu muß er zweierlei entscheiden: ob die Lösung mit dem Stand von Wissenschaft und Technik übereinstimmt und ob sie dem gesetzlich geforderten Sicherheitsniveau entspricht. Die erste Frage läßt sich anhand der Vermutung beantworten, doch nützt das dem Rechtsanwender nichts, wenn er nicht auch die zweite Frage klären kann. Eben dazu wird er aber regelmäßig außerstande sein, weil sich kognitive und volitive Elemente der technischen Regel kaum jemals trennen lassen. An anderer Stelle wurde schon darauf hingewiesen, daß dem Stand von Wissenschaft und Technik ganz unterschiedliche technische Konstruktionen entsprechen können je nachdem, wie die Belange der Sicherheit und Wirtschaftlichkeit gewichtet werden[101]. Solange technische Regeln über die ihnen zugrundeliegenden Wertungen schweigen, vermag der Rechtsanwender diese Wertungen nicht am Gesetz zu messen; so lange erleichtern gesetzliche Tatsachenvermutungen aber auch nicht die Konkretisierung der gesetzlichen Sicherheitsanforderungen.

Doch müssen Erkenntnisse und Wertungen in technischen Regeln nicht zwangsläufig eine ununterscheidbare Verbindung eingehen. Ebenso gut ist vorstellbar, daß die regelbildenden Stellen die in die Normungsarbeit eingebrachten Erkenntnisse und Wertungen offenlegen[102]. Ob das in der technischen Regel selbst ohne Verlust an Übersichtlichkeit geschehen kann, mag zweifelhaft sein. Die Erkenntnisse und Wertungen können jedoch in einem Anhang der Regel oder in einer mit der Regel veröffentlichten Dokumentation detailliert aufgeführt werden[103]. Diese Dokumentation müßte die zugrundeliegenden Wertentscheidungen wesentlich transparenter machen, als es die zu den KTA-Regeln derzeit erstellten Dokumentationsunterlagen tun; insbesondere müßte sich aus ihr ergeben, welche Risiken bei Anwendung der technischen Regel verbleiben und warum diese Risiken — namentlich unter Berücksichtigung möglicher weitergehender Schutzmaßnahmen und ihrer Kosten — als vernachlässigbar gering angesehen werden. Eine andere, zumindest in Teilbereichen praktikable Möglichkeit besteht darin, die Regeln ganz von Wertungen freizuhalten und in ihnen lediglich wissenschaftliche

---

[101] s. o. 2. Kap. C. II. 2. und 4. Kap. B. II. 1. b) bb).

[102] Dafür plädiert auch *Degenhart*, Kernenergierecht, S. 228.

[103] Um sicherzustellen, daß die in die technischen Regeln eingehenden Wertungen dem Gesetz entsprechen, könnte für öffentlich-rechtliche Normungsgremien vorgesehen werden, daß die Wertentscheidungen nicht vom Ausschuß selbst getroffen, sondern ihm von der Exekutive (über die beteiligten Behördenvertreter) vorgegeben werden. Die Unabhängigkeit der Gremien in wissenschaftlich-technischen Fragen würde davon nicht berührt. In Bezug auf private Normungsverbände ließe sich eine solche Trennung der Entscheidungskompetenzen aber wohl nicht durchsetzen.

Erkenntnisse und technische Erfahrungssätze niederzulegen. Als Vorbild könnten die US-amerikanischen Qualitätskriterien dienen, die auf der Grundlage wissenschaftlicher Erkenntnisse beschreiben, welche ursächlichen Zusammenhänge zwischen bestimmten Schadstoffkonzentrationen und den möglichen Wirkungen bestehen[104]. Analog dazu ist denkbar, in kerntechnischen Regelwerken dem Stand von Wissenschaft und Technik entsprechende alternative Lösungen mitsamt ihren Folgen für die Anlagensicherheit und den Kostenaufwand zu beschreiben. Der Rechtsanwender hätte dann zu prüfen, ob diese Folgen nach der gesetzlichen Wertung akzeptabel sind.

Eine Vermutungsklausel der genannten Art bietet unter diesen Voraussetzungen einen brauchbaren Ansatz, um die Sicherheitsanforderungen des § 7 II Nr. 3 AtG zu konkretisieren. Gegenüber alternativen Rezeptionsmodellen zeichnet sie sich zusätzlich dadurch aus, daß sie die vorhandene atomrechtliche Ordnung systemgerecht fortentwickelt. Denn sie läßt wesentliche Strukturmerkmale des bislang geltenden Rechts — Anpassungsfähigkeit an den wissenschaftlich-technischen Wandel, alleinige Kompetenz staatlicher Stellen zur Bewertung divergierender gesellschaftlicher Interessen — unangetastet und verringert zugleich die derzeit tiefe Kluft zwischen rechtlicher und faktischer Bedeutung technischer Regeln. Es kommt hinzu, daß nur geringfügige gesetzgeberische Aktivitäten erforderlich sind, um diesen Konkretisierungsansatz zu realisieren. Einschneidender ist allerdings die dann nötig werdende Reform auf der Ebene der Regelbildung. Soweit ersichtlich existieren bisher keine technischen Regeln eines deutschen Regelgebers, in denen kognitive und volitive Elemente detailliert offengelegt werden. Dennoch sollte — zunächst für die besonders wichtigen KTA-Regeln — der Schritt gewagt werden, die Regelstruktur entsprechend zu ändern. Das gilt um so mehr, als die mangelhafte Transparenz technischer Regeln auch in anderen Bereichen des technischen Sicherheitsrechts ihre rechtliche Rezeption erschwert. Gerade im Immissionsschutzrecht stellen sich die Probleme ganz ähnlich[105]. Auf längere Sicht könnten deshalb KTA-Regeln, die zwischen Erkenntnissen und Wertungen unterscheiden, zum Vorbild für technische Regeln in anderen Bereichen werden; auch die Vermutungskonstruktion würde damit verallgemeinerungsfähig.

---

[104] Vgl. *Dreyhaupt*, Luftreinhaltung, S. 65; *Hanning*, S. 152. — Während die Qualitätskriterien beschreibender Natur sind, haben Qualitätsstandards nach der amerikanischen Regelung Vorschriftencharakter.

[105] Nicht ohne Grund hat das Bundesverwaltungsgericht gerade für dieses Rechtsgebiet die zweifelhafte dogmatische Figur des antizipierten Sachverständigengutachtens aufgegriffen (BVerwG, U. v. 17. 2. 1978, E 55, S. 250/256 ff.).

C. Zusammenfassung

Aus Gründen der Rechtssicherheit ist es dringend geboten, die rechtlichen Sicherheitsanforderungen an Anlagen i. S. d. § 7 I AtG konkreter zu fassen. Um diesen Zweck zu erreichen, empfiehlt sich ein mehrstufiges Vorgehen.

Der Gesetzgeber kann die gesetzlichen Sicherheitsziele genauer angeben, indem er übergreifende Planungsgrundsätze normiert. Zum Erlaß konkreterer Bestimmungen ist er nach Sachkunde und Verfahrensmodus nicht in der Lage, soll nicht die Anpassungsfähigkeit der gesetzlichen Regelung an den wissenschaftlich-technischen Wandel leiden.

Die gesetzlich fixierten Planungsgrundsätze sollten in einem zweiten Schritt durch den Verordnungsgeber aufgefächert und für einzelne Anlagentypen und Sicherheitseinrichtungen spezifiziert werden. Der verordnungsrechtliche Regelungsmodus läßt Festlegungen zu, die — je nach Ausgestaltung des Verfahrens im einzelnen — den Auflösungsgrad der Sicherheitskriterien für Kernkraftwerke oder gar der RSK-Leitlinien erreichen. Entsprechend den Fortschritten der Probabilistik sollten auch Grenzwerte im Verordnungswege bestimmt werden. Der nötige Sachverstand kann am besten durch ein ständiges, mit dem Recht zur Verordnungsinitiative ausgestattetes Beratungsgremium in das Verordnungsverfahren eingebracht werden.

Konstruktive Einzelfestlegungen des Gesetz- oder Verordnungsgebers würden unweigerlich hinter dem Fortschritt von Wissenschaft und Technik herhinken und sind deshalb unpraktikabel. Die Regelung technischer Details sollte folglich weiterhin technischen Regeln vorbehalten bleiben. In verfassungsrechtlich einwandfreier Weise können diese Regeln nur durch eine gesetzliche Tatsachenvermutung des Inhalts rezipiert werden, daß regelkonforme technische Lösungen dem Stand von Wissenschaft und Technik entsprechen. Eine solche Vermutungsklausel bietet sich vor allem für die Inbezugnahme der KTA-Regeln an. Damit der Rechtsanwender die Regeln auf ihre Vereinbarkeit mit Gesetz und Rechtsverordnungen überprüfen kann, ist zu fordern, daß in ihnen die zugrundeliegenden Erkenntnisse und Wertungen offengelegt werden.

Literaturverzeichnis

Albers, Hartmut: Atomgesetz und Berstsicherung für Druckwasserreaktoren, DVBl. 1978, S. 22 ff.

— Gerichtsentscheidungen zu Kernkraftwerken, Villingen-Schwenningen 1980

Andres, Helmut / *Franzen*, L. Ferdinand: Das Programm der internationalen Atomenergieorganisation auf dem Gebiet der Richtlinien für die nukleare Sicherheit, in: Deutsches Atomforum (Hrsg.), Regeln und Richtlinien für die Kerntechnik. Informationstagung am 24. und 25. Januar 1977 in Mainz, Referate und Diskussionen, Bonn 1977, S. 259 ff.

Anzinger, R.: Verknüpfung der Verweisungstechniken, in: Verweisung auf technische Normen in Rechtsvorschriften, Symposium, Vorträge und Diskussionen der Gemeinschaftsveranstaltung DIN Deutsches Institut für Normung e. V. und Freie Universität Berlin sowie Technische Universität Berlin (Hrsg.: DIN Deutsches Institut für Normung e. V.), Berlin u. a. 1982, S. 96 ff.

Arens, Peter: Gutachter im Prozeß, in: Rechte im sozialen Rechtsstaat (Hrsg.: Manfred Rehbinder), Opladen 1973

Arndt, Gottfried: Die dynamische Rechtsnormverweisung in verfassungsrechtlicher Sicht — BVerfGE 47, 285, JuS 1979, S. 784 ff.

Arning, Günther: Aufgaben und Befugnisse der Technischen Ausschüsse im Bereich der überwachungsbedürftigen Anlagen — früher und heute, ArbSch 1959, S. 258 ff.

Bachof, Otto: Beurteilungsspielraum, Ermessen und unbestimmter Rechtsbegriff im Verwaltungsrecht, JZ 1955, S. 97 ff.

— Teilrechtsfähige Verbände des öffentlichen Rechts. Die Rechtsnatur der Technischen Ausschüsse des § 24 der Gewerbeordnung, AöR 83 (1958), S. 208 ff.

— Anmerkung zu BVerwG, U. v. 16. 12. 1971, E 39, S. 197 ff. = JZ 1972, S. 204 ff., in: JZ 1972, S. 208 ff.

Backhaus: Der Begriff „Stand von Wissenschaft und Technik" in § 7 II Nr. 3 AtG — Möglichkeiten einer weiteren Konkretisierung dieser Vorschrift (Kommissionsvorlage III/K/14 neu), in: Materialienband 2 zum Bericht der Enquete-Kommission „Zukünftige Kernenergie-Politik" über den Stand der Arbeit und die Ergebnisse — Drucksache 8/4341, S. 337 ff.
(zit.: Backhaus, Kommissionsvorlage)

Backherms, Johannes: Das DIN Deutsches Institut für Normung e. V. als Beliehener, Köln u. a. 1978

Barnert, Heiko / *Wolters*, Johannes Peter: Energieerzeugung durch Kernspaltung, in: Münch, Erwin (Hrsg.), Tatsachen über Kernenergie, Essen 1980, S. 25 ff.

Bartholdy, V.: Rechtsfragen im Zusammenhang mit der Konkretisierung der Strahlenschutzgrundsätze, in: Sechstes Deutsches Atomrechts-Symposium, Referate und Diskussionsberichte (Hrsg.: Rudolf Lukes), Köln u. a. 1980, S. 93 ff.

Basse, Hermann: Die Bedeutung der Strahlenschutzgrundsätze, in: Viertes Deutsches Atomrechts-Symposium, Referate und Diskussionsberichte (Hrsg.: Institut für Völkerrecht der Universität Göttingen und Bundesministerium des Innern), Köln u. a. 1976, S. 87 ff.

Becker, Klaus: Kerntechnische Normung — heute und morgen, DIN-Mitt. 1978, S. 690 ff.

— Der Normenausschuß Kerntechnik des DIN, in: Deutsches Atomforum (Hrsg.), Regeln und Richtlinien für die Kerntechnik. Informationstagung am 24. und 25. Januar 1977 in Mainz, Referate und Diskussionen, Bonn 1979, S. 128 ff.

Bender, Bernd: Der Verwaltungsrichter im Spannungsfeld zwischen Rechtsschutzauftrag und technischem Fortschritt, NJW 1978, S. 1945 ff.

— Gefahrenabwehr und Risikovorsorge als Gegenstand nukleartechnischen Sicherheitsrechts. Zur Auslegung des § 7 II Nr. 3 AtomG, NJW 1979, S. 1425 ff.

Berg, Karl-Heinz: Technische Regeln und Richtlinien auf dem Gebiet der Reaktorsicherheit, in: Drittes Deutsches Atomrechts-Symposium, Referate und Diskussionsberichte (Hrsg.: Institut für Völkerrecht der Universität Göttingen und Bundesministerium des Innern), Köln u. a. 1975, S. 91 ff.

— Das Programm des Bundesministers des Innern für Regeln der Technik zur Sicherheit kerntechnischer Anlagen, in: Deutsches Atomforum (Hrsg.), Regeln und Richtlinien für die Kerntechnik. Informationstagung am 24. und 25. Januar 1977 in Mainz, Referate und Diskussionen, Bonn 1977, S. 16 ff.

Berg, Wilfried: Die verwaltungsgerichtliche Entscheidung bei ungewissem Sachverhalt, Berlin 1980

Bettermann, Karl August: Rechtsgutachten zu den „Richtlinien für die Behandlung von Mehrfachtätern", DAR 1962, S. 100 ff.

— Legislative ohne Posttarifhoheit. Beiträge zu Art. 80 Grundgesetz, Rechtsgutachten über die Verfassungsmäßigkeit des § 14 Postverwaltungsgesetz, Frankfurt a. M. u. a. 1967

— Die Rechtsweggarantie des Art. 19 Abs. 4 GG in der Rechtsprechung des Bundesverfassungsgerichts, AöR 96 (1971), S. 528 ff.

Birkenstock, Heinrich / *Gabriel*, Heinz-Werner: Technische Regeln und Richtlinien auf dem Gebiet der Reaktorsicherheit, in: Drittes Deutsches Atomrechts-Symposium, Referate und Diskussionsberichte (Hrsg.: Institut für Völkerrecht der Universität Göttingen und Bundesministerium des Innern), Köln u. a. 1975, S. 117 ff.

Birkhofer, Adolf / *Jahns*, Armin: Einfluß der RSK auf den Sicherheitsstandard, atw 1977, S. 191 ff.

Birkhofer / Lindackers: Technik und Risiko, in: Rechtliche Ordnung der Technik als Aufgabe der Industriegesellschaft, Vorträge und Diskussionen einer Arbeitstagung zum Thema Recht und Technik — Die Regelung technischer Sachverhalte als Aufgabe in der Industriegesellschaft der Gegenwart (Hrsg.: Rudolf Lukes und Adolf Birkhofer), Köln u. a. 1980, S. 97 ff.

Blomeyer, Arwed: Beweislast und Beweiswürdigung im Zivil- und Verwaltungsprozeß, Gutachten für den 46. Deutschen Juristentag, in: Verhandlungen des 46. Deutschen Juristentages Essen 1966, Bd. I, Teil 2 A, München u. a. 1966

Blümel, Willi: Planung und Verwaltungsgerichtsbarkeit, DVBl. 1975, S. 695 ff.

Böckenförde, Ernst-Wolfgang: Die Organisationsgewalt im Bereich der Regierung. Eine Untersuchung zum Staatsrecht der Bundesrepublik Deutschland, Berlin 1964

Böttger, J.: Ursachen und Wirkungen des Vertrages zwischen der Bundesrepublik Deutschland und dem DIN Deutsches Institut für Normung e. V., in: DIN (Hrsg.), Technische Normung und Recht, Berlin u. a. 1979, S. 31 ff.

Bonner Kommentar: Kommentar zum Bonner Grundgesetz (Bonner Kommentar), Loseblatt, Hamburg 1950 ff.

Borsch, Peter / *Münch*, Erwin: Die Sicherheit von Kernkraftwerken, in: Münch, Erwin (Hrsg.): Tatsachen über Kernenergie, Essen 1980, S. 44 ff.

Brandt, Leo: Zehn Jahre friedliche Atomenergieforschung und -technik in der Bundesrepublik Deutschland, in: ATOM -reaktoren, -energie, -forschung in Deutschland — Situation 1965/1966. Situationsbericht mit Projektdarstellung für die Jahre 1968/1969/1970, Sprendlingen o. J., S. 17 ff.

Breuer, Rüdiger: Direkte und indirekte Rezeption technischer Regeln durch die Rechtsordnung, AöR 101 (1976), S. 46 ff.

— Legislative und administrative Prognoseentscheidungen, Der Staat 1977, S. 21 ff.

— Die rechtliche Bedeutung der Verwaltungsvorschriften nach § 48 BImSchG im Genehmigungsverfahren, DVBl. 1978, S. 28 ff.

— Anmerkung zu BVerwG v. 17. 2. 1978, DVBl. 1978, S. 591 ff., in DVBl. 1978, S. 598 ff.

— Gefahrenabwehr und Risikovorsorge im Atomrecht — Zugleich ein Beitrag zum Streit um die Berstsicherung für Druckwasserreaktoren —, DVBl. 1978, S. 829 ff.

— Die Entwicklung des Umweltschutzrechts seit 1977, NJW 1979, S. 1862 ff.

Bugl, J.: Verrechtlichung des kerntechnischen Regelwerks. Ein Weg zur Verbesserung des Genehmigungsverfahrens, atw 1978, S. 472 ff.

Bullinger, Martin: Die Selbstermächtigung zum Erlaß von Rechtsvorschriften. Studien über ein Kuriosum der Staatspraxis, Heidelberg 1958

Bundesminister des Innern (Hrsg.): Sicherheit kerntechnischer Einrichtungen und Strahlenschutz, 2. Aufl., Bonn 1974

— Bericht der Bundesregierung über Grundlagen und Praxis der Sachverständigentätigkeit im Rahmen atomrechtlicher Genehmigungs- und Aufsichtsverfahren, Bonn 1979

Bundesminister für Forschung und Technologie (Hrsg.): Zur friedlichen Nutzung der Kernenergie, Eine Dokumentation der Bundesregierung, Bonn 1977
(zit.: Dokumentation der Bundesregierung)

— Deutsche Risikostudie Kernkraftwerke, Eine Untersuchung zu dem durch Störfälle in Kernkraftwerken verursachten Risiko. Eine Studie der Gesellschaft für Reaktorsicherheit im Auftrage des Bundesministeriums für Forschung und Technologie, Hauptband, 2. Aufl., Köln 1980

Conradi, Brigitte: Die Mitwirkung außerstaatlicher Stellen beim Erlaß von Rechtsverordnungen, Heidelberger Diss., München 1962

Czajka, Dieter: Inhalt und Umfang der richterlichen Kontrolle im technischen Sicherheitsrecht, ET 1981, S. 537 ff.

Czermak, Fritz: Zur Lehre vom gerichtsfreien Beurteilungsspielraum der Verwaltungsbehörden, JuS 1968, S. 399 ff.

Dauk, Werner: Entsorgung und Genehmigung, Bemerkungen zum Brokdorf-Urteil des VG Schleswig, ET 1980, S. 404 ff.

Degenhart, Christoph: Kernenergierecht, Schwerpunkte — Entscheidungsstrukturen — Entwicklungslinien, Köln u. a. 1981

— Gerichtliche Kontrollbefugnisse und Drittklage im Kernenergierecht, ET 1981, S. 203 ff.

DIN Deutsches Institut für Normung e. V.: Grundlagen der Normungsarbeit des DIN, Normenheft 10, Berlin u. a. 1975
(zit.: DIN-Normenheft 10)

Doemming, Klaus-Berto von / *Füßlein*, Rudolf Werner / *Matz*, Werner: Entstehungsgeschichte der Artikel des Grundgesetzes, JöR n. F. 1 (1951), S. 1 ff.

Drews, Bill / *Wacke*, Gerhard / *Vogel*, Klaus / *Martens*, Wolfgang: Gefahrenabwehr, Bd. 1, 8. Aufl., Köln u. a. 1975

— / — / — / — Gefahrenabwehr, Bd. 2, 8. Aufl., Köln u. a. 1977

Dreyhaupt, Franz Joseph: Luftreinhaltung als Faktor der Stadt- und Regionalplanung, Köln 1971

Eberstein, Hans Hermann: Technische Regeln und ihre rechtliche Bedeutung, BB 1969, S. 1291 ff.

Eriskat, Hans: Die Novellierung der Euratom-Grundnormen und der Entwurf der Strahlenschutzverordnung, in: Viertes Deutsches Atomrechts-Symposium, Referate und Diskussionsberichte (Hrsg.: Institut für Völkerrecht der Universität Göttingen und Bundesministerium des Innern), Köln u. a. 1976, S. 61 ff.

Erler / Kruse: Deutsches Atomenergierecht, Loseblatt, 3. Aufl., Göttingen 1978

Ernst, W.: Rechtsgutachten zur Gestaltung des Verhältnisses der überbetrieblichen technischen Norm zur Rechtsordnung (Hrsg.: Deutscher Normenausschuß), DIN-Normenheft 1, Berlin u. a. 1973

Esser, Josef: Grundsatz und Norm in der richterlichen Fortbildung des Privatrechts, 3. Aufl., Tübingen 1974

Feldhaus, Gerhard: Bundesimmissionsschutzrecht, Kommentar, Loseblatt, 2. Aufl., Wiesbaden, Stand Mai 1981

— Zum Inhalt und zur Anwendung des Standes der Technik im Immissionsschutzrecht, DVBl. 1981, S. 165 ff.

Feldmann, Alfred: Kernenergie und Strahlenrisiko, in: Münch, Erwin (Hrsg.), Tatsachen über Kernenergie, Essen 1980, S. 174 ff.

Feldt, W.: Rechtsfragen im Zusammenhang mit der Konkretisierung der Strahlenschutzgrundsätze, in: Sechstes Deutsches Atomrechts-Symposium, Referate und Diskussionsberichte (Hrsg.: Rudolf Lukes), Köln u. a. 1980, S. 125 ff.

Feuchte, Paul: Prognose, Vorsorge und Planung bei der Genehmigung industrieller Anlagen. Gesichtspunkte zum Beurteilungsspielraum der Exekutive, Die Verwaltung 1977, S. 291 ff.

Fischerhof, Hans: Deutsches Atomgesetz und Strahlenschutzrecht, Kommentar, Bd. I, 2. Aufl., Baden-Baden 1978

Ford-Foundation (Hrsg.): Das Veto, Der Atombericht der Ford-Foundation. Ein kritisches Handbuch zu den Problemen der Kernenergie, Deutsche Übersetzung der unter dem Titel „Nuclear Power. Issues and Choices" 1977 erschienenen Originalausgabe, Reinbek 1979

Forsthoff, Ernst: Lehrbuch des Verwaltungsrechts, Erster Band: Allgemeiner Teil, 10. Aufl., München 1973

Freund, Jürgen / *Riedel*, Uwe: Das Arbeitsprogramm des Kerntechnischen Ausschusses, in: Deutsches Atomforum (Hrsg.), Regeln und Richtlinien für die Kerntechnik. Informationstagung am 24. und 25. Januar 1977 in Mainz, Referate und Diskussionen, Bonn 1977, S. 91 ff.

Fürst, Walther: Der Rechtsschutz bei der Nutzung der Kernenergie, atw 1981, S. 66 ff.

Gebauer, Helwig: Die nationale und internationale Normungsarbeit der Deutschen Elektrotechnischen Kommission auf dem Gebiet der Kerntechnik, in: Regeln und Richtlinien für die Kerntechnik. Informationstagung am 24. und 25. Januar 1977 in Mainz, Referate und Diskussionen, Bonn 1977, S. 145 ff.

Geiß, Heiner / *Paschke*, Manfred: Radioökologie — Die Emissionen von Radionukliden und ihr Verhalten in der Nahrungskette und im menschlichen Körper, in: Münch, Erwin (Hrsg.), Tatsachen über Kernenergie, Essen 1980, S. 203 ff.

Gleim, Andreas / *Winter*, Gerd: Sind Kompaktlager genehmigungsfähig?, NJW 1980, S. 1088 f.

Götz, Volkmar: Zur Verfassungsmäßigkeit der Dosisgrenzwerte, in: Viertes Deutsches Atomrechts-Symposium, Referate und Diskussionsberichte (Hrsg.: Institut für Völkerrecht der Universität Göttingen und Bundesministerium des Innern), Köln u. a. 1976, S. 177 ff.

— Allgemeines Polizei- und Ordnungsrecht, 5. Aufl., Göttingen 1978

Grawert, Rolf: Verwaltungsabkommen zwischen Bund und Ländern in der Bundesrepublik Deutschland, Berlin 1967

Greger, Reinhard: Praxis und Dogmatik des Anscheinsbeweises, VersR 1980, S. 1091 ff.

Greinert, Wolfgang / *Nöthlichs*, Matthias: Anmerkungen zu der Verordnung über die Errichtung und den Betrieb von Dampfkesselanlagen und der Allgemeinen Verwaltungsvorschrift zu §§ 6, 7, 8, 10, 13 und 14 der Verordnung über die Errichtung und den Betrieb von Dampfkesselanlagen, ArbSch 1965, S. 235 ff.

Grimm, Dieter: Die Aufgabenverteilung zwischen Justiz und Verwaltung bei der Genehmigung kerntechnischer Anlagen, in: Shirley van Buiren, Richterliches Handeln und technisches Risiko, Studie des Fachbereichs „Mensch und Technik", Batelle-Institut e. V. Frankfurt a. M. im Auftrag des Bundesministers des Innern, Baden-Baden 1982, S. 25 ff.

Grunsky, Wolfgang: Grundlagen des Verfahrensrechts. Eine vergleichende Darstellung von ZPO, FGG, VwGO, FGO, SGG, 2. Aufl., Bielefeld 1974

Hainmüller, Dietmar: Der Anscheinsbeweis und die Fahrlässigkeitstat im heutigen deutschen Schadensersatzprozeß, Tübingen 1966

Hamann, Andreas: Autonome Satzungen und Verfassungsrecht, Heidelberg 1958

Hamann / Lenz: Das Grundgesetz für die Bundesrepublik Deutschland vom 23. Mai 1949, 3. Aufl., Neuwied u. a. 1970

Hammer, Wilm: Technische „Normen" in der Rechtsordnung, MDR 1966, S. 977 ff.

Hanning, August: Umweltschutz und überbetriebliche technische Normung, Köln u. a. 1976

Hanning, August / *Schmieder,* Klaus: Gefahrenabwehr und Risikovorsorge im Atom- und Immissionsschutzrecht, DB, Beil. Nr. 14/1977, S. 1 ff.

Hansmann, Klaus: Sicherheitsanforderungen im Atomrecht und im Immissionsschutzrecht, DVBl. 1981, S. 898 ff.

Hedemann, Justus Wilhelm: Die Flucht in die Generalklauseln. Eine Gefahr für Recht und Staat, Tübingen 1933

Heigl, Ludwig: Stand und Entwicklung des Atomenergierechts in der Bundesrepublik Deutschland, WuV 1977, S. 167 ff.

Herschel, Wilhelm: Regeln der Technik, NJW 1968, S. 617 ff.

Hesse, Konrad: Grundzüge des Verfassungsrechts der Bundesrepublik Deutschland, 12. Aufl., Karlsruhe 1980

Hinz, Manfred O.: Zur Verfassungsmäßigkeit der Dosisgrenzwerte, in: Viertes Deutsches Atomrechts-Symposium, Referate und Diskussionsberichte (Hrsg.: Institut für Völkerrecht der Universität Göttingen und Bundesministerium des Innern), Köln u. a. 1976, S. 165 ff.

Hoffmann, Werner E.: Die Arbeitsgemeinschaft Druckbehälter (AD) (Stand und Ausblick), TÜ 1977, S. 229 ff.

— Die Organisation der Technischen Überwachung in der Bundesrepublik, Düsseldorf 1980

Hoppe, Werner: Verwaltungsverantwortung und Verwaltungsgerichtsbarkeit, DVBl. 1975, S. 684 ff.

Horn, Hans Rudolf: Rechtsstaat und Elektrizität. Zum Kraftwerkverbot des OVG Münster, DVBl. 1977, S. 13 ff.

Huber, Ernst Rudolf: Wirtschaftsverwaltungsrecht, 1. Bd., 2. Aufl., Tübingen 1953

Hunscha, A.: Die starre Verweisung aus der Sicht der Wissenschaft, in: Verweisung auf technische Normen in Rechtsvorschriften, Symposium, Vorträge und Diskussionen der Gemeinschaftsveranstaltung DIN Deutsches Institut für Normung e. V. und Freie Universität Berlin sowie Technische Universität Berlin am 29. Oktober 1981 in Berlin (Hrsg.: Deutsches Institut für Normung e. V.), Berlin u. a. 1982, S. 75 ff.

Isensee, Josef: Verwaltungsraison gegen Verwaltungsrecht. Antinomien der Massenverwaltung in der typisierenden Betrachtungsweise des Steuerrechts, StuW 1973, S. 199 ff.

— Die typisierende Verwaltung. Gesetzesvollzug im Massenverfahren am Beispiel der typisierenden Betrachtungsweise des Steuerrechts, Berlin 1976

Jacchia, E.: Atom — Sicherheit und Rechtsordnung, Freudenstadt 1965

Jacobi, W.: Beziehungen zwischen der Strahlendosis und dem somatischen Strahlenrisiko, atw 1974, S. 278 ff.

Jahns, Armin / *Schneider*, Manfred: Leitlinien der Reaktor-Sicherheitskommission (RSK), in: Deutsches Atomforum (Hrsg.), Regeln und Richtlinien für die Kerntechnik. Informationstagung am 24. und 25. Januar 1977 in Mainz, Referate und Diskussionen, Bonn 1977, S. 55 ff.

Jaumann, Anton: Die Regelung technischer Sachverhalte als Aufgabe in der Industriegesellschaft der Gegenwart, ET 1980, S. 75 ff.

Jesch, Dietrich: Unbestimmte Rechtsbegriffe und Ermessen in rechtstheoretischer und verfassungsrechtlicher Sicht, AöR 82 (1957), S. 163 ff.

Jungk, Robert: Der Atomstaat. Vom Fortschritt in die Unmenschlichkeit, München 1977

Kant, Immanuel: Kritik der praktischen Vernunft, Werkausgabe (Hrsg. W. Weischedel), Bd. VII, 5. Aufl., Frankfurt a. M. 1980

Karpen, Hans-Ulrich: Die Verweisung als Mittel der Gesetzgebungstechnik, Berlin 1970

Keller, W. / *Belda*, W.: Stand der Entwicklung von Kernkraftwerken mit Leichtwasserreaktoren, atw 1981, S. 157 ff.

Kellner, Hugo: Der sogenannte Beurteilungsspielraum in der verwaltungsgerichtlichen Kontrollpraxis, NJW 1966, S. 857 ff.

Kisker, Gunter: Neue Aspekte im Streit um den Vorbehalt des Gesetzes, NJW 1977, S. 1313 ff.

Knemeyer, Franz-Ludwig: Der Schutz der Allgemeinheit und der individuellen Rechte durch die polizei- und ordnungsrechtlichen Handlungsvollmachten der Exekutive, VVDStRL Bd. 35 (1977), Berlin u. a. 1977, S. 221 ff.

Knoepfel, Peter: Verrechtlichung und Interesse. Interessenberücksichtigungsmuster in drei Grundtypen von Verrechtlichungsstrategien aus der Umwelt-, Risiko- und Bildungspolitik, in: Voigt (Hrsg.), Verrechtlichung. Analysen zu Funktion und Wirkung von Parlamentarisierung, Bürokratisierung und Justizialisierung sozialer, politischer und ökonomischer Prozesse, Königstein/Ts. 1980, S. 77 ff.

Knüppel, Hans-Christian: Zur Zulässigkeit der Einrichtung von Kompaktlagern in Kernkraftwerken, DÖV 1981, S. 19 ff.

Kölble, Josef: Verwaltungsabkommen zwischen Bund und Ländern, DÖV 1960, S. 650 ff.

Kramer, Rainer: Die nach dem Atomgesetz erforderliche Schadensvorsorge als Grundrechtsproblem, NJW 1981, S. 260 ff.

Kramer, Rainer / *Zerlett*, Georg: Strahlenschutzverordnung, 2. Aufl., Köln u. a. 1980

Kriele, Martin: Recht und praktische Vernunft, Göttingen 1979

Krüger, Herbert: Rechtsetzung und technische Entwicklung, NJW 1966, S. 617 ff.

Kuhnt, Dietmar: Kerntechnischer Ausschuß. Wissenschaft und Technik im atomrechtlichen Genehmigungsverfahren, ET 1972, S. 220 ff.

— Technische Regeln und Richtlinien auf dem Gebiet der Reaktorsicherheit, in: Drittes Deutsches Atomrechts-Symposium, Referate und Diskussionsberichte (Hrsg.: Institut für Völkerrecht der Universität Göttingen und Bundesministerium des Innern), Köln u. a. 1975, S. 107 ff.

— Rechtskontrolle technischer Großprojekte, in: Gesellschaft für Rechtspolitik Trier, Bitburger Gespräche, Jahrbuch 1981, München 1981, S. 101 ff.

Kutscheidt, E.: Die nach dem Stand von Wissenschaft und Technik erforderliche Vorsorge gegen Schäden — Die Problematik des unbestimmten Rechtsbegriffs und seiner Konkretisierung, in: Sechstes Deutsches Atomrechts-Symposium, Referate und Diskussionsberichte (Hrsg.: Rudolf Lukes), Köln u. a. 1980, S. 71 ff.

Laermann, Karl-Hans: Rechtliche Ordnung der Technik als Aufgabe der Industriegesellschaft. Die Problematik aus der Sicht von Mitgliedern der Legislative, 3. Referat, in: Rechtliche Ordnung der Technik als Aufgabe der Industriegesellschaft, Vorträge und Diskussionen einer Arbeitstagung zum Thema Recht und Technik — Die Regelung technischer Sachverhalte in der Industriegesellschaft der Gegenwart (Hrsg.: Rudolf Lukes und Adolf Birkhofer), Köln u. a. 1980, S. 137 ff.

Larenz, Karl: Methodenlehre der Rechtswissenschaft, 4. Aufl., Berlin u. a. 1979

Laufs, Paul: Rechtliche Ordnung der Technik als Aufgabe der Industriegesellschaft. Die Problematik aus der Sicht von Mitgliedern der Legislative, 4. Referat, in: Rechtliche Ordnung der Technik als Aufgabe der Industriegesellschaft, Vorträge und Diskussionen einer Arbeitstagung zum Thema Recht und Technik — Die Regelung technischer Sachverhalte in der Industriegesellschaft der Gegenwart (Hrsg.: Rudolf Lukes und Adolf Birkhofer), Köln u. a. 1980, S. 137 ff.

Lecheler, Helmut: Reform der atomrechtlichen Anlagenbau- und -betriebsgenehmigung, ZRP 1977, S. 241 ff.

Lerche, Peter: Übermaß und Verfassungsrecht, Köln u. a. 1961

Lieb, Wolfgang: Kernkraftwerke — Eine Überforderung des polizeirechtlichen Gefahrenbegriffes? Zum Verhältnis von Gefahrenabwehr, Gefahrenvorsorge und Restrisiko, ZfU 1978, S. 279 ff.

Listl, Joseph: Die Entscheidungsprärogative des Parlaments für die Errichtung von Kernkraftwerken, DVBl. 1978, S. 10 ff.

Lukes, Rudolf: Urheberrechtsfragen bei überbetrieblichen technischen Normen — insbesondere DIN-Normen und VDE-Bestimmungen, Köln u. a. 1967

— Überbetriebliche technische Normen im Recht der Wettbewerbsbeschränkungen, in: Wettbewerb als Aufgabe. Nach zehn Jahren Gesetz gegen Wettbewerbsbeschränkungen (Hrsg.: E.-J. Mestmäcker), Bad Homburg v. d. H. u. a. 1968, S. 147 ff.

— Die Bedeutung der sog. Regeln der Technik für die Schadensersatzpflicht von Versorgungsunternehmen, in: Regeln der Technik und Schadensersatz. Veröffentlichungen des Instituts für Energierecht an der Universität Köln (Hrsg.: Bodo Börner), Düsseldorf 1969, S. 22 ff.

— Die zukünftige Entwicklung des Kernenergierechts, NJW 1973, S. 1209 ff.

— Untersuchungen der Bestimmtheitsanforderungen an Unfallverhütungsvorschriften unter Berücksichtigung des gesetzlichen Auftrags zum Erlaß von Unfallverhütungsvorschriften, ihrer Durchsetzbarkeit und Praktikabilität, BG 1973, S. 429 ff.

— Das Atomrecht im Spannungsfeld zwischen Technik und Recht, NJW 1978, S. 241 ff.

— Die Verwendung von Risikoanalysen in der Rechtsordnung unter besonderer Berücksichtigung des Kernenergierechts, BB 1978, S. 317 ff.

— Die nach dem Stand von Wissenschaft und Technik erforderliche Vorsorge gegen Schäden — Die Problematik des unbestimmten Rechtsbegriffs und seiner Konkretisierung, in: Sechstes Deutsches Atomrechts-Symposium, Referate und Diskussionsberichte (Hrsg.: Rudolf Lukes), Köln u. a. 1980, S. 49 ff.

— Die Regelung technischer Sachverhalte in der Rechtsordnung, in: Rechtliche Ordnung der Technik als Aufgabe der Industriegesellschaft, Vorträge und Diskussionen einer Arbeitstagung zum Thema Recht und Technik — Die Regelung technischer Sachverhalte in der Industriegesellschaft der Gegenwart (Hrsg.: Rudolf Lukes und Adolf Birkhofer), Köln u. a. 1980, S. 81 ff.

— Technischer Sachverstand und Rechtsentscheidung, in: Gesellschaft für Rechtspolitik Trier, Bitburger Gespräche, Jahrbuch 1981, München 1981, S. 117 ff.

Lukes, Rudolf / *Backherms*, Johannes: Die Berücksichtigung von Kriegseinwirkungen im atomrechtlichen Genehmigungsverfahren, AöR 103 (1978), S. 334 ff.

Lukes, Rudolf / *Richter*, Bernhard: Bevölkerungsrisiko und Strahlenminimierungsgebot, NJW 1981, S. 1401 ff.

Mahlmann, W.: Ermessen, Beurteilungsspielraum und Beweislastverteilung im atomrechtlichen Genehmigungsverfahren, in: Erstes Deutsches Atomrechts-Symposium, Referate und Diskussionsberichte (Hrsg.: Rudolf Lukes), Köln u. a. 1973, S. 269 ff.

von Mangoldt, Hermann / *Klein*, Friedrich: Das Bonner Grundgesetz, Bd. I, 2. Aufl., Berlin u. a. 1966

— Das Bonner Grundgesetz, Bd. III, 2. Aufl., München 1974

Marburger, Peter: Die Regeln der Technik im Recht, Köln u. a. 1979 (zit.: Marburger)

— Das technische Risiko als Rechtsproblem, in: Gesellschaft für Rechtspolitik Trier, Bitburger Gespräche, Jahrbuch 1981, München 1981, S. 39 ff.

— Die gleitende Verweisung aus der Sicht der Wissenschaft, in: Verweisung auf technische Normen in Rechtsvorschriften, Symposium, Vorträge und Diskussionen der Gemeinschaftsveranstaltung DIN Deutsches Institut für Normung e. V. und Freie Universität Berlin sowie Technische Universität Berlin am 29. Oktober 1981 in Berlin (Hrsg.: DIN Deutsches Institut für Normung e. V.), Berlin u. a. 1982, S. 27 ff.

Mattern, K. H. / *Raisch*, Peter: Atomgesetz, Berlin u. a. 1961

Matting, Arnulf: Aufgaben und Arbeiten des Bundesministers des Innern auf dem Gebiet der Erstellung von Strahlenschutzrichtlinien, in: Deutsches Atomforum (Hrsg.), Regeln und Richtlinien für die Kerntechnik. Informationstagung am 24. und 25. Januar 1977 in Mainz, Referate und Diskussionen, Bonn 1977, S. 280 ff.

Maunz, Theodor / *Dürig*, Günter / *Herzog*, Roman / *Scholz*, Rupert: Grundgesetz, Kommentar, 5. Aufl., Loseblatt, München 1978

Mayntz, Renate / *Hucke*, Jochen: Gesetzesvollzug im Umweltschutz, Wirksamkeit und Probleme, ZfU 1978, S. 217 ff.

von Mettenheim, Heinrich: Die TA Luft in der Novellierung des Immissionsschutzgesetzes, BB 1980, S. 1777 ff.

Meyer, T. R.: Die starre Verweisung aus der Sicht der Wirtschaft, in: Verweisung auf technische Normen in Rechtsvorschriften, Symposium, Vorträge und Diskussionen der Gemeinschaftsveranstaltung DIN Deutsches Institut für Normung e. V. und Freie Universität Berlin sowie Technische Universität Berlin am 29. Oktober 1981 in Berlin (Hrsg.: DIN Deutsches Institut für Normung e. V.), Berlin u. a. 1982, S. 88 ff.

Meyn, Karl-Ulrich: Aspekte zur Problematik von Beurteilungsspielraum und Ermessen, JA 1980, S. 327 ff.

Möhl: Richtlinien für die Behandlung von Mehrfachtätern, DAR 1962, S. 116 ff.

von Münch, Ingo: Grundgesetz, Kommentar, Frankfurt a. M. 1974

Mutschler, Ulrich: Nebenbestimmungen zur Atomanlagengenehmigung und die Zulässigkeit ihrer Verwendung zur Ausräumung von Versagungsgründen, Köln u. a. 1974

Nicklisch, Fritz: Konkretisierung wissenschaftlich-technischer Standards bei der Genehmigung komplexer Großanlagen, BB 1981, S. 505 ff.

— Wechselwirkungen zwischen Technologie und Recht. Zur kontrollierten Rezeption wissenschaftlich-technischer Standards durch die Rechtsordnung, NJW 1982, S. 2633 ff.

Nickusch, Karl-Otto: Die Normativfunktion technischer Ausschüsse und Verbände als Problem der staatlichen Rechtsquellenlehre, Diss. München 1964

Niere, Ulrich: Allgemeine Verwaltungsvorschriften nach § 48 BImSchG und vorläufiger Rechtsschutz nach § 80 VwGO. Zugleich eine Anmerkung zum Beschluß des OVG Hamburg vom 23. 10. 1974, DVBl. 1975, S. 172 ff.

Nierhaus, Michael: Zur gerichtlichen Kontrolle von Prognoseentscheidungen der Verwaltung, DVBl. 1977, S. 19 ff.

Obenhaus, Werner / *Kuckuck*, Bernd: Funktion und Strukturmerkmale des Begriffes „Stand von Wissenschaft und Technik“ für die erforderliche Schadensvorsorge im Atomrecht (Beispiel: § 7 Abs. 2 Nr. 3 Atomgesetz — AtG —), DVBl. 1980, S. 154 ff.

Orth, Karlheinz: Regeln und Richtlinien aus der Sicht der Hersteller, in: Deutsches Atomforum (Hrsg.), Regeln und Richtlinien für die Kerntechnik, Informationstagung am 24. und 25. Januar 1977 in Mainz, Referate und Diskussionen, Bonn 1977, S. 184 ff.

Orth, K. / *Stubbe*, Ch.: Normung und Atomrecht, in: DIN (Hrsg.), Technische Normung und Recht, Berlin u. a. 1979, S. 141 ff.

Ossenbühl, Fritz: Die verfassungsrechtliche Zulässigkeit der Verweisung als Mittel der Gesetzgebungstechnik, DVBl. 1967, S. 401 ff.

— Verwaltungsvorschriften und Grundgesetz, Bad Homburg v. d. H. u. a. 1968

— Zur Renaissance der administrativen Beurteilungsermächtigung, DÖV 1972, S. 401 ff.

— Welche normativen Anforderungen stellt der Verfassungsgrundsatz des demokratischen Rechtsstaates an die planende staatliche Tätigkeit?, dargestellt am Beispiel der Entwicklungsplanung, Gutachten für den 50. Deutschen Juristentag, in: Verhandlungen des 50. Deutschen Juristentages Hamburg 1974, Bd. I, Teil B, München 1974

— Vom unbestimmten Gesetzesbegriff zur letztverbindlichen Verwaltungsentscheidung, DVBl. 1974, S. 309 ff.

— Der polizeiliche Ermessens- und Beurteilungsspielraum, DÖV 1976, S. 463 ff.

— Die gerichtliche Überprüfung der Beurteilung technischer und wirtschaftlicher Fragen in Genehmigungen des Baus von Kraftwerken, DVBl. 1978, S. 1 ff.

— Aktuelle Probleme der Gewaltenteilung, DÖV 1980, S. 545 ff.

— Kernenergie im Spiegel des Verfassungsrechts, DÖV 1981, S. 1 ff.

— Zur Bedeutung von Verfahrensmängeln im Atomrecht, NJW 1981, S. 375 ff.

— Die Bewertung technischer Risiken bei der Rechtsetzung, DÖV 1982, S. 833 ff.

Papier, Hans-Jürgen: Die Stellung der Verwaltungsgerichtsbarkeit im demokratischen Rechtsstaat, Berlin u. a. 1979

— Anmerkung zu OVG Berlin, Urt. v. 17. 7. 1978, DVBl. 1979, S. 159 ff., in: DVBl. 1979, S. 162 ff.

— Besteuerung und Eigentum, DVBl. 1980, S. 787 ff.

— Rechtskontrolle technischer Großprojekte, in: Gesellschaft für Rechtspolitik Trier, Bitburger Gespräche, Jahrbuch 1981, München 1981, S. 81 ff.

Peters, Hans / *Ossenbühl*, Fritz: Die Übertragung von öffentlich-rechtlichen Befugnissen auf die Sozialpartner unter besonderer Berücksichtigung des Arbeitszeitschutzes, Berlin u. a. 1967

Pfaffelhuber, Josef K. / *Wendling*, Rolf Dieter: Zielvorstellungen und Aufgabenbewältigung der behördlichen Aufsicht über die im Betrieb befindlichen Kernkraftwerke, ET 1981, S. 139 ff.

Plagemann, Hermann / *Tietzsch*, Rainer: „Stand der Wissenschaft“ und „Stand der Technik“ als unbestimmte Rechtsbegriffe, Tübingen 1980

Plischka, Hans Peter: Technisches Sicherheitsrecht. Die Probleme des technischen Sicherheitsrechts dargestellt am Recht der überwachungsbedürftigen Anlagen (§ 24 GewO), Berlin 1969

Quirrenbach, Franz-Josef: Technische Regeln und Richtlinien auf dem Gebiet der Reaktorsicherheit, in: Drittes Deutsches Atomrechts-Symposium, Referate und Diskussionsberichte (Hrsg.: Institut für Völkerrecht der Universität Göttingen und Bundesministerium des Innern), Köln u. a. 1975, S. 129 ff.

— Tätigkeiten der TÜV im Rahmen atomrechtlicher Genehmigungs- und Aufsichtsverfahren, TÜ 1981, S. 233 ff.

Rasmussen-Report: Reactor Safety Study. An Assessment of Accident Risks in U.S. Commercial Nuclear Power Plants, Main Report, WASH-1400 (NUREG — 75/014), United States Nuclear Regulatory Commission (Hrsg.) 1975

Rausch, Ludwig: Die medizinisch-biologische Rechtfertigung von Dosisgrenzwerten, in: Viertes Deutsches Atomrechts-Symposium, Referate und Diskussionsberichte (Hrsg.: Institut für Völkerrecht der Universität Göttingen), Köln u. a. 1976, S. 277 ff.

Redeker, Konrad: Fragen der Kontrolldichte verwaltungsgerichtlicher Rechtsprechung, DÖV 1971, S. 757 ff.

— Anmerkung zu BVerwG, U. v. 21. 1. 1972, DVBl. 1972, S. 895 f., in DVBl. 1972, S. 896 f.

Redeker, Konrad / *von Oertzen,* Hans-Joachim: Verwaltungsgerichtsordnung, 7. Aufl., Stuttgart u. a. 1981

Rehbinder, Eckart: Immissionsschutzrechtlicher Gefahrenbegriff — Beurteilung von Störfällen durch äußere Einwirkungen, BB 1976, S. 1 ff.

Reihlen, Helmut: DIN Deutsches Institut für Normung e. V. — Sicherheitstechnische Normung in nationaler und internationaler Sicht —, in: Deutsches Atomforum (Hrsg.), Regeln und Richtlinien für die Kerntechnik. Informationstagung am 24. und 25. Januar 1977 in Mainz, Referate und Diskussionen, Bonn 1977, S. 108 ff.

Rengeling, Hans-Werner: Vorbehalt und Bestimmtheit des Atomgesetzes. Zur Verfassungsmäßigkeit des Schnellen Brüters von Kalkar, NJW 1978, S. 2217 ff.

Richter, Bernhard: Der Umfang der gerichtlichen Kontrolle atomrechtlicher Genehmigungen, ET 1982, S. 140 ff.

Rittstieg, Andreas: Die Konkretisierung technischer Standards im Anlagenrecht, Köln u. a. 1982

Rosenberg, Leo / *Schwab,* Karl Heinz: Zivilprozeßrecht, 12. Aufl., München 1977

Roßnagel, Alexander: Grundrechte und Kernkraftwerke, Heidelberg 1979

Roth-Stielow, Klaus: Grundrechtsschutz und Schadensausschluß im Atomrecht — Bemerkung zur Kalkar-Entscheidung des BVerfG —, DÖV 1979, S. 167 f.

— Grundrechtsverständnis des Parlamentarischen Rates und der Grundrechtsschutz beim Betrieb von Kernkraftwerken, EuGRZ 1980, S. 386 ff.

Schäfer, Karl-Wilhelm: Das Recht der Regeln der Technik, Diss. Köln 1965

Schattke, Herbert: Grenzen des Strahlenminimierungsgebots im Kernenergierecht, DVBl. 1979, S. 652 ff.

— Rechtsfragen im Zusammenhang mit der Konkretisierung der Strahlenschutzgrundsätze, in: Sechstes Deutsches Atomrechts-Symposium, Referate und Diskussionsberichte (Hrsg.: Rudolf Lukes), Köln u. a. 1980, S. 101 ff.

Scheuten, G. H.: Die Bedeutung der friedlichen Nutzung der Kernenergie für die Energieversorgung, in: Sechstes Deutsches Atomrechtssymposium, Referate und Diskussionsberichte (Hrsg.: Rudolf Lukes), Köln u. a. 1980, S. 29 ff.

Schmatz, Hans / *Nöthlichs,* Matthias: Sicherheitstechnik, Loseblatt, Berlin 1969

Schmidt, Walter: Gesetzesvollziehung durch Rechtsetzung. Untersuchungen zu den Verwaltungsvorschriften und zur „Selbstbindung der Verwaltung", Bad Homburg v. d. H. u. a. 1969

— Abschied vom „unbestimmten Rechtsbegriff", NJW 1975, S. 1753 ff.

Schmitt Glaeser, W.: Planende Behörden, protestierende Bürger und überforderte Richter, Der Landkreis 1976, S. 442 ff.

Schmitz, H. T.: Ermessen, Beurteilungsspielraum und Beweislastverteilung im atomrechtlichen Genehmigungsverfahren, in: Erstes Deutsches Atomrechts-Symposium, Referate und Diskussionsberichte (Hrsg.: Rudolf Lukes), Köln 1973, S. 301 ff.

Scholz: Die polizeirechtliche Gefahr. Begriff, Erkennbarkeit und richterliche Nachprüfung, besonders bei Polizeiverordnungen, VerwA Bd. 27 (1919), S. 1 ff.

Scholz, Rupert: Das Verhältnis von technischer Norm und Rechtsnorm unter besonderer Berücksichtigung des Baurechts, in: DIN (Hrsg.), Technische Normung und Recht, Berlin u. a. 1979, S. 85 ff.

Schröcker, Sebastian: Die Übernahme von Bundesrecht als Landesrecht, NJW 1967, S. 2285 ff.

Schwabe, Jürgen: Probleme der Grundrechtsdogmatik, Darmstadt 1977

Schwarz, Ottmar: Regeln und Richtlinien aus der Sicht der Betreiber, in: Deutsches Atomforum (Hrsg.), Regeln und Richtlinien für die Kerntechnik. Informationstagung am 24. und 25. Januar 1977 in Mainz, Referate und Diskussionen, Bonn 1977, S. 202 ff.

Schwarzer, Wolfgang: Der Kerntechnische Ausschuß (KTA). Auftrag, Organisation und Arbeitsweise, in: Deutsches Atomforum (Hrsg.), Regeln und Richtlinien für die Kerntechnik. Informationstagung am 24. und 25. Januar 1977 in Mainz, Referate und Diskussionen, Bonn 1977, S. 78 ff.

Sellner, Dieter: Zum Vorsorgegrundsatz im Bundes-Immissionsschutzgesetz, NJW 1980, S. 1255 ff.

— Kontrolle immissionsschutzrechtlicher und atomrechtlicher Entscheidungen im Verwaltungsgerichtsprozeß, BauR 1980, S. 391 ff.

Skouris, Wassilios: Grundfragen des Sachverständigenbeweises im Verwaltungsverfahren und im Verwaltungsprozeß, AöR 107 (1982), S. 215 ff.

Smidt, Dieter: Die nach dem Stand von Wissenschaft und Technik erforderliche Vorsorge gegen Schäden — Die Problematisierung des unbestimmten Rechtsbegriffs und seiner Konkretisierung, in: Sechstes Deutsches Atomrechts-Symposium, Referate und Diskussionsberichte (Hrsg.: Rudolf Lukes), Köln u. a. 1980, S. 39 ff.

Soell, Hermann: Aktuelle Probleme und Tendenzen im Immissionsschutzrecht, ZRP 1980, S. 105 ff.

Stern, Klaus: Das Staatsrecht der Bundesrepublik Deutschland, Bd. I, München 1977

Strache, Karl-Heinz: Das Denken in Standards. Zugleich ein Beitrag zur Typologik, Berlin 1968

Strecker, A.: Rechtsfragen bei der Verknüpfung von Rechtsnormen mit technischen Normen, in: DIN (Hrsg.), Technische Normung und Recht, Berlin u. a. 1979, S. 43 ff.

Tettinger, Peter J.: Rechtsanwendung und gerichtliche Kontrolle im Wirtschaftsverwaltungsrecht, München 1980

Teubner, Gunther: Standards und Direktiven in Generalklauseln, Möglichkeiten und Grenzen der empirischen Sozialforschung bei der Präzisierung der Gute-Sitten-Klauseln im Privatrecht, Frankfurt a. M. 1971

Teufel, D.: Rechtsfragen im Zusammenhang mit der Konkretisierung der Strahlenschutzgrundsätze, in: Sechstes Deutsches Atomrechts-Symposium, Referate und Diskussionsberichte (Hrsg.: Rudolf Lukes), Köln u. a. 1980, S. 149 ff.

Thoenes, Hans Willi: TÜV-Leitstelle Kerntechnik — Ein Beitrag zur Verbesserung des atomrechtlichen Genehmigungsverfahrens, TÜ 1975, S. 369 ff.

— Erarbeitung und Wirkungsbereiche der Beschlüsse der TÜV-Leitstelle Kerntechnik, in: Deutsches Atomforum (Hrsg.), Regeln und Richtlinien für die Kerntechnik. Informationstagung am 24. und 25. Januar 1977 in Mainz, Referate und Diskussionen, Bonn 1977, S. 63 ff.

Tietgen, Walter: Beweislast und Beweiswürdigung im Zivil- und Verwaltungsprozeß, Gutachten für den 46. Deutschen Juristentag, in: Verhandlungen des 46. Deutschen Juristentages Essen 1966, Bd. I, Teil 2 B, München u. a. 1966

Trabandt, H.: Die Regeln der Elektrotechnik, Leserbrief in FAZ Nr. 38 vom 12. 2. 1960, S. 6

Ule, Carl Hermann: Zur Anwendung unbestimmter Rechtsbegriffe im Verwaltungsrecht, in: Forschungen und Berichte aus dem öffentlichen Recht, Gedächtnisschrift für Walter Jellinek, München 1955, S. 309 ff.

— Bundes-Immissionsschutzgesetz, Kommentar/Rechtsvorschriften, Loseblatt, Neuwied 1974 ff.

Ullrich, Hanns: Rechtsschutz gegen überbetriebliche Normen der Technik, Stuttgart 1971

Verweyen, Werner: Die Richtlinien für die Behandlung von Mehrfachtätern aus verkehrsrechtlicher Sicht, DAR 1962, S. 120 ff.

Vieweg, Klaus: Atomrecht und technische Normung. Der Kerntechnische Ausschuß (KTA) und die KTA-Regeln, Berlin 1982

Wagner, Hellmut: Die Risiken von Wissenschaft und Technik als Rechtsproblem, NJW 1980, S. 665 ff.

— Schadensvorsorge bei der Genehmigung umweltrelevanter Großanlagen. — Ein Beitrag zum Arbeitskreis I des 6. Deutschen Verwaltungsrichtertages —, DÖV 1980, S. 269 ff.

Wagner, Hellmut / *Nobbe*, Uwe: Verfassungsrechtliche Bemerkungen zum Atomgesetz, NJW 1978, S. 1028 ff.

Wassermeyer, Heinz: Der prima facie Beweis und die benachbarten Erscheinungen, Münster 1954

Wernitz, Axel: Rechtliche Ordnung der Technik als Aufgabe der Industriegesellschaft. Die Problematik aus der Sicht von Mitgliedern der Legislative, 1. Referat, in: Rechtliche Ordnung der Technik als Aufgabe der Industriegesellschaft, Vorträge und Diskussionen einer Arbeitstagung zum Thema Recht und Technik — Die Regelung technischer Sachverhalte in der Industriegesellschaft der Gegenwart (Hrsg.: Rudolf Lukes und Adolf Birkhofer), Köln u. a. 1980, S. 117 ff.

Weyreuther, Felix: Die höchstrichterliche Rechtsprechung zum Anscheinsbeweis, DRiZ 1957, S. 55 ff.

Wilke, Dieter: Bundesverfassungsgericht und Rechtsverordnungen, AöR 98 (1973), S. 196 ff.

Winters, Karl-Peter: Zur Novellierung des Strahlenschutzrechts, DVBl. 1977, S. 331 ff.

— Atom- und Strahlenschutzrecht, Erläuterte Ausgabe, München 1978

— Zur Entwicklung des Atom- und Strahlenschutzrechts, DÖV 1978, S. 265 ff.

— Anmerkung zu OVG Lüneburg, B. v. 22. 11. 1976, DÖV 1978, 289 ff. = DVBl. 1977, 340 ff., in: DÖV 1978, S. 293 f.

Wolff, Hans J. / *Bachof*, Otto: Verwaltungsrecht I, 9. Aufl., München 1974

— / — Verwaltungsrecht II, 4. Aufl., München 1976

— / — Verwaltungsrecht III, 4. Aufl., München 1978

Zemlin, Hans: Die überbetrieblichen technischen Normen — ihre Wesensmerkmale und ihre Bedeutung im rechtlichen Bereich, Köln u. a. 1973

Zettler, Hans: Wie gefährlich sind Strahlung und Chemikalien?, in FAZ Nr. 138 vom 18. 6. 1980, S. 31 f.

Ziegler, E. / *Nobbe*, U.: Das Atomenergierecht in der Bundesrepublik Deutschland 1980, in: Jahrbuch der Atomwirtschaft 1981, Düsseldorf 1981, S. A 29 ff.

Kolibri 360 GmbH
Ferdinand-Jühlke-Straße 7
99095 Erfurt, Deutschland
produktsicherheit@kolibri360.de

Druck:
CPI Druckdienstleistungen GmbH
im Auftrag der
Kolibri 360 GmbH
Ferdinand-Jühlke-Str. 7
99095 Erfurt